नारी-शक्ति

राम प्रताप सिंह

"खुदी को कर बुलंद इतना के हर तकदीर से पहले खुदा
बंदे से खुद पूछे के बता तेरी रजा क्या है |"

- अलामा इकबाल

*IMPOSSIBLE IS A WORD TO BE FOUND
ONLY IN THE DICTIONARY OF FOOLS.*

-Napoleon Bonaparte

यह रचना भारत की उन महान नारियों को समर्पित हैं
जिन्होंने अपनी लगन, मेहनत,त्याग,समर्पण और
सेवा से अपने परिवार ,समाज ,देश और मानवता की
सेवा की और भारतीय नारी की प्रतिष्ठा को इतनी
ऊंचाई तक पहुंचाया कि वो हम सब के लिए एक आदर्श
और प्रेरणा स्रोत बन गईं |

क्रम-सूची

क्रम-सूची

प्रस्तावना

"नारी-शक्ति " एक आम नारी के संघर्ष की कहानी है | जी हाँ , ये भारत की उन जांबाज नारियों की कहानी है जो आपको अंदर तक हिला देगी और सोचने पर मजबूर कर देगी कि क्या यह भी संभव है | उन्होंने असंभव को संभव कर दिखाया | पुरुष ने नारी को हमेशा कमतर आँका है पर नारी पुरुष से कहीं अधिक सहनशील, दृढ़निश्चयी और कर्मठ है | इस कहानी को एक साथ पिरोने का उद्देश्य सिर्फ यही है कि हमारी आने वाली पीढ़ी इन नारियों की साहस पूर्ण गाथा को पढे, सुने , समझे और अपना आत्मनिरीक्षण करे | हर नारी के अंदर असीम शक्ति छुपी है | उसने हिमालय की चोटी से लेकर विशाल सागर तक और अनंत आकाश से लेकर पाताल तक जाने का सफर तय किया है | मैंने पूरी कोशिश की है कि जीवन के हर क्षेत्र में अपना लोहा मनवाने वाली नारियों के जीवन चरित्र को इसमें समावेश करूँ | हालांकि हमारे देश में न जाने कितनी नारियाँ हैं जिन्हे कोई पहचान नहीं मिल पाई पर उनका योगदान अपने परिवार, समाज और देश के निर्माण में कम नहीं है |

इन महान नारियों के जीवन चरित्र की कहानी को एक साथ पिरोने में मैंने पूरी ईमानदारी बरती है | मेरा इरादा किसी व्यक्ति विशेष की भावनाओं को चोट पहुंचाने का नहीं है बल्कि पूरी सच्चाई के साथ जो कुछ उनके साथ घटित हुआ है वही कहने का है | इस रचना का उद्येश्य सिर्फ इतना है की आप पढें और मंथन करें | हो सकता है इनके जीवन संघर्ष में आपको कोई प्रेरणा मिले | इंसान इस जीवन में बहुत कुछ सीखता है | वह स्वयं के अनुभव से और दूसरों के अनुभव से सीखता है | स्वयं के अनुभव से सीखने के लिए एक जिंदगी कम है | यही वजह है की इंसान दूसरों के अनुभव से सीखता है | यह एक सफल जीवन जीने वाली महान नारियों के जीवन की दास्तान है |

इंसान को केवल दो चीजें कामयाब बनाती हैं , एक अच्छी किस्मत और दूसरी कड़ी मेहनत | अच्छी किस्मत सबकी नहीं होती और कड़ी मेहनत सबसे नहीं होती | जिसने किस्मत को कभी नहीं माना और कड़ी

मेहनत से कभी पीछे नहीं हटा कामयाबी उसके कदम चूमती रही|

अपने जीवन में जो लक्ष्य उन्होंने निर्धारित किये उन पर चलती रहीं |वो संकल्पशील थी | या यूं कहें की वो हठी थीं | उन्होंने गाँव की घोर गरीबी ,अभाव, कुंठा ,हीनता, और पुरुष समाज के अत्याचार को सहते हुए भी अपने जीवन की दशा और दिशा खुद तय की | जन्म लेते ही कोई व्यक्ति महान नहीं होता बल्कि उसकी सोच और उसके कार्य ही उसे महान बनाते है | हर व्यक्ति के अंदर मानवीय कमियाँ है | पर इन कमियों के बावजूद जिसने उन पर विजय हासिल कर लिया वही सफल हो गया |परिवार और देश के प्रति कर्तव्यों का निर्वहन करने वाली महिलाओं ने अपने जीवन को निरंतर प्रगतिशील और खुशहाल बनाया|

मैं समझता हूँ यदि हर व्यक्ति अपने कर्तव्यों के प्रति समर्पित हो तो ये दुनिया स्वर्ग है | इसके अलावा संतुष्टि में परम सुख है | पर संतुष्टि का अर्थ यह कदापि नहीं है कि हम कर्म ही न करें | हमें कर्म अवश्य करना चाहिए | जो व्यक्ति कर्म को अपना कर्तव्य समझ कर करते हैं वे तनाव मुक्त रहते हैं| ऐसे व्यक्ति फल न मिलने पर निराश नहीं होते | तटस्थ भाव से कर्म करने वाले अपने कर्म को ही पुरस्कार समझते हैं | उन्हे उसी में शांति मिलती है |

हमें अपने अंदर आत्मविश्वास पैदा करना चाहिए | यह तभी होता है जब हम अपने लक्ष्य को ध्यान में रखकर हमेशा प्रयत्नशील रहें | मुशीबतों और रास्ते में आने वाली चुनौतियों से न घबड़ाएं , सफलता जरूर मिलेगी | जिस व्यक्ति ने अपने मन को जीत लिया उसने जग को जीत लिया | हमें अपनी आदतों का गुलाम नहीं बल्कि मालिक होना चाहिए | अच्छा स्वास्थ्य , अच्छे विचार, अच्छी संगति, अच्छी पुस्तकें ,अच्छी शिक्षा व संस्कार और इंसान के अपने कर्म ही उसको जीवन में सफल बनाते हैं |

मैं मानता हूँ हम सबका जीवन संघर्ष से भरा है | सभी के जीवन में संघर्ष होता है | पर संघर्ष में भी सुख छुपा होता है | वह दिखाई नहीं देता , वह महसूस होता है – आपके जज्बे से , काम करने के अंदाज से|

इस किताब में लिखी नारियों का जीवन चरित्र कोरी कल्पना नहीं बल्कि यथार्थ के धरातल पर किया गया जीवन संघर्ष है | यदि आपको

इन महान नारियों के जीवन से थोड़ी भी प्रेरणा मिल सकी तो मैं समझूँगा की यह कहानी लिखने का मेरा प्रयास सफल रहा| लेखक से पत्र व्यवहार का पता rps1959@gamil.com Mobile No 7000153809

भूमिका

राम प्रताप सिंह भारतीय सेना, मैकनाइज्ड इनफेन्ट्री रेजीमेंट व सीमा सुरक्षा बल में एक सैन्य अधिकारी थे | उन्हे सैन्य सेवा का 36 वर्षों का अनुभव है| अपनी सेवा काल के दौरान उन्हे भारत-पाकिस्तान ,भारत-चीन , भारत -बांग्लादेश सीमा में कार्य करने का अनुभव है | इसके अलावा उन्होंने अंग्रेजी साहित्य, विधि,मानव अधिकार, बिजनेस एडमिनिस्ट्रेशन, सायबर लॉ , लेबर लॉ में मास्टर्स डिग्री व डिप्लोमा हासिल किया है | सैन्य सेवा से मुक्त होने के बाद वो एक कंपनी में प्रशासनिक व सुरक्षा अधिकारी रहे| उन्होंने वकालत का पेशा भी अपनाया | अब वह अपना पूरा समय पठन-पाठन व लेखन में देते हैं | नारी-शक्ति हिन्दी भाषा मे लिखा गया उनका पंद्रहवाँ उपन्यास है |

नारी-शक्ति भारत की उन महान नारियों की कहानी है जिन्हे अपने जीवन में घोर विपत्तियों का सामना करना पड़ा | जीवन के पथ में वो हर कदम पर संघर्ष करती रहीं |विपरीत परिस्थितियों के बावजूद भी उन्होंने अपना हौसला कम नहीं होने दिया | परिवार से ,समाज से, यहाँ तक कि प्रकृति से उन्हे घोर उपेक्षा और प्रताड़ना सहने को मिली पर वो अपने निर्धारित लक्ष्य से विचलित नहीं हुईं | उन्हे अपने आप को साबित करने के लिए अपने प्राणों तक का उत्सर्ग भी करना पड़ा पर वे पीछे नहीं हटीं | वो अपने जुनून को पागलपन की हद तक ले गईं और अंतत: अपने लक्ष्य को हासिल कर लिया | उनकी यही उद्दाम इच्छा और सतत प्रयास ने उन्हे इतनी ऊंचाई तक पहंचाया की वो आज देश और दुनिया के इंसानों के लिए प्रेरणास्रोत बन गईं | पढिए इन महान नारियों की संघर्ष गाथा – नारी-शक्ति |

लेखक से पत्र व्यवहार का पता –Email : rps1959@gmail.com Mobile No 91-7000153809.

पावती (स्वीकृति)

मैं अपनी धर्मपत्नी आशा का आभारी हूँ जिसने मेरे जीवन के हर क्षण को आनंदमय बनाया |

1

"दृढ़ इच्छा शक्ति वाली महिला से अधिक शक्तिशाली कोई ताकत नहीं है |"

भारतीय नारी के लिए जीवन कभी आसान नहीं रहा है | वह चाहे अमीर हो या गरीब | वो इतिहास में निरंकुश समाज के प्रकोप का सामना करती आ रही हैं | समाज में व्याप्त खामियां कुछ लोगों की मानसिकता के परिणाम हैं जो महिलाओं के जीवन को कष्टदायी बनाते हैं | जिंदगी जब मुश्किल पेश करे तो हार कर बैठ जाना सबसे आसान है | लेकिन हमारे देश में कुछ नारियाँ ऐसी है जो उन मुशीबतों से डरी नहीं और संघर्ष करती रहीं | ये कहानी है एक ऐसी ही नारी शक्ति की जो खुद बेसहारा होकर हजारों बच्चों को सहारा दिया और उनकी माँ बन गई , उसका नाम है सिंधु ताई जिसे लोग प्यार और सम्मान से माई कहते हैं |

सिंधुताई का पारंभिक जीवन : सिन्धुताई सपकाल का जन्म 14 नवम्बर 1948 मे महाराष्ट्र के वर्धा जिले में पिंपरी मेघे गाव मे हुआ। उनके पिताजी का नाम अभिमान साठे है। घर मे नापसंद बच्ची थी, इसलिए उन्हे घर मे चिंदी बुलाते थे। उनका विवाह 10 वर्ष की उम्र में 30 वर्ष के श्रीहरी सपकाल से हो गया | उनके 2 बच्चे हो गए | 20 वर्ष में पति ने लांछन लगा कर घर से निकाल दिया | उन्होंने भीख मांग कर अपना जीवन पाला और अनाथ बच्चों को गोद लिया |इसीलिए उन्हे "माई" कहा जाता है। उन्होने 1400 अनाथ बच्चों को गोद लिया । उनके

पति जब 80 साल के हो गए तो उन्हे अपने किये पर पश्चाताप हुआ | सिंधु ताई ने उन्हे माफ कर दिया और एक माँ बन कर उनकी पाँच वर्षों तक सेवा की |

उनके परिवार मे आज 1400 बच्चे ,250 दामाद और 50 बहूएं और 350 गायें और 5 अनाथ आश्रम हैं। उनकी खुद की बेटी वकील है और उनके गोद लिए बच्चे आज डाक्टर, इंजीनीयर , वकील और समाज के विभिन्न क्षेत्रों में कार्यरत हैं | सिन्धुताई को कुल 750 राष्ट्रीय और अंतर्राष्ट्रीय पुरस्कार प्राप्त हुए है जिनमे "अहिल्याबाई होळकर पुरस्कार" भी शामिल है जो महाराष्ट्र राज्य द्वारा बच्चों के लिए काम करनेवाले सामाजिक कार्यकर्ताओं को मिलता है। उनके अनाथाश्रम पुणे, वर्धा, सासवड (महाराष्ट्र) मे स्थित है।

सन 2010 साल मे सिन्धुताई के जीवन पर आधारित मराठी फ़िल्म बनायी गयी "मी सिन्धुताई सपकाळ" जो 54 वे लंदन फ़िल्म महोत्सव के लिए चुनी गयी थी। वर्ष 2016 में सिंधुताई को समाज सेवा के कार्यों के लिए डॉक्टर यशवंतराव पाटिल इंस्टीट्यूट ऑफ टेक्नोलॉजी एंड रिसर्च द्वारा साहित्य में डॉक्टरेट की उपाधि से सम्मानित किया गया था | वो पद्मश्री से भी सम्मानित हैं |

सिंधुताई सपकाल की जीवन गाथा अद्भुत भाग्य और दृढ़ संकल्प के बारे में है | उन्होंने एक आदर्श प्रस्तुत किया है कि कैसे कठिनाइयाँ हमें अपना सर्वश्रेष्ठ प्रदर्शन करने के लिए प्रेरित करती हैं | स्वतंत्र भारत में पैदा होने के बाद भी, उन्हे भारतीय समाज में मौजूदा सामाजिक अत्याचारों का शिकार होना पड़ा |अपने जीवन से सबक लेते हुए, उन्होंने महाराष्ट्र में अनाथ बच्चों के लिए पाँच अनाथालय बनाए, उन्हें भोजन, शिक्षा और आश्रय प्रदान किया | उनके द्वारा चलाए जा रहे संगठनों ने असहाय और बेघर महिलाओं की भी सहायता की |अपने अनाथालयों को चलाने के लिए सिंधुताई ने सार्वजनिक मंचों पर प्रेरक भाषण दिए और समाज के वंचितों और उपेक्षित वर्गों की मदद के लिए सार्वजनिक समर्थन मांगा | अपने अविश्वसनीय भाषण से सिन्धुताई लोगों को मदद करने के लिए प्रेरित करती थी | उनकी लोकप्रियता उनके व्यक्तित्व पर कभी हावी नहीं हुई | वो हमेशा सरलता , दया, ममता और

प्रेम भरा व्यवहार करती थीं | उन्हे सच्ची खुशी बच्चों के साथ होने, उनके सपनों को साकार करने और उन्हें जीवन में एक अच्छा और आदर्श इंसान बनाने में होती थी | पद्मश्री से सम्मानित इस महान आत्मा का 73 वर्ष की उम्र में पुणे (महाराष्ट्र) में 4 जनवरी 2022 को दिल का दौरा पड़ने से निधन हो गया |

सिंधु ताई ने अपने संघर्ष भरे जीवन के बारे में कहती हैं,

मेरा नाम चिंदी रखा गया था | मैं फटा हुआ कपड़ा- चिंदी थी | मैं चिंदी से सिंधु कैसे बनी पता नहीं | चिंदी नाम का मतलब है – कचरा, फटा हुआ कपड़ा, जो नहीं चाहिए | मेरा बचपन अच्छा नहीं था | बहुत गरीबी थी, हम रोते थे , खाने को नहीं मिलता था | मेरे पिता बहुत गरीब थे | वो एक कविता की लाइन भी सुनाती हैं

"ये भी कुछ कम नहीं तेरा दर छूटने के बाद , हम पास आए दिल टूटने के बाद |"

मैं जब 10 साल की थी तब मेरी शादी हो गई | मेरे पति मुझसे 20 साल बड़े थे | मुझे उस घर में प्यार नहीं मिला | मुझे पढ़ने का बहुत शौक था | मुझे रास्ते में कोई भी कागज दिखा तो मैं उठा कर पढ़ लेती थी | मेरे पति को यह अच्छा नहीं लगता था | क्योंकि उसको पढ़ना नहीं आता था | उसको लगता था – ये औरत होकर पढ़ती है और मैं मर्द होकर नहीं पढ़ा | वो मेरे कागज मेरे सामने जला देते थे और मुझे लगता था मेरा कलेजा जल गया | इसीलिए वो कागज मैं चबा चबा कर खा जाती थी | मैंने खाया, मैंने लिटरेचर खाया, कविता खाई और वो सब मेरे जीवन के लिए काम आया |मुझे मराठी कवी बहना बाई बहुत अच्छी लगती थीं | वो कहती थी – रोने के टाइम आँसू आते हैं पर वो थोड़े टाइम के लिए आते हैं , फिर वो चले जाते हैं , वो दगा देते हैं | इसलिए रोना मत |

मेरे पति का वर्ताव अच्छा नहीं था | मैं तो बहुत छोटी थी | मुझे समझ नहीं आता था कि क्या संसार है, क्या जिंदगी है | मैं तो समाज व्यवस्था का बलिदान हो गई | मैंने सोचा नहीं था कि ऐसा होगा | उन्होंने मुझे प्यार नहीं दिया | अभी तो मैं मुड़कर नहीं देखना चाहती | सभी मुझे बहुत तकलीफ देते थे | सिर्फ मेरे को नहीं बल्कि उस समय लोग पत्नी को ऐसी ही तकलीफ देते थे | पत्नी मतलब पैर की चप्पल | हमारे मराठी

में कहते थे –बाई को तीन दिन में मार खाना चाहिए , उसको ऐसी शिक्षा होनी चाहिए |

पति ने मुझे क्यों घर से निकाला ? मेरे पति गाय चराते थे और मैं गोबर उठाती थी | लेकिन फॉरेस्ट डिपार्टमेंट के लोग वो गोबर हमें नहीं देते थे | उस गोबर के लिए मैं बहुत लड़ी | हमें मजदूरी नहीं देते थे | मैं 20 साल की लड़की इतना विरोध करती थी वो किसी को सहन नहीं हुआ |मैं उसके लिए कलेक्टर तक गई तो गाँव के सरपंच ने सोचा कि इसको गाँव से कैसे भगाएं | उस समय मैं नवां महीने में पेट से थी | उन्होंने मेरे पति को बोला ,"वो बच्चा तेरा नहीं मेरा है |" मेरी जिंदगी खत्म हो गई | किसी भी औरत को खत्म करने का अच्छा तरीका है –बदनाम कर दो |किसी फटे हुएआदमी ने भी अगर बाई को बोला कि " ये बदचलन है" तो वो बाई खत्म हो जाती है | उसको कोई समाज स्वीकार नहीं करता | फिर भी जीना है | स्त्री जी सकती है | स्त्री कितनी बड़ी है | माँ है वो | मैं माँ बनके यहाँ तक की जिंदगी देखी | वहाँ खत्म हो गया मेरा सब |

मेरे पति ने मेरे पेट में लात मारी, मैं नौ महीने से थी | मैं बेहोश थी, मेरे को खींचते खींचते गईया के तबेले में डाल दिया | इसलिए कि गईया मेरे ऊपर आ जाए और मैं मर जाऊं | मगर गईया ने मेरी जान नहीं ली | वो सब मेरे आसपास खड़ी थी | गईया जोर जोर से चिल्ला रही थीं , बोल रही थी कि ये भी आई (माँ) हैं, हम भी आई हैं , आदमी ने तो यहाँ डाल दिया पर हम बचाएंगे | मेरे को बचा रही थी | उनकी आवाज से मैं सुध में आई और मेरी आँख खुली और मैं देखी –मेरी बेहोशी में बच्ची पैदा हो गई और गईया मेरे ऊपर खड़ी है | मैं उठ कर खड़ी हो गई, उसके गले से लगकर खूब रोई और कहा – "गईया होकर तू मईया हो गई , मैं जिंदगी भर मईया बनूँगी"|

एक समस्या थी कि जो बच्ची हो गई थी उसका "जनम नाड़" कैसे तोड़ें ? तो मैंने पत्थर से तोड़ा | मेरे हाथ से मैंने बच्चे का नाड़ तोड़ा | मगर मैं गिन रही थी , एक .. दो .. तीन.. सोलह पत्थर मारने के बाद मेरे बच्चे का नाड़ टूटा और मैंने नाड़ वहीं गाड़ दिया और बच्चे को सीने से लगा लिया |

हिम्मत मेरे में भी नहीं थी |वो टाइम अपने को हिम्मत देता है | मैं बच्चे को नदी में ले गई और उसे ठंडे पानी से नहलाया और मैं भी नहाई | तब मुझे मालूम पड़ा जिंदगी गरम होती है | उसे ठंडा पानी लगाओ तब जीना आता है | और तब मुझे समझ आया,

"जब उसी ने मेरे कब्र पर आकर मुस्कुरा दिया , बिजली चमक कर गिर पड़ी सारा कफन जला दिया |"

तब मैंने तय किया कफन जलने दे पर तू दफन नहीं होना | खुद के लिए नही, तू औरों के लिए जीना सीख |मेरा ससुराल तो खत्म हो गया | मैं मायके गई तो मेरी माँ ने भी हकाल दिया | जिसको पति छोड़ देते हैं उसका मायका नहीं होता और ससुराल भी नहीं होता | माँ ने बोला- पति ने छोड़ दिया, मेरे घर में जगह नहीं | माँ मेरी सगी थी | फिर कहाँ जाऊं ? 20 साल की उम्र और 10 दिन की बच्ची ,मैं जाऊं कहाँ ?

****

तब मैं रेलवे में भीख मांगती थी | मेरा सही परिचय है – भीख मांगने वाली बाई | मेरे को भजन आता था | मेरे को गाना आता था | मैंने गाना गाया और मुझे खाना मिल गया | पेट की भूख हर रोज लगती है | वो खाना मैंने बाँट कर खाया और मैं माँ हो गई | मुझे भूख ने सिखाया आदमी ने नहीं | और भूख सहते सहते, भूख का निवाला बांटते बांटते मैं यहाँ तक आ गई | मैं कहती हूँ ,

"दूध में पकाये चावल तो उसे खीर कहते हैं ,

मोहब्बत में खाए ठोकर तो उसे तकदीर कहते हैं,

लकीर की फकीर हूँ, उसका कोई गम नहीं,

नहीं शान तो क्या हुआ , इज्जत तो मेरी कम नहीं |"

इसलिए जीना माँगता | जियो और जीने दो | मैंने खुद जिया और दूसरों को जीने दिया | मैं रोती नहीं थी | मेरा नंबर वन शत्रु था – रेलवे का टी सी | क्योंकि मेरे पास टिकट नहीं होती थी ना | वो बराबर मुझे पकड़ता था , "ये बाई टिकट ? टिकट नहीं तो उतरो नीचे |" दूसरी गाड़ी मेरे बाप की, ये नहीं तो दूसरी गाड़ी बदली , मैंने गाड़ी बदली पर जिंदगी नहीं बदली |

मैं शमशान में क्यों जाती थी ? क्योंकि मेरे को डर लगता था | मेरे को 20 साल की उम्र थी | चार लोग मुझे अगर उठाकर ले जाते तो मैं बुलाती किसको ? मैं औरत थी ना ! मेरे को कौन सहायता करता? मेरा कोई साथी नहीं था | साथी मिलेगा भी कौन ? शमशान में मैं इसलिए जाती थी कि शमशान में रात को कोई नहीं जाता | मरने के बाद कोई आता है | मेरे को कोई देखता तो वो भूत भूत करके भाग जाता था | मुझे जिंदगी का जो हिम्मत मिला, जो रास्ता मिला वो शमशान में मिला |

एक रात भूख लगने के बाद मैं रो रही थी | 20 साल की उम्र , 10 दिन की बच्ची थी | मुर्दा जल रहा था और मैं रो रही थी | मेरे पास कुछ भी नहीं था , मेरा कोई नहीं था | मैं कुछ बड़बड़ा रही थी | मेरे ध्यान में आया कि किसी ने वहाँ आटा डाला है | सामने से रास्ता जा रहा था किस में लूँ ? कोई बर्तन नहीं मेरे पास | मुझे झाड पर चढ़ना आता था |मैं तो एक जानवर हूँ | भूख बुरी है ना | मैंने झाड की पत्ती तोड़ी ,उस पर आटा डाला और मटके में थोड़ा पानी था | उसको भिगोया , छोटी सी रोटी हो गई | जले हुए मुर्दे के ऊपर मैंने वो रोटी सेंकी | वहीं बैठ के खाई | तड़ तड़ खाई | भूख लगी थी ना | लगता था पत्थर चबाकर खा जाऊँ पर पत्थर चबाने की ताकत नहीं थी , बेटा| मैंने वो खाई, मटके का पानी भी पिया और रात को वो खाके मैं रो रही थी | डर लग रहा था | क्योंकि जिस रात मैंने रोटी खाई उस समय मुझे ऐसा लग रहा था कि जितने पशु पक्षी हैं वो मेरे को पूछ रहे हैं , बड़े बड़े बंदर चिल्ला रहे हैं , गाँव के कुत्ते जोर जोर से भौंक रहे हैं , पूछ रहे हैं ," इसको खाने का अधिकार हमारा है, तुमने हमारा हिस्सा खा लिया, गलत किया |" मेरे से झगड़ रहे थे , इसीलिए मेरे को डर लग रहा था और मैं जोर जोर से रो रही थी | मैंने खाया तो है , मगर अब क्या करूँ ? मैं जोर जोर से चिल्लाई | मेरे अंदर से आवाज आई – "मैं मरना चाहती हूँ, मैं मरना चाहती हूँ , मैं जिंदा नहीं रहना चाहती , मेरे को मरना है |" अंदर से आवाज आई | गलती कर रही है सिंधु ताई | बेटा, दिल की आवाज सुनो | वो सही रास्ता दिखाता है |चिल्ला रही है तू भूख के मारे और मुर्दे के ऊपर रोटी भून कर खायी ये ध्यान में रख !

****

एक रात स्टेशन पर कहीं घड़ियाल में दो बजे का घंटा सुनाई दिया | मैं उठ कर खड़ी हो गई, यह सोच कर की अभी मरना है | बच्चे को पेट से बांध लिया | मरते समय माँ और बेटी साथ मरेंगे | मैं चलने लगी | अंधेरे में एक भिखारी पड़ा था | वो जोर जोर से रोने लगा | बाबा मेरे को कोई एक घूंट पानी पिला दो , मेरे कोई नहीं है , मैं मरने वाला हूँ | मरने से पहले कोई एक घूंट पानी तो दे दो | मैं चलते चलते रुक गई | सोचा पुण्य करके मरूँ | मैं पीछे आई , भिखारी को उठाया | झटके लगे मेरे हाथ को, इतना ताप था , बहुत बुखार था उसको | मैंने उसको बोला सिर्फ पानी पीकर मत मरो, मेरे पास रोटी भी है | रोटी खाकर मरो| मैंने रोटी धीरे धीरे बारीक करके उसको खिलाया | वो रोटी खाया ,पानी पिया फिर वो मरइच नई |

सिंधु ताई मरने जा रही थी | मरने वाले को रोटी खिलाया , पानी पिलाया तो वो मरइच नई | तो सोचा- सिंधु ताई तू मरने वाले के लिए जीना सीख | तू मत मरना , जीना है अभी | मैंने मरना नहीं जीना शुरू कर दिया | कफन को जेब नहीं होते और मौत कभी रिश्वत नहीं लेती | जब मरेंगे तब मरेंगे | ऐसा तय कर, चलना सीख ना | आगे की जिंदगी खुदा के हाथ | हारो मत |

****

बच्चों को गोद लेने का विचार कैसे आया ? विचार नहीं आया | मेरी हालत ऐसी नहीं थी | खुद को खाने को नई तो दूसरे को क्या खिलाती ? अंदर से कोई आवाज आई | चलो बाँट कर खाते हैं | जो दुखी लोग हैं उनसे बाँट कर खाते हैं | जिसका कोई नहीं उसकी मैं हो गई | जब भी कोई अनाथ बच्चा मिलता उसको उठाती | रेलवे स्टेशन पर बच्चे मिलते थे | बहुत ठंड पड़ती थी | वो कुड़कुड़ाते थे | उनके अंग पर कपड़ा नहीं होता था | मैं उनके अंग पर कपड़ा डालती थी | मैं उनको सीने से लगाती थी | वो मेरे से ऐसे चिपक जाते जैसे वो भूल गए कि उनकी कोई माँ नहीं और मैं भी भूल गई कि वो मेरा कोई नहीं | ऐसा अलग नाता, अलग रिश्ता शुरू हो गया मेरा |

उन बच्चों को कहाँ रखती थी ? पहले तो मैं स्टेशन पर ही रहती थी | बाद में एक आदिवासी ने झोंपड़ा बना कर दिया | वो भी झोंपड़ा ऐसा

था कि जोर की हवा आती थी और झोंपड़ा उड़ जाता था |कब मेरा घर हो गया, मालूम नहीं पड़ा |मगर हो गया | पहले बहुत छोटा सा परिवार था मेरा | जब परिवार बढ़ने लगा तो चिंता बढ़ने लगी | खाने को क्या दें ? खाने को तो हर रोज लगता है | भूख तो हर रोज लगती है | मैं भगवान का गाना बोलती थी ,

"मंजिल बहुत दूर है जाना बहुत जरूर है ,रास्ता मुश्किल है पर मरना नहीं मंजूर है |" ऐसा शेर मारती थी और फिर गाती थी ,

"हम से न तू खाने की न पीने की बात कर ,मर्दों की तरह तू दुनिया में जीने की बात कर |

जिस मातृ भूमि की अरे तू गोद में पला ,जिसकी पवित्र धूल में घुटनों के बल चला ,

उसके फटे आँचल को तू सीने की बात कर ,मर्दों की तरह दुनिया में जीने की बात कर |"

जब मैं जीने की बात करती थी तो लोग मुझे खाना देते थे और हम लोग बाँट कर खाते थे | मैं भाषण देती तो राशन मिलता था | मुझे पहले कहाँ इतनी बुद्धी थी जो गाना आता था | भगवान पर भरोसा था | मैं उसे बोलती थी जब मैं तेरी हूँ तो तू मेरा होना चाहिए भगवान |

****

एक दिन मैं बस स्टैंड पर खड़ी बस का इंतजार कर रही थी | एस टी लाल बस में ज्यादा टिकट लगती है ,वो दूर लेकर जाती है | मुझे नजदीक जाना था | मैं दूसरी गाड़ी पकड़ती थी | वो गाड़ी के लिए मैं नंबर लगाया | बारिस होने वाली थी , अंधेरा छाया गया था , बिजली चमक रही थी | और मेरे अंग पर अच्छा कपड़ा नहीं था | मेरे को कौन देने वाला था ,कपड़ा ? मैं शमशान वाला कपड़ा पहनती थी जो लोग फेंक देते हैं | मैं रात को नाले में ,या नदी में जाकर नहाती थी | बहुत फटा हुआ कपड़ा, शमशान का डाला हुआ कपड़ा पहनती थी | कंडक्टर मेरे को देख कर टिकट नहीं दिया | उसको लगा ये फटीचर बाई क्या टिकट लेगी | मैं घुस गई गाड़ी में | उसने बोला –"नीचे उतर" |मैं बोली – "मैं नहीं उतरूँगी, तू टिकट दे" | मुझे लग रहा था मैं किसी पर गुस्सा उतारूँ, झगड़ा करूँ | मैं कंडक्टर से झगड़ा कर रही थी | इतने में एक फटेहाल आदमी आया | वो मेरे बस का

गेट पकड़ कर खड़ा हो गया | मैं गाँव में जाती थी और भजन बोलती थी तो मुझे खाना मिलता था | मैंने रात को कहीं गाना बोला था | वो फटेहाल आदमी गेट पर ही खड़ा था | मैं भी गेट पर ही खड़ी थी | बस के अंदर जगह नहीं थी | उसने मेरे को बोला "बाई रात को गाना तुमने बोला क्या "? मैंने बोला "हाँ" उसने बोला "मैं वहीं था, कितना अच्छा गाना बोला तुमने, मेरा एक चाय पियो ना |" मुझे अच्छा लगा एक फटेहाल आदमी मुझे चाय पिलाना चाहता है | मैं उतर गई नीचे | कंडक्टर ने सीटी मारी | गाड़ी छूट गई | बारिस होने वाली थी | गाड़ी थोड़ी दूर गई तभी जोर का धमाका हुआ | बिजली बस के ऊपर ही गिरी , बस पल भर में राख हो गई | मैं उतरी इसीलिए बच गई | पर मेरे तक उसकी लपट आ गई | उसकी लपट से मेरे सर के सामने के बाल जल गए | मैंने पलट कर देखा तो मुझे चाय पिलाने वाला आदमी मिलच नई | उसे मैंने बहुत ढूंढा पर मिलच नई | मैंने सोचा तू भी मरने वाली थी ना | कोई भी नहीं बचा , तू बच गई | अब तू खुद के लिए नहीं दूसरों के लिए जीना सीख |

****

एक और बड़ा विचार आया कि अगर औरों के लिए जीना है तो खुद के बच्चे अपने साथ मत रख | ये मेरा निर्णय बड़ा कठिन था | क्योंकि एक तो खुद के बच्चे की माँ बन जा या दूसरों के बच्चे की माँ बन | उन्हे एक जगह मत रखना वरना तू गलती कर सकती है | क्या करना है ताई बोल ? मैंने तय किया मैं अपने बच्चे की माँ नहीं होऊँगी , मैं औरों के बच्चे की माँ होऊँगी | फिर अपनी बच्ची कहाँ रखूँ ? मैंने पुणे के "श्रीमंत दगडू सेठ ट्रस्ट " को मेरी बच्ची दे दिया और उनको बोला मेरी बच्ची के माँ-बाप तुम बन जाओ | मैं औरों के बच्चे की माँ बन जाऊँगी | वो बोले क्यों ? मैं बोली मेरे अंदर की माँ गलती कर सकती है | संभाले हुए बच्चे को मैं ज्यादा खिलाऊँगी नहीं , बस थोड़ा पानी पिलाकर सुलाऊँगी और खुद के बच्चे को अंधेरे में खिलाऊँगी | इसीलिए मैं औरों के बच्चे की माँ बनूँगी | मेरी बच्ची को उन्होंने बी ए तक पढ़ाया , एम ए तो पतंगराव कदम ने करके दिया वो महाराष्ट्र के वन मंत्री थे | वो एक बच्ची के माँ हो गए और मैं हजार बच्चों की माँ बन गई |

****

सन 2009 में मराठी साहित्य सम्मेलन में भाषण देने के लिए मुझे अमेरिका बुलाया गया था | मैं अमेरिका गई और वहाँ मेरे ऊपर पिक्चर निकली | पहली बार मैं परदेश गई | मैंने सोचा क्या बोलूँगी | मुझे डर लग रहा था | मेरे मन मे आया सिंधु ताई तू गलती कर रही है | तू जिस देश से आई है उस देश को भारत माता बोलते है , माँ बोलते हैं | अमेरिका को माँ नहीं बोलते ना | तो डरने की कोई बात नहीं है |जब स्टेज पर चढ़ी तो जो मराठी लोग थे वो जोर से जयकारा किया – "जय महाराष्ट्र " "भारत माता की जय" | बहुत अच्छा लगा मेरे को | मेरे साथ मेरा मनीष नाम का बच्चा भी था |

****

सन 2010 में माई के नाम पर एक मराठी फिल्म भी बनी| उसे नेशनल अवार्ड से सम्मानित किया गया | पथरीले रास्तों से फिल्मी गलियारों तक का सफर माई ने किया | उस फिल्म के निर्माता निर्देशक अनंत महादेवन जब माई से मिले और कहा कि वो उनकी जिंदगी पर फिल्म बनाना चाहते हैं तो माई का कहना था कि – मुझे डर लगा | मुझे डाउट आया | मैंने पूछा – मेरी जिंदगी में क्या है ? वो बोले – आपकी जिंदगी में सब कुछ है | हम बनाना चाहते हैं फिल्म | मेरे से हाँ लिया और उन्होंने बनाना शुरू किया | जब फिल्म बन गई तो उन्होंने सम्मानित लोगों को बुलाया और मेरे को भी बुलाया | पहली बार जब फिल्म देखा तो लगा मुझे जोर जोर से रोना चाहिए | रोना आया मेरे को अंदर से | फूट फूट कर रोना चाहिए अभी |मैं रोने वाली थी मगर मैंने जब इधर उधर देखा तो सब लोग रो रहे थे , मैंने रोना कैंसल कर दिया |

फिल्म के निर्माता निर्देशक अनंत महादेवन का कहना था – "ताई के बारे में मैं नहीं जानता था लेकिन एक न्यूज पेपर क्रस्ट एडीसन ऑफ टाइम्स ऑफ इंडिया में एक अजीबो गरीब आर्टिकल था कि मेरे बहुत से दामाद हैं और बहुत सी बहुएं हैं | वो आर्टिकल सिंधु ताई के बारे में था | सिंधु ताई एक ऐसी माँ है जो उन बच्चों को उठाकर अपने आश्रम में रखती है जिन बच्चों को लोग राते में छोड़ जाते हैं | और उनकी शादी तब तक नहीं करती जब तक वो कुछ बन नहीं जाते | ये जो हालात हैं अगर हम फिल्म में दिखा पाए तो ये बहुत ही जबरदस्त जिंदगी की कहानी

हम लोगों के सामने ला सकते हैं | यह ऐसी अजीबोगरीब कहानी है जब उनका पति कई वर्षों के बाद वापस आता है और कहता है कि अब मैं और बर्दास्त नहीं कर सकता , मुझे अपनी सरण में ले लो | ये बहुत ही अच्छा क्लाइमेक्स है जब वो कहती है – "अब मैं तुम्हारी बीवी नहीं रही, अब मैं माँ बन गई हूँ | तो अगर तुम मेरा बच्चा बन कर रह सकते हो तो मेरे पास आ जाओ |" यह स्त्री के हिम्मत की पराकाष्ठा है | मेरे लिए यह बड़ी शानदार फिल्म थी | मैंने इस फिल्म को हिन्दी में नहीं बल्कि मराठी में बनाया | मराठी उसकी मूल भाषा है | मराठी फिल्म को हिन्दी फिल्म से आगे जाना और यूनीवर्सल अपील मेरे लिए बहुत मायने रखता है | और मैं तो कहूँगा कि सिंधु ताई मेरे फिल्मों की, मेरे करियर की माँ बन गई और मुझे नया जन्म दिया है|"

माई, आपको फिल्म कैसी लगी ? ऐसा है बेटा, बाई लोग मर जाती हैं कुछ संकट आने के बाद |फिल्म ने मुझे ये दिया कि मरना नहीं जीना सीखो | फिल्म देखने के बाद हजारों औरतों ने फोन किया कि "मैं मरना चाहती थी पर अब फिल्म देखने के बाद मरना नहीं चाहती , मैं जीना चाहती हूँ |" मैंने उन्हे हौसला दिया | दूसरा मैं अपनी बेटी का भी आभार मानती हूँ क्योंकि अगर वो मुझको नहीं छोड़ा होता तो मैं अनेक बच्चों की माँ नहीं होती | मैं डर जाती, हार जाती | उसने मुझे छोड़ दिया था इसीलिए मैं माँ हूँ | उसका जब पेपर होता था तो मैं कभी नहीं रहती थी उसके पास | वही बोलती थी माँ तेरी गाड़ी का टाइम हो गया है , माँ जाओ | किसको अच्छा लगता है ? हमने अगर किसी दूसरे बच्चे को भी उठाया तो वो अपने बच्चे को अच्छा नहीं लगता | मेरे बच्चे ने कैसे छोड़ा मुझे ? उसने कितना बढ़ा हौसला रखा | उसकी ममता कितनी बड़ी है!

एक दिन मेरी बच्ची को स्कूल में पूछा "कितने भाई हैं ?" बच्ची गिन के बता रही थी - एक ,दो, तीन, सोलह, अठारह , बीस | सब हँस रहे थे | दो या चार भाई होते हैं उसे मालूम नहीं था | उसकी माँ ने जितने बच्चे गोद लिए , वो सब उसके भाई हैं |उसने कितना बड़ा मन रखा | उसकी ममता कितनी बड़ी है |

****

माई आपने अनाथ बच्चों को पाला | आज वो बहुत ऊंचे पद पर पहुँच गए | आपको कैसा लगा ? इससे बड़ी खुशी माँ के लिए क्या हो सकती है | बहुत खुशी है | एक दिन था, पहले लगता था कि मैं अनाथों की माँ हूँ लेकिन अब ऐसा लगता है वही तो मेरे माँ बाप हैं | मैं पढ़ी नही थी | मुझे दुख था तो मैंने सोचा इन बच्चों को पढ़ाऊँगी | मैंने सब बच्चों को पढ़ाया | मेरे ऊपर मेरा बच्चा पी एच डी कर रहा है , और क्या चाहिए मुझे ?

माई , आप कम पढ़ी लिखी हो पर इतना अच्छा कैसे बोल लेती हो ? बेटा मुझे भूख ने सिखाया, जिंदगी ने सिखाया | ये भूख की भाषा है, तड़प की भाषा है, अंदर की भाषा है |अंदर का दुख शब्दों में बदल गया,बस|

न डरेगी, न सहमेगी, न मिटने देगी अपनी हस्ती | जब सम्मान पर आंच आए तो टकराएगी नारी शक्ती | इस शब्दों की सार्थकता को माई ने हर कदम पर साकार करके दिखाया है |दीपक उनका पहला बेटा था जिसे माई ने पाला था | उनका कहना था ,"माई मेरे लिए सब कुछ थी | माई भूखी रहती थी पर हमे खिलाती थी | अगर किसी ने पूछा कि भगवान देखा है क्या ? तो मैं कहूँगा कि हाँ भगवान देखा है वो मेरी माई है |" दीपक अभी माई की सभी संस्थाओं का कार्यभार संभालते हैं |

माई के एक दूसरे बेटे विनय ने कहा, " मैंने एल एल बी किया है | मैंने एक दिन ट्राफिक सिग्नल पर देखा कि बच्चे भीख मांग रहे हैं| कार का शीशा बंद था | बच्चे नॉक कर रहे थे पर शीशा किसी ने नहीं खोला | उसे देखकर मुझे खयाल आया , अगर माई ने मुझे न पाला होता तो शायद मैं भी इसी तरह भीख मांग रहा होता | मैं आज जो कुछ भी हूँ वह माई की वजह से हूँ | अगर मेरी सगी माँ भी होती तो शायद इतना प्यार न देती जितना मेरे माई ने मुझे दिया है |"

माई इतने बच्चों का खर्चा कैसे चलता था ? मैं लोगों के सामने कहती थे –मेरे रिश्तेदार बनो | मैं लोगों को प्रेरणा देती थी | कहती थी अपने हिस्से का थोड़ा सा तो दो मेरे बच्चों के लिए | लोग मेरी बात से प्रभावित होते थे और मदद देते थे | शुरू में कम देते थे | अब जान गए और ज्यादा देते हैं | लोग देते हैं और खर्च चलता है |

मैं कहती थी मैंने जीना सीखा , तुम भी जिओ |संकट सब को आते हैं | फिर भी एक बात है -लड़ो , आगे बढ़ो | जब मैं 20 साल की थी तब

मेरे पति ने मुझे मरने के लिए छोड़ दिया था | तब मैंने बच्चे का नाड़ 16 बार पत्थर मार कर तोड़ा तो लगा जब ये इतना मजबूत है तो संस्कार का नाड़ कितना मजबूत होना चाहिए ? थोड़ा संकट जरूर आना चाहिए तभी दूसरे का संकट जल्दी मालूम पड़ता है अपने को |

मैं बॉम्बे में रेल में गाना गाती थी | तब खाना मिलता था | मतलब डरना नहीं , मरना भी नही, सिर्फ खड़ा होना चाहिए | यही मैं सोच रही थी | जब मैं बोली कोई मदद करो , खाने को दो , खाने को दो तो किसी ने नहीं दिया | फिर मैं गाना बोलने लगी तो मुझे बहुत खाना मिलने लगा | मैं उसे लपेट लेती और कौन से भी स्टेशन पर जाती | बहुत लोग मुझे प्रेम करते है, प्यार करते है, माई बोलते है मेरे को | तब मैं जिंदा नहीं होती तो आपके सामने कैसे आती रे बाबा | एक रात का अंधेरा के बाद दिन निकलता है सोचो | ये मिट्टी तो अपने को बल देती है | मैं सोचती थी मैं महिला थी | मैं गाना बोलती थी तो मुझे ज्यादा खाना मिलता था | भिखारी को कम मिलता था क्योंकि उसे गाना नहीं आता था | मैं सोचती थी इस खाने पर क्या तेरे अकेले का अधिकार है ? मैंने बाँट कर खाया और बड़ी हो गई | मैं स्टेशन पर पूरे भिखारी को एक जगह गोला करती और मैं बोलती तुमको खाना नहीं मिला , चलो अपन बाँट के खाएंगे ना | मैंने भिखारी को खाना दिया, भिखारी ने मेरे को सरंक्षण दिया | अपने देश में भिखारी भी मानुष है | मैंने उनको खाना दिया तो वो रात में मेरे इर्द गिर्द सोते थे और मुझे बीच में सुलाते थे |

ओरिजिनल भिखारी जल्दी जल्दी सोते हैं | मैं डुप्लीकेट भिखारी मेरे को जल्दी नींद नहीं आती थी ना | फिर रात को डर लगता था | अब क्या होगा सिंधु ताई ? तब मेरा एक ही ठिकाना था शमशान | क्योंकि वही एक ठिकाना था जहां कोई डर नहीं | तब मैं शमशान में जाती और रात गुजारती | मेरे को मालूम था कि वही जगह सुरक्षित है | शमशान में मरने के बाद कोई आता है | रात को कोई नहीं आता है | जब मेरे को कोई देखता था तो भाग जाता था भूत भूत करके | जिंदा भूत तो मइच होती ना |

शमशान में रहने वाली कहाँ आ गई बाबा आपके सामने | कफन को जेब नहीं होते और मौत कभी रिश्वत नहीं लेती | जब मरेंगे तब मरेंगे |

ऐसा तय कर, चलना सीख ना | आगे की जिंदगी खुदा के हाथ | हारो मत | मैंने शमशान छोड़ दिया बेटा | फिर भीख मांगते मांगते मैं कहाँ कहाँ गई | जो देता उसका भी भला, जो न देता उसका भी भला |

जीना सीखो बेटा, आगे बढ़ो, पीछे भी मुड़ो | कल का सबेरा तुम्हारा है | आज की रात चली जाएगी | क्या लेना देना है | हमें तो जीना है | आदमी कभी बुरा नहीं होता, पेट की भूख बुरी होती है | मेरे को अभी भी कुछ नहीं है, तब तो कुछ भी नहीं था | नॉन ग्रांटेड हूँ मैं| ये देखो न कितने बच्चे हैं , लेकिन ग्रांट नहीं है | जब खाने को नहीं होता तो ज्यादा भूख लगती है | खाने को होता है तो भूख नहीं लगती रे | आज आपने उपवास किया तो आज भूख नहीं लगती, कल भूख लगती है |

अभी लोग पूछते हैं मैं इतनी बड़ी कैसे हो गई ? मैंने जिसको खाने को दिया वो मेरे साथ आए | मेरे को छोड़ के नहीं गए | फिर एक कुटुंब हो गया, एक संसार बन गया मेरा |कोई भी संकट आपके ऊपर गिरे, कोई बात नहीं बेटा |गिरने दो, फिर भी आगे बढ़ो, फिर भी खड़े हो जाओ | मेरे पास 10 दिन की बच्ची थी, कितना संकट सहा है मैंने और तुम परेशान हो रहे हो कि टैक्स बढ़ रहा है ,हमारी कंपनी घाटे में चल रही , सरकार ने हमारे लिए कुछ करना चाहिए, टैक्स माफ करना चाहिए | थोड़ा थोड़ा समझ तो आता मेरे को , ज्यादा नहीं | सोचो बेटा, तुम्हारी कमाई में किसी का तो एक हिस्सा है, वो देंगे तो तुम्हारा भी दिल खुश हो जाएगा | मैंने वही किया |

****

मेरी खुद की बच्ची मेरे साथ थी जिसका जन्म नाड़ मैंने पत्थर से तोड़ा था गईया के तबेले में | ससुराल वाले ने ,माईके वाले ने मेरे को मार मार कर हकाल दिया था और गईया मेरे अंग पर खड़ी थी और पूरे गईया को हकाल रही थी | मेरे ऊपर पैर नहीं आने देना चाहती थी |बिल्कुल टाइट खड़ी थी | चिल्ला चिल्ला कर मेरे को उठा रही थी | वो गईया की आवाज से मैं जाग गई और इधर उधर देखा | बाप रे गईया मेरे अंग पर खड़ी है , मेरे को बच्ची हुई है | और अभी क्या बोलूँ ? मैं उसके नीचे से बाहर आ गई | उसका गला पकड़ कर रोई मैं | उसको बोला, " माँ तू गईया होकर मईया हो गई, मैं तेरे को वचन देती हूँ – आखरी जिंदगी तक मैं

तेरी भी मईया बनूँगी क्योंकि तूने मेरे को बचाया है ना |

मैं कभी भूलूँगी नहीं | इसलिए मैं 350 गईया की माँ हूँ | वो दूध वाली नहीं हैं | जो गईया थक जाती है , बूढ़ी हो जाती है उसको लोग हल्दी कुमकुम लगा कर हकाल देते हैं | वो चलते चलते कहीं बैठ जाती हैं, वो दृश्य मैंने देखा है | उसको उठना नहीं आता, ताकत नहीं होती ना | फिर दिन भर, रात भर बैठी रहती है, फिर कुत्ते आकर उसको काटने लगते हैं |वो चिल्लाती है, कोई नहीं सुनता | | मुझे याद आया | एक गईया ने तुझे बचाया ना | अभी तो तेरा फर्ज है उसको बचाने का | मेरे बच्चे जंगल में जाते हैं , गाँव गाँव जाते हैं , वहाँ कोई हल्दी कुमकुम लगा कर गईया को हकाल दिया तो उसको उठा कर लाते हैं | ध्यान में रखना – यादें हैं ,आपके वादे हैं इससे जिंदगी नहीं कटती, वो तकलीफ , इरादे और आपकी मेहनत हैं , जिनसे आप आगे बढ़ते हैं और दिल में खुशी मिलती है|

****

मैंने सोचा चलो आगे बढ़ते हैं | कुछ तो नही था मगर आज है | चार जिलों में संस्था है, मेरे को 250 दामाद हो गए हैं , 50 बहुएं हैं, 350 गईया हैं और पुरस्कार तो मेरे को 750 हैं | चार बार राष्ट्रपति से सम्मानित हूँ मैं ,यानी प्रतिभा देवी पाटील, ए पी जे अब्दुल कलाम, प्रणव मुखर्जी और रामनाथ कोविन्द से सम्मानित हूँ | मगर मेरे को ग्रांट नहीं मिली | मैं नॉन ग्रांटेड हूँ | तुम बोल रहे थे न टैक्स माफ होना चाहिए, सहूलियत होना चाहिए और मेरे को कुछ नहीं मिला फिर भी मैं जिंदा हूं | आप भी जिंदा रहो , आगे बढ़ो |

एक काम करो | जब घर जाते हो न , तुम्हारी बाई टेन्सन में होती है | वो सोचती है थोड़ा सा धंधा नीचे आ गया, हमारा आदमी टेन्सन में है | घर कब आएगा क्या मालूम ? बच्चे लोग भी तुम्हारी राह देखते हैं | तुम जब घर जाते हैं न तो उसको बोलो – "कैसी हो?" उसको लगेगा क्या बात है ! फ्रेश दिखता है मूड पति का | वो बोलेगी "अच्छी हूँ , कितना राह देखा है तुम्हारा |" जब आपको खाना परोसेंगी, सामने बैठेंगी तो कभी कभी बोलो- क्या शानदार सब्जी बनी है आज की ! नहीं बनी तो भी बोलना | आज प्रयोग करो घर जाने के बाद | इतना ही बोलो – क्या बेस्ट सब्जी है

!

मैंने परसों भाषण में बोला | तुमको भी बोलती | एक आदमी ने प्रयोग किया | अपनी बाई को बोला –क्या शानदार सब्जी बनी है ! उसकी बाई डंडा लेकर सामने आई और बोली – आज की सब्जी बहुत अच्छी हो गई ना ? मैंने रोज आपको सब्जी खिलाया पर कभी अच्छा नहीं बोला | पर आज पड़ोसन की सब्जी दिया तो इतनी अच्छी लगी !

अरे बाबा, कोई भी काम इधर उधर देख कर करो | उसकी जरूरत है रे बाबा | एक मराठी कविता है जिसका अर्थ है " जब मैं पैदा हो गया तो मेरे आँखों में आँसू थे, कुछ बोलना चाहता था पर बोल नहीं सकता था , जिंदगी के आखरी समय में जो मेरे पहचान के थे वो भी कंधा निकालकर चले गए, सिर्फ मैं जल रहा था | इसलिए जिंदगी में चढ़ाव- उतार आता है | पर हारना नहीं बेटा | संकट गिरे तो उसके ऊपर खड़े हो जाओ | संकट की ऊंचाई कम होती है | अपने को सांस लेना आता है रे | मरना नहीं, डरना नहीं, आगे बढ़ना है |

****

"जब वो आए तो चेहरे पर रख रखाव था , मगर वो नहीं देख सके जो मेरे दिल का घाव था |"तुम्हारे घाव तुमको ही सहना है | कोई नहीं ले सकता तुम्हारे घाव | मैं 22 देश जा कर आई | मेरे बच्चे डॉक्टर हैं, मास्टर हैं | मेरा विनय अभी यहाँ तक आया ना हाथ पकड़ कर मेरा | जानते हो वो कहाँ मिला? बेटा, मेरे जैसी एक माँ भीख मांगती थी रेल में | अभी ये सवा महीने का था |वो भीख मांगते मांगते बीमार हो गई और स्टेशन पर मर गई | ये उसके अंग पर था | इसको कोई नहीं उठा रहा था , ये रो रहा था | इसको क्या मालूम की इसकी माँ भगवान के घर गई ? मैं भी वहीं रहती थी | मैंने इसको उठाया | इसकी माँ का आखरी क्रिया कर्म किया और इसे थोड़ा थोड़ा चम्मच से दूध पिलाकर बड़ा किया | मैं उसकी माँ हो गई और वो मेरा बेटा |अभी वो एल एल बी हो गया है |

****

मैं हाफ टाइम चौथी पास हूँ | ज्यादा नहीं पढ़ी मैं | मेरी माँ मेरे को स्कूल नहीं जाने देती थी | मैं स्कूल न जाऊं इसलिए मुझे भैंसा चराने के लिए भेजती थी | भैंसा बहुत खतरनाक था | वो जल्दी पानी में बैठताच

नई | मैं उसको ठोक ठोक के पानी में डालती | स्कूल जाती थी, पढ़ना बहुत अच्छा लगता था | स्कूल देरी से गई तो मास्टर ने पीटा और भैंसा पानी से निकलकर खेती में गया तो खेती वाले ने पीटा | मैं मार खाके चौथी पास हो गई | और यही सोचा मेरी जिंदगी में जो संकट आए वो किसी के ऊपर न आए | अगर आए तो मैं उसके साथ होना चाहिए | इतना ही सोचा था | मैं नहीं पढ़ी पर अभी मेरे ऊपर पी एच डी की है मेरे बेटे ने पूना यूनिवर्सिटी में | मेरा जो ख्वाब पूरा नहीं हुआ वो मैंने इनके माध्यम से पूरा किया |

एक बड़ा काम किया मैंने | जो पति ने मुझे हकाल दिया उसको मैंने माफ किया | मेरी शादी हो गई तब मैं 10 साल की थी और जब पति ने हकाला तब मैं 20 साल की थी | बेटा, जिंदगी बहुत होती है रे | मगर उसमें बहुत संकट भी होते हैं | वो पार करो | दिन उगता है ,उजाला होता है | मेरे ससुराल और माइके वालों ने भी मेरा सम्मान किया |

एक बार मेरे सम्मान समारोह में महाराष्ट्र के पाँच मंत्री थे |मेरे रास्ते में फूल डाले थे | मेरे बड़े बड़े कट आउट लगे थे पर मेरे पति रो रहे थे |उनको पश्चाताप हो रहा था | मेरे को बहुत अच्छा लग रहा था | माँ का कलेजा कैसा होता है ? मगर अंदर से आवाज आई – तू गलती कर रही है सिंधु ताई | उन्होंने नहीं छोड़ा होता तो क्या तू इतनी बड़ी बनती ? उनके छोड़ने के बाद ही बनी ना ? ध्यान रख उन्होंने तेरे को बड़ा बना दिया | उन्हे माफ करो | मैं उनके पास गई, उनका हाथ अपने हाथ में लिया , मेरे पल्लू से उनका मुंह पोंछा और उनको बोली – “आप रो रहे हैं , जब आपने छोड़ा तो मैं रो रही थी | आज तुम रो रहे हो और मेरा सत्कार हो रहा है | कोई बिरा बाग नहीं होता | अभी एक काम करो | तुम्हारे हकालने के बाद मैं बड़ी हो गई ना ? अभी मेरे पास चलो मगर मेरी भी एक शर्त है - तुम पति बनकर नहीं, बल्कि बच्चा बन कर आओ, मुझे अब पत्नी नहीं बनना | बच्चा बन कर आते हो तो मैं भी तुम्हारी माँ होना चाहती हूँ | वो 80 साल के हो गए थे | उनको उठाया मैंने और ले गई अपने आश्रम | बच्चों को परिचय दिया कि बेटा, इन्होंने मुझको नहीं छोड़ा होता तो क्या तुमको माँ मिलती रे ? इन्होंने छोड़ा इसीलिए तुम्हें माँ मिल गई | इनकी सेवा करो बेटा | मैं माँ हो गई इनकी, तुम इनके रिश्तेदार बनो |

पाँच साल संभाला मैंने उनको | अभी पिछले वर्ष वो गए भगवान के घर |
****

दुख बाँट लो बेटा, सब के हो जाओ | जहां तुम्हारा अच्छा काम चल रहा है न , तुम्हारे कष्ट का एक निवाला भेजो बेटा | मेरे को ही भेजो ऐसा नहीं | दुख बुरा होता है आदमी कभी बुरा नहीं होता | मैंने बहुत दुख देखा इसलिए मैं दुखियों के पास गई | मेरे को किसी ने जाने को नई बोला | किसी ने मेरे को उपदेश नहीं दिया कि जाओ उधर , सेवा करो | मुझे भूख ने सिखाया | खुद का दुख लेकर चलती तो मैं मर जाती | दूसरों का दुख मैंने बाँट लिया और मैं खुश हो गई | जिंदगी में खुशी लोगों को खुशी बांटने से आती है |

आपको मेरी विनती है, आपका जो कुछ बचा ना तो जरूर भेजो बाबा | हम राह देखेंगे | तुम्हारे कष्ट का एक निवाला आया तो मैं और बच्चों के लिए ज्यादा कर सकूँगी |मेरे पास तो कुछ नहीं बेटा, बस दो हस्तक और तीसरा मस्तक | सरकार ने कुछ दिया भी नहीं मेरे को | चार राष्ट्रपति ने सम्मानित किया मगर ग्रांट नहीं मिला | मैं रोते नहीं बैठी , नहीं मिला तो नहीं मिला | तुम मेरे सरकार हो जाओ ना |

सब लोगों ने सोचा कि अपन भूखे नहीं रहेंगे, माई भूखी नहीं रहेगी तो माई के बच्चे भी भूखे नहीं रहेंगे | मैं भाषण देती और राशन मांगती | मैं दिल्ली गई थी –अमित साह से मिलने |दिन भर मेरा नंबरच नहीं लगा | मेरे को अंदरच नहीं जाने दिया उन लोगों ने | सीधी सादी हूँ ना | फिर वो आ गए | मैंने गेट वाले को बोला | अभी मेरे को रुकवाना नई | अभी मेरे को अंदर जाना है | मैं अंदर गई और अमित साह बोले – " आओ माई ,बोलो माई |" मैंने कहा एफ सी आर दो ना | मेरी संस्था रजिस्टर्ड है ,ऑडिट है , सब है | सच्ची बोलती बेटा, तीन दिन में एफ सी आर आया | एफ सी आर आया पर कहाँ जाना पड़ता येइच अपन को मालूम नई | हो सके तो तुम भी बताना बाबा,कहाँ जाना है | सब कुछ है मेरे पास पर रास्ताच मालूम नई | इसलिए तुम मेरे बच्चों को रास्ता दिखाओ |
****

मैंने बच्चे कैसे संभाले हैं | मेरे ढाई सौ दामाद हैं, पचास बहू हैं, दुख कहाँ है मैं ढूंढती हूँ |एक बच्चे ने जन्म लिया और माँ मर गई मराठवाडा

में | लोगो ने सोचा, इसने माँ को खा लिया अपन इसको मार देंगे और नदी में डाल देंगे | बहुत बारिस हो रही थी | उन्होंने बच्चे को कपड़े में डाला, और नदी में फेंकने जा रहे थे | कोटवार ने रुकवाया और बोला -मरेगी तो मरेगी पर उसको माई के पास भेजेंगे ना | तीन दिन के बाद वो मेरे पास आई | उसका खून काला हो गया था | पूना में नोबल हॉस्पीटल है | पूरा खर्चा हॉस्पीटल ने किया | डॉक्टर दिलीप माने हैं , डॉक्टर पोटे हैं सबने इलाज किया और बेटी जिंदा हो गई | अभी वो दसवीं कक्षा में पढ़ती है |

और एक बच्ची की कहानी – एक बच्ची को किसी ने प्लास्टिक की थैली में डालकर उसका मुंह बांध कर मेरे गेट पर रख दिया | उसके चारो ओर कुत्ते झगड़ रहे थे ,कह रहे थे कि तू खाता पहले कि मैं खाता ? उद्घाटन कौन करे ? मैं बोली क्यों कुत्ते भौंकते जरा देखों नीचे | मैंने जा के देखा तो थैली में बच्ची थी | बस दो चार मिनट हुए थे | पर कुत्ते ने काटा नहीं था | मैं उसको उठा के ले आई , उसका नाम भी मैंने रखा | बेटा, अभी वो बच्ची सातवीं कक्षा में पढ़ती है | मेरे घर आई बच्ची कभी मरी नहीं ,मेरा बेटा कभी मरा नहीं | मरने की लाइन में होती पर नई मरती | इसीलिए सबसे बड़ा प्यार है, खुशी है | मैं उसको खुशी देती, प्यार देती और बड़ा करती | चलो, आगे बढ़ना है , अपन को मरना नहीं है | हजारों बच्चों की माँ हूँ | साढ़े सात सौ पुरस्कार हैं पर पुरस्कार से पेट नहीं भरता , बेटा |

****

गए साल मैं एडमिट थी नोबल हॉस्पीटल हड़पसर में | मेरा ऑपरेशन हो गया | वो हॉस्पीटल मेरे बच्चे से कुछ पैसा नहीं लेता | एडमिट करते हैं, खाना भी खिलाते हैं, और घर छोड़ कर आते हैं | डॉक्टर दिलीप माने, डॉक्टर पोटे सब मेरे बच्चों का ध्यान रखते हैं |

मेरे को बहुत बुखार था |बुखार उतर ही नहीं रहा था | बीस दिन बुखार नई उतरा | फिर एडमिट किया, निदान किया और बोला – माई जो तू बोलती ना तो तेरा स्वर यंत्र में गांठ आ गई है | उसे निकालने के बाद बुखार उतरेगा |मैंने कहा निकालो | उन्होंने ऑपरेशन किया और गांठें निकाली , मेरा बुखार उतर गया | मैं किसी को पहचानती नई थी | बच्चे

तो सुबह खाना खाते और शाम को पानी पीकर सोते थे | अनाथ आश्रम में चावल था, गेंहू था ,सब था मगर बच्चे एक टाइम ही खाना खाते थे क्योंकि माँ बिस्तर पर है ,बीमार है , सब खत्म हो जाएगा ना | जब मेरे को छुट्टी हो गई ,ढाई महीने में घर गई तो देखा बच्चे एक टाइम खा रहे हैं |मैंने पूछा –क्यों रे अपने पास अभी भी खाने को अनाज है , तुम एक टाइम क्यों खाते हो ? बच्चे बोले – माँ तुम बीमार हो ना , अनाज खत्म हो जाएगा तो कौन देगा अपने को ? तू ही तो लाती है | इसलिए एक बार खाते हैं |मैं बोली बेटा ऐसा नई करना | जब सब खत्म हो जाएगा तो मैं पड़ोसी को मांगूँगी|

तुमने जो खाना खाया उसका रूखा सूखा मेरे बच्चों को दो | मैं इतना बोल सकती हूँ , मेरे ऑपरेशन के समय मेरे बच्चों ने भगवान के सामने दिया जलाया और पूरा तैयार हुआ खाना भगवान के सामने रखते थे | मेरे को कृष्ण बहुत अच्छे लगते हैं , मैं कृष्ण भक्त हूँ | मेरे ऑपरेशन के दिन किसी बच्चे ने खाना नहीं खाया और रात भर भगवान के सामने बैठे रहे और बोल रहे थ "भगवान ये माँ हैं ना इसको मरने नहीं देना , हमको कोई भी नहीं , हमको एक ही माँ है | अगर लेके गए तो वापस भेजना , भगवान | और मैं जिंदा हो गई, बेटा | आज भी रात-दिन दिया जलाते हैं | मैंने कहा बहुत तेल लगता है तो मेरे छोटे से बच्चे ने जवाब दिया "माँ भगवान के पास दिया जलता है ना तो माँ मरती नहीं , इसीलिए हम दिया जलाते हैं |" बच्चे दिया जला कर मेरी राह देखते हैं |

सिंधु ताई एक महान महिला थीं | उनके जैसी माँ इस धरती पर विरले ही पाई जाती हैं | वो नारी शक्ति की अनूठी मिसाल थीं | सत सत नमन है सिंधु ताई को |

सिन्धुताई का परिवार :

1. सन्मति बाल निकेतन हड़पसर पुणे |

2. माई का आश्रम चिखलदरा, अमरावती |

3. अभिमान बाल भवन, वर्धा |

4. गंगाधरबाबा छात्रालय, गुहा|

5. सप्तसिंधु 'महिला अधर, बालसंगोपन शिक्षण संस्थान, पुणे |

पुरस्कार : सिंधुताई सपकाल को अपने सामाजिक कार्यों के लिए 750 से अधिक पुरस्कारों से सम्मानित किया गया है उनमें से कुछ पुरस्कार निम्नलिखित हैं :-

- 2018 महिला दिवस पर सिंधुताई सपकाल को भारत के राष्ट्रपति द्वारा **नारी शक्ति** पुरस्कार से सम्मानित किया गया | यह महिलाओं के लिए समर्पित सर्वोच्च नागरिक पुरस्कार है |
- 2016 – सोशल वर्कर ऑफ द ईयर अवार्ड वॉकहार्ट फाउंडेशन |
- 2015 – अहमदिया मुस्लिम शांति पुरस्कार |
- 2014 – बासवा सेवा संघ, पुणे से सम्मानित बासवा पुरस्कार |
- 2013 – मदर टेरेसा अवाइर्स फॉर सोशल जस्टिस |
- 2013 – प्रतिष्ठित माँ के लिए राष्ट्रीय पुरस्कार |
- 2012 – सीएनएन-आईबीएन और रिलायंस फाउंडेशन द्वारा दिए गए रियल हीरोज अवाइर्स |
- 2012 – कॉलेज ऑफ़ इंजीनियरिंग, पुणे द्वारा दिया गया -गौरव पुरस्कार |
- 2010 – महाराष्ट्र सरकार द्वारा सामाजिक कार्यकर्ताओं को महिलाओं और बाल कल्याण के क्षेत्र में अहिल्याबाई होल्कर पुरस्कार |
- 2008 – दैनिक मराठी समाचार पत्र लोकसता द्वारा दी गई वीमेन ऑफ द ईयर अवार्ड |
- 1996 – दत्तक माता पुष्कर, सुनीता कलानिकेतन ट्रस्ट श्रीरामपुर (स्वर्गीय सूनीता त्र्यंबक कुलकर्णी की यादों में)|
- 1992 – अग्रणी सामाजिक योगदानकर्ता पुरस्कार |
- सह्याद्री हिरकानी अवार्ड (मराठी: सह्यद्रीच हिरकानी पुरस्कार)|
- राजाई पुरस्कार (मराठी: राजाई पुरस्कार)|
- शिवलीला गौरव पुरस्कार (मराठी: शिवलीला महिला गौरव पुरस्कार)|

2

पर्वतारोही अरुणिमा सिन्हा

"कोई भी लक्ष्य इंसानी साहस से बड़ा नहीं, हारा वही जो लड़ा नहीं |"

यह कहानी है एक जांबाज लड़की की जिसके इरादों में हिमालय जैसी दृढ़ता और महासागर जैसी गहराई है | जी हाँ , ये अरुणिमा सिन्हा की कहानी है जिसे सुनकर रोंगटे खड़े हो जाते हैं |

अरुणिमा सिन्हा का जन्म सन 1988 में उत्तर प्रदेश के सुल्तानपुर में हुआ | अरुणिमा की रुचि बचपन से ही स्पोर्ट्स में रही | वह एक नेशनल बॉलीबॉल प्लेयर भी थी | उनकी लाइफ में सब कुछ सामान्य चल रहा था | तभी उनके साथ कुछ ऐसा घटित हुआ जिसके चलते उनकी जिंदगी की दशा और दिशा ही बदल गई | क्या थी वह घटना जिसके चलते उन्होंने नये कीर्तिमान रच दिए | आइए जानते हैं उन्ही की जुबान से |

"आप सब को थैंक्स , आपने मुझे सुनने के लिए बहुत धैर्य रखा | किसी को सुनने के लिए बड़ा धैर्य रखना पड़ता है | मैं 26 साल की हूँ , मैं बॉलीबॉल की नेशनल चैंपियन भी रह चुकी हूँ | 11 अप्रैल 2011 को मुझे कुछ बदमाशों ने चलती ट्रेन से उठा कर बाहर फेंक दिया था | मैं लखनऊ से दिल्ली जा रही थी | जनरल कम्पार्टमेंट में बहुत से लोग थे, पर किसी ने उन्हे मना नहीं किया | मैं गोल्ड चैन पहनी हुई थी, उसे छीनने की वो कोशिश कर रहे थे | एक प्लेयर का स्प्रिट होता है | जब कोई उससे कुछ

छीनने की कोशिश करता है तो वह देता नहीं है | मेरे को भी वही स्पिरट थी, मैंने मना किया और उन्होंने चलती ट्रेन से बाहर फेंक दिया | वो चार पाँच लोग थे |

दुर्भाग्य ये था कि दूसरी तरफ से ट्रेन आई , मैं उससे टकराई फिर नीचे गिरी और दोनों ट्रेन निकल गईं | कुछ देर बाद मैं हाथ को जमीन पर रखकर उठने की कोशिश की तो देखा मेरा पैर कट चुका था | जींस की पैंट से पैर बाहर लटका हुआ था | दूसरे पैर की हड्डियाँ टूटकर बाहर निकल चुकी थी | पूरी रात मैं चिल्लाती रही | मेरे आसपास छोटे छोटे पत्थर थे | मैं यह सोच कर चिल्ला रही थी कि शायद कोई बचाने आए पर कोई नहीं आया | चिल्लाते चिल्लाते मुझे दिखाई देना भी बंद हो गया | जब कोई ट्रेन आती थी तो आसपास कंपन होता था |

इसी बीच कुछ लोगों को न्यौता भी मिल गया था | ट्रेन के ट्रैक के आसपास आपने छोटे छोटे चूहे देखे होंगे | वो आकर मेरे कटे हुए पैर को कुतर रहे थे |मैं उस दर्द को महसूस हर रही थी पर बेबस थी | मैं हिल भी नहीं सकती थी | पैर तो रेल की पटरी में फंस कर चूर चूर हो गया था | मैं सिर्फ कराह सकती थी पर उसे भी सुनने वाला वहाँ कोई नहीं था | मेरा ब्रेन कॉनसीयस (चेतन अवस्था) में था पर शरीर बिल्कुल काम नहीं कर रहा था | मैं पूरे पल यही सोचती रही कि अपने आप को कैसे बचा पाऊँगी ? करीब पूरी रात इसी तरह बीती | 49 ट्रेन गुजर गईं |

सुबह गाँव वालों ने देखा , मुझे उठाया और डिस्ट्रिक हॉस्पीटल बरेली यू पी में ले गए , वहाँ भर्ती कर दिया | पर डॉक्टर और फार्मासिस्ट आपस में बातें कर रहे थे कि हमारे पास अनेस्थीसिया (बेहोश करने की दवा) नहीं है, ब्लड नहीं है , हम इसका इलाज शुरू कैसे करें ? मुझे दिखाई तो नहीं दे रहा था पर सुनाई सब कुछ दे रहा था |

कहाँ से हिम्मत आई मुझे नहीं पता , मैंने कहा – 'सर जब मेरा पूरा पैर कटा तो मैं इतनी देर रेलवे ट्रैक पर पड़ी रही फिर भी मैंने बर्दास्त किया | पर अभी तो आप मेरे अच्छे के लिए पैर काटेंगे' |

शायद आपको यकीन नहीं होगा या फिर आपने नहीं देखा होगा कि डॉक्टर ने किसी पेसेन्ट को अपना ब्लड देकर बचाया होगा | मेरी बातें सुनने के बाद डॉक्टर और फार्मासिस्ट ने मुझे एक एक यूनिट ब्लड दिया

और बिना बेहोश किए मेरा पैर काट कर अलग कर दिया | आज भी मैं उस दर्द को महसूस करती हूँ | जब भी वो बातें बोलती हूँ तो महसूस करती हूँ |

उसके बाद जब बात मीडिया में आई, पता चला कि मैं बॉलीबॉल की नेशनल लेवल की प्लेयर हूँ तो मुझे किंग जॉर्ज मेडिकल कॉलेज लखनऊ में शिफ्ट कर दिया गया और वहाँ से ट्रॉमा सेंटर दिल्ली रेफर कर दिया | प्लेयर होने की वजह से अच्छा ट्रीटमेंट मिला | करीब चार महीने मैं एम्स हॉस्पीटल दिल्ली में रही | एम्स में रहने के दौरान जब 25 दिन बाद मैं थोड़ा ठीक हुई तो एक दिन न्यूज पेपर में आया कि अरुणिमा के पास टिकट नहीं थी और अरुणिमा ट्रेन से कूद गईं | उसका घर वालों ने खंडन किया | फिर बोला गया कि अरुणिमा सुसाइड (आत्महत्या) करने गई थी | जिस लड़की का एक पूरा अंग कट चुका है | पता नहीं व्हील चेयर पर भी चल पाएगी या नहीं , मेरे स्पाइन (रीढ़ की हड्डी) में तीन फैक्चर थे, उसके बारे में ऐसी बातें लिखी जा रही थी | मुझे यह भी नहीं पता था कि मैं उठ भी पाऊँगी या नहीं | अंदाजा लगाया जा सकता है कि मेरे दिलों दिमाग पर क्या चल रहा होगा | उस परिवार की क्या स्थिति रही होगी जिस परिवार की लड़की की ये हालत हुई हो !

फिर भी कहते हैं –जहां चाह होती है वहाँ राह मिल ही जाती है | हम मध्यमवर्गीय परिवार से थे, हम अपनी बात चिल्ला चिल्ला कर कह रहे थे पर कोई नहीं सुन रहा था |

मैंने अपने दिलो दिमाग और अंतरात्मा से सोच लिया – ठीक है आज आपके दिन हैं जितना चाहे बोलो , पर मेरा दिन भी आने वाला है | मैं प्रूफ कर दूँगी कि मैं क्या हूँ और क्या थी | हॉस्पीटल के बेड पर मैंने डिसाइड कर लिया –मैं पर्वतारोहण करूंगी |

बॉलीबॉल मेरी लाइफ का सबसे टफ (कठिन) गेम था |मैंने माउंटेनियरिंग (पर्वतारोहण) चुना | माउंटेनियरिंग कहने और करने में बहुत फर्क होता है | जब मैंने माउंटेनियरिंग की बात सोची तो लोगों के सामने सबसे बड़ी बात आती है सही ट्रेनिंग लेना और दूसरी है – स्पॉन्सरशिप (आर्थिक सहयोग) | 40 से 50 लाख मैंने कभी देखे नहीं थे | मेरे लिए यह बहुत बड़ी बात थी इतने रुपये इकट्ठे कर पाना |

जब मैंने लोगों के सामने रखा की मैं माउंटेनियरिंग करना चाहती हूँ, एवरेस्ट के लिए ट्राई करना चाहती हूँ तो हर किसी ने कहा , तुम पागल हो चुकी हो क्या ? तुम्हारा दिमाग खराब हो गया क्या ? तुम कभी नहीं कर सकती माउंटेनियरिंग ! एक पैर आर्टिफिसियल (बनावटी) है, दूसरे पैर में रॉड है, स्पाइन में भी फैक्चर है ! तुम पागल तो नहीं हो गई हो ? चुपचाप नौकरी करो और अपना जीवनयापन करो | क्योंकि लोग मेरा शरीर देखते थे , मेरी अंतरात्मा में क्या चल रहा था, वो तो लोगों को पता ही नहीं था|

मैं आज सुबह से देख रही हूँ , बहुत से मोटिवेटर(प्रेरणा देने वाले) हैं | सबसे बड़ा मोटिवेटर कौन होता है ? आप खुद हैं ! जिस दिन आपकी अंतरात्मा जाग गई तो उस लक्ष्य को पाने से आपको कोई नहीं रोक सकता |मैं किताब से नहीं बोल रही हूं | ये कोई भी किताब की बातें नहीं, ये जो आज मेरा 26 साल का अनुभव है वो मैं बता रही हूं सिर्फ आपको |

उसके बाद मैंने किसी तरह मैनेज किया | परिवार मेरा सहारा था | मेरी माँ और बहन ने बहुत सहयोग किया |परिवार में मेरे भाई साहब ने कहा -1984 की एवरेस्ट विजेता बछेंद्री पाल मैडम से मिलते है | वो जरूर कुछ न कुछ करेंगी | अस्पताल से निकलने पर मेरे दाहिने पैर में टांके लगे थे | जब लोग यह सोचते हैं की मुझे अपना जीवनयापन कैसे करना है ? मेरी जिंदगी कैसे चलेगी ? तब मेरे दिमाग में सिर्फ दो बातें चल रहीं थी | एक ये की इन बातों का जवाब कैसे देना है और दूसरी –मुझे एवरेस्ट चोटी पर कैसे जाना है | बस तुरंत गए मैडम बछेंद्री पाल के पास | जब उन्होंने मुझे देखा तो उनकी आँखों में आँसू आ गए | उन्होंने कहा,

"अरुणिमा तुमने ऐसे हालात में एवरेस्ट जैसे दुरूह पहाड़ को फतह करने की सोचा तो अपने अंदर एवरेस्ट फतह कर लिया | अब तो लोगों के लिए करना है |"

परिवार को छोड़कर बाहर की वो एक ऐसी पहली महिला थी जिन्होंने मुझ पर भरोसा किया और कहा ,

"हाँ तुम ऐसा कर सकती हो ", मेरे लिए वही बहुत बड़ी बात थी |

प्लानिंग भी कर ली, मैम भी मिल गईं लेकिन जब उतरते हैं फील्ड में तब पता चलता है की हम क्या हैं | मैडम ने कहा तुम्हारे कहने भर

से कुछ नहीं होगा |तुम प्रूफ करो की तुम कर सकती हो |मैंने कहा –एक मौका चाहिए मुझे | वाकई रोड हेड से बेस कैंप तक जाने में लोगों को दो मिनट लगता था , मुझे तीन घंटे लगते थे| क्योंकि मेरे दाहिने पैर की हड्डियाँ भी नहीं जुड़ी थीं , बाएं पैर में आर्टिफिसियल पैर लग चुका था पर रेड रेड घाव एकदम नये थे | अगर जोर से दबा देती तो ब्लड आने लगता था |

वहाँ मेरे साथी सभी लोग नॉर्मल थे | एक पीक के लिए जाते थे तो हर कोई बोलता था की अरुणिमा तुम धीरे धीरे आओ | हर बार दिमाग में यही चलता था की ये क्या है ? मैंने एवरेस्ट का प्लान किया है , मैं इनके बराबर भी नहीं चल पा रहीं हूँ ? खुद से संकल्प किया की एक दिन ऐसा आएगा की मैं इनसे पहले जाऊँगी | और आपको शायद यकीन न हो, आने वाले आठ महीने बाद पूरा का पूरा वजन उठा कर बेस कैंप से साथ निकलते पर टॉप पर सबसे पहले पहुँचती थी |फिर खुशी होती थी | उससे भी ज्यादा खुशी होना शुरू तब हुई जब वो सारे लोग मुझसे पूछते ,"मैडम खाती क्या हो ?" बता दो !पैर नहीं है फिर भी कैसे चलती हो ?

उसके बाद पूरा स्पॉन्सरशिप मिला | मैं एवरेस्ट के लिए गई | एवरेस्ट की जर्नी में मेरा सबसे बड़ा चैलेंज यही था की दूसरे को समझा पाना | मैं नहीं समझा पाती थी की मैं ये कर सकती हूँ | जब शेरपा को पता चला की मेरा बनावटी पैर है तो वो बोला मैं नहीं ले जा सकता | मेरी भी जान जाएगी | किसी तरह से उसे मैंने और मैडम ने मनाया |

फ़ोटो में, टी वी में जो हम ब्लू और ग्रीन (एवरेस्ट चोटी) आई देखते हैं वह हिला देने वाला होता है | जितना सुंदर दिखता है उतना ही हिला देने वाला होता है | हमारे टीम में छ: लोग थे | मैं सबसे आगे थी | जैसे ही मैं ग्रीन आई से ब्लू आई में गई, मेरा बनावटी पैर स्लिप कर जाता था, मूव हो जाता था | शेरपा बोला नहीं हो सकता अरुणिमा | मैंने कहा – ये मेरा पैर है मैं जानती हूँ कैसे चलेगा | एक बार , दो बार , चार-पाँच बार पैर रखती थी पर वहाँ की बर्फ टूट जाती थी |

कैंप 3 तक ठीक था | उसके बाद जब साउथ कोल में गए तो अच्छे अच्छे माउंटेनियर के हौसले धरे के धरे रह जाते हैं | जब अपनी आँखों के सामने मरता हुआ देखते हैं तो दिमाग में बात आती है – जिस चीज के

लिए हम जा रहे हैं उसी चीज के लिए ये आदमी मर रहा है |

ज्यादा से ज्यादा माउंटेनियरिंग रात में की जाती है क्योंकि रात में मौसम साफ होता है | जब मैं रात में निकली थी कैंप 4 से तो मेरी हेडलाइट जिधर भी जा रही थी वहाँ लोगों की डेड बॉडी पड़ी थी | मेरे रोंगटे खड़े हो रहे थे | मुझे समझ नहीं आ रहा था , करूँ तो क्या करूँ ? मैं जिस रास्ते से जा रही थी एक बांग्लादेशी अपने हाथ को हल्का हल्का उठा रहा था और दर्द के मारे आह .....आह ......कराह रहा था | मैं बता नहीं सकती मुझे कितना डर लग रहा था की इसका ऑक्सीजन खत्म हो चुका है | यह मर रहा है ! ऐसी हालात में हम देख रहे हैं पर कुछ नहीं कर पा रहे हैं ! क्या करें ? उसके बाद 10 से 15 मिनट मैं वहाँ खड़ी रही | मैंने सबको बोला यदि आपने एवरेस्ट पर नहीं पहुंचे तो मैं सबके लिए एवरेस्ट समिट करूंगी और जिंदा वापस जाऊँगी |

जैसा हम सोचते हैं वैसा ही हमारा शरीर करता है | हमें उसी रास्ते से जाना था क्योंकि हम दूसरी तरह जा ही नहीं सकते थे | जब मैं हिलेरी स्टेप्स के पास पहुंची तो शेरपा ने मुझे जोर का झटका दिया और कहा अरुणिमा तुम वापस चलो , तुम्हारा ऑक्सीजन खत्म हो रहा है | हिलेरी स्टेप्स के बाद एवरेस्ट समिट है | अगर कोई आपको अपने लक्ष्य के इतने करीब आने के बाद बोले की नहीं जा सकते तो कैसा लगेगा ? मैंने कहा , सर क्या बोल रहे हो ? मैं नहीं जाऊँगी वापस | उसने कहा, अरुणिमा जिंदगी रही तो दुबारा कोशिश करना, एवरेस्ट समिट हो जाएगा तुम्हारा | मैंने कहा, नहीं !

जिंदगी में गोल्डन चांस कभी कभी आता है | आप उसे पकड़ते हो या छोड़ देते हो | मैं जानती हूँ मुझे स्पॉन्सरशिप बहुत मुश्किल से मिली है |एक बार छोड़ देती तो दुबारा मुझे कभी नहीं मिलती |

एक बार मेरी माँ ने यह बात समझाई थी और बछेंद्री मैडम ने भी यह बात बताई थी कि कभी हालात ऐसे होते हैं कि जब तुम अकेले होते हो तो फैसला आपको लेना होता है | ऐसी हालात में जहां भी हो तुम पीछे मुड़कर देखना, तुम एक एक कदम चलकर वहाँ पहुंचे हो , एक कदम और आगे बढ़ाना और कुछ देर बाद तुम टॉप पर होगे | मेरे दिमाग में उनकी बातें वीडियो की तरह चल रही थी और सिर्फ एवरेस्ट का टॉप चल

रहा था |

मैंने शेरपा से कहा –भाई चल | वह नहीं माना | फिर मैंने फैसला लिया कि आगे जाना है | मैंने एक एक कदम आगे बढ़ाया | करीब एक से डेढ़ घंटे बाद मैं टॉप पर थी | और इतना ही नहीं | जितनी बार बोलती हूँ उतनी बार महसूस करती हूँ कि मैं टॉप पर हूँ | मेरे रोंगटे खड़े हो जाते हैं | दोनों हाथ खड़े करके जोर जोर से चिल्लाने का मन करता है .....इतनी जोर से चिल्लाऊँ और सब को बता दूँ कि मैं टॉप ऑफ द वर्ल्ड हूँ | उन लोगों को बता दूँ जो लोग ये सोचते हैं कि लड़कियां हैं , विकलांग हैं, जो हार के बाद लड़ना नहीं चाहते| जो लोग ये सोचते हैं कि वो कुछ नहीं कर सकते उन लोगों को मैं चिल्ला चिल्ला कर बताना चाहती थी कि नहीं, आप सब कुछ कर सकते हो | सिर्फ सोच की विकलांगता है | विकलांग आदमी शरीर से नहीं दिमाग से होता है |

मैंने शेरपा से कहा फ़ोटो खींच लो | हम जब कहीं बाहर होते हैं तो नेशनल फ्लैग की वैल्यू पता चलती है | मुझे बहुत खुशी हो रही थी | मैंने फ्लैग को चूम लिया और बोली फ़ोटो खींचो |शेरपा ने कहा - पागल हो गई है ! तेरा ऑक्सीजन कभी भी खत्म हो जाएगा, नीचे चल | मैंने कहा नहीं, पहले फ़ोटो खींचो | अगली बार वो बहुत गुस्सा हुआ, मैंने कहा वीडियो भी बना लो | 8848 मीटर की हाइट पर कोई भी ऐसा बोलेगा ? वह बोला, तू पागल हो गई है क्या ? तू मर जा यहाँ | मैं जा रहा हूँ नीचे | मैंने कहा नहीं , बनाओ वीडिओ | मैं चार-पाँच एक्स्ट्रा बैटरी लेकर गई थी | आप लोग सोच रहे होंगे की एक लड़की को इतना बड़ा रिस्क लेने की क्या जरूरत थी | जिंदगी कभी भी जा सकती थी , लेकिन मैंने वो रिस्क लिया | मैं चाहती थी कि अगर मैं जिंदा वापस न जा सकी तो ये वीडीओ मेरे भारत के युवाओं तक पहुंचा देना |11 अप्रैल 2011 को मेरा एक्सीडेंट हुआ था और 21 मई 2013 को मैं टॉप ऑफ द वर्ल्ड थी ,तकरीबन दो साल के अंदर |

एवरेस्ट समिट पर जाना मेरे दिलो दिमाग में एक जुनून बन चुका था ...मेरी जिंदगी का लक्ष्य बन चुका था | मुझे उठते ,बैठते ,सोते, जागते, एवरेस्ट दिखाई देता था | जब तक पागलपन नहीं आएगा तब तक लक्ष्य आपको नहीं मिलेगा|

शेरपा ने वीडियो भी बनाया और बोला फटाफट नीचे भागो | जब मैं टॉप पर थी तो कुछ लोग ऊपर आ रहे थे | 10.55 AM के बाद यदि कोई वहाँ जाने की कोशिश करता है तो उसे सुसाइड अटेम्पट कहते हैं | मैंने कहा , चल भाई नीचे चलते हैं | ज्यादा से ज्यादा मौतें नीचे आते वक्त होती हैं | जब मैं नीचे आ रही थी , थोड़ा दूर ही नीचे चली थी कि मेरा ऑक्सीजन खत्म हो गया और मैं नीचे गिर गई | शेरपा मुझे बोला कि मुझे यकीन नहीं था कि तू एवरेस्ट समिट कर पाएगी फिर भी तूने किया | मैं चाहता हूँ कि तू जिंदा वापस चल | उठ खड़ी हो | मुझे खड़ा करने की कोशिश कर रहा था पर मैं खड़ी नहीं हो पा रही थी |

कहते हैं जैसे हमारे नियम होते हैं वैसे ऊपर वाले के नियम होते हैं |उसकी लिस्ट में मेरा नाम नहीं है तो वो मुझे नहीं ले जा सकता | दूसरी चीज रेलवे ट्रैक पर मैं सात घंटे पड़ी थी | 49 ट्रेन मेरे पैर के ऊपर से गुजर चुकी थी | मेरा कान्सेप्ट क्लीयर हो चुका था कि अगर ऊपर वाले ने मुझे बचाया है तो कुछ न कुछ इतिहास रचने के लिए | मैंने सकारात्मक तरीके से सोचा और उसी समय एक ब्रिटिश पर्वतारोही नीचे से ऊपर आ रहा था और उसके पास दो ऑक्सीजन सेलेन्डर थे | उसने एक को नीचे फेंका और वापस नीचे जाना शुरू किया क्योंकि आगे मौसम खराब था और वो वहाँ नहीं जा सकता था | शेरपा ने मुझे वो सेलेन्डर लगाया और कहा अरुणिमा तू बहुत लकी है | तुझे यहाँ पर ऑक्सीजन मिला है | वाकई ऊपर वाला ये चाहता है कि तू जिंदा रहे |

वो मुझे बार बार लकी लकी बोल रहा था | शायद आप लोगों में से भी कोई होगा जो भाग्य पर विश्वास करता होगा, मुझे पता नहीं | मैं किसी की भावनाओं पर ठेस नहीं पहुंचाना चाहती | पर मैं किसी चीज पर भरोसा नहीं करती क्योंकि मेरा मानना है लक भी उसी का साथ देता है जिसके अंदर जीतने का जज्बा है | जिसके अंदर जीतने का जज्बा नहीं है उसके चारो तरफ बहाने होते हैं, सिर्फ बहाने | मैं भी कह सकती थी कि मेरा ऑक्सीजन खत्म हो गया है | कोई न पूछता पर क्या मैं अपने आप को समझा पाती ?

अंततः मैं खुश थी, एवरेस्ट , समिट, शेरपा, डेड बॉडी यही सब थे | मैं किसी से शेयर भी नहीं कर पा रही थी | एकाएक मेरा प्रोस्थेटिक पैर

पूरा का पूरा निकल गया | माइनस 60 डिग्री तक एवरेस्ट में तापमान हो जाता है | मेरा हाथ रेड हो चुका था | तीन स्टेज होती है – रेड, ब्लू, और ब्लैक | अगर ब्लैक हो गया तो हाथ काटना पड़ेगा | मैं बार बार बोल रही थी मेरे हाथ में कुछ हरकत नहीं हो रही है | शेरपा ने कहा कुछ नहीं अरुणिमा| जितना नीचे जाएंगे उतना अच्छा होगा | प्रोस्थेटिक पैर निकल चुका था | मुझे लक ,भाग्य जो भी है, ऑक्सीजन मिल चुकी थी | शेरपा मेरे आगे है | अगर मैं नहीं चलती तो मुझे वो छोड़ कर चला जाएगा | गलती उसकी भी नहीं होती | वो क्या करे मौसम की वजह से उसे वापस जाना पड़ता है | आखिरी में मेरे आँखों से आँसू निकलने लगे | आँसू आ ही जाते हैं |

दूसरे पल मुझे समझ आ गया कि रोने से कुछ नहीं होगा | मैंने आंसुओं को पोंछा, रस्सी को पकड़ा| जो मेरा प्रोस्थेटिक पैर था उसे घसीट घसीट कर चलने लगी | मेरे पास दूसरा उपाय नहीं था | थोड़ा नीचे पत्थर था उसमें रुकी और पैर को घुसेड़ा, पैर को सही किया फिर नीचे चली |

कैंप 4 से चोटी तक 3500 फिट ऊंचाई है | हर माउंटेनियर को 15 से 16 घंटे लगते हैं | मुझे 28 घंटे लगे थे | हर किसी ने मान लिया था कि अरुणिमा जिंदा वापस नहीं आएगी | जब मैं वापस साउथ कोल पहुंची और टेंट का जीप खोला तो हर किसी ने कहा – " अरे तू यहाँ है ! हम तो सब सोच लिए थे कि तू चली गई !" हर किसी ने बोला था | लेकिन हम सब खुशी मना रहे थे |

यह सब बताने का मेरा एक मकसद था | सब कुछ हममे है | हम जैसा चाहें वैसा कर सकते हैं | मैं दुनिया की सभी ऊंची चोटियों पर जाना चाहती हूँ | मैं अपनी बात समाप्त करने के पहले एक पंक्ति बोलना चाहूँगी कि ,

अभी तो इस बाज की असली उड़ान बाकी है ,

अभी तो इस परिंदे का इम्तिहान बाकी है ,

अभी अभी तो मैंने लांघा है समंदरों को ,

अभी तो पूरा आसमान बाकी है !!

अरुणिमा यहीं नहीं रुकी | जीवन में किसी भी प्रकार के अभाव के चलते निराशापूर्ण जीवन जी रहे लोगों में प्रेरणा और उत्साह जगाने

के लिए उन्होंने अब दुनिया के सभी सातों माहाद्वीपों की सबसे ऊंची चोटियों को लांघने का लक्ष्य तय किया है | इस क्रम मे वो अब तक एशिया में एवरेस्ट, अफ्रीका में किलिमंजारो, यूरोप में एलब्रुस , ऑस्ट्रेलिया में कोस्यूस्को,अर्जेन्टीना में एकांकागुआ और इंडोनेशिया में कारस्टेन्स की चोटी पर तिरंगा लहरा चुकी हैं |

अरुणिमा सिन्हा विश्व की पहली दिव्यांग महिला पर्वतारोही बन गईं | माउंड एवरेस्ट को फतह करने का ये सफर 52 दिन तक चला था | दुनिया की सबसे ऊंची चोटी पर विजय हासिल करके अरुणिमा सिन्हा ने ये साबित कर दिया की हौसलों की उड़ान, लगन और आत्मविश्वास के सामने बड़ी से बड़ी मुसीबत भी घुटने टेक देती है | अरुणिमा सिन्हा दुनिया के करोड़ों युवाओं के लिए प्रेरणा स्त्रोत है | उनके जज्बे को सलाम | नारी शक्ति को सलाम !

3

पर्वतारोही बछेंद्री पाल

"कौन कहता है कामयाबी किस्मत तय करती है, इरादों में दम हो तो मंजिलें भी झुका करती हैं।"

भारत की बछेंद्री पाल संसार की सबसे ऊंची चोटी 'माउंट एवरेस्ट' पर चढ़ने वाली प्रथम भारतीय महिला हैं। बछेंद्री पाल संसार के सबसे ऊंचे पर्वत शिखर 'माउंट एवरेस्ट' की ऊंचाई को छूने वाली दुनिया की 5वीं महिला पर्वतारोही हैं। इन्होंने यह कारनामा 23 मई, 1984 के दिन 1 बजकर 7 मिनट पर किया था।

किसी भी कार्य को करने के लिए आत्मविश्वास होना जरुरी है। आत्मविश्वास के दम पर ही व्यक्ति अपने सपनों को सच कर सकता है और इसी आत्मविश्वास के कारण ही बछेंद्री पाल ने विश्व की सबसे ऊंची चोटी पर साल 1984 में कदम रखा था। इस चोटी पर कदम रखते ही वो पहली ऐसी भारतीय महिला बन गई थी, जिसने एवरेस्ट के अभियान को सफलता के साथ पूरा किया था।

हमारे देश की हर लड़की के लिए बछेंद्री पाल का जीवन एक प्रेरणादायक है और इनके जीवन से हमें काफी कुछ सीखने को मिला सकता है। इसलिए आज मैं आपको इस पर्वतारोही के जीवन के बारे में बताने जा रहा हूँ ताकि इनके जीवन की कहानी पढ़कर आपको भी अपने

सपनों को सच करने के लिए प्रेरणा मिले सके |

बछेंद्री पाल का परिवार : बछेंद्री पाल ने भारत के उत्तराखंड राज्य के एक छोटे से गांव के एक साधारण से परिवार में 24 मई 1954 में जन्म लिया था | बछेंद्री पाल के परिवार में इनके माता पिता के अलावा इनके भाई बहन हैं | इनकी माता का नाम हंसा देवी है और इनके पिता का नाम किशन सिंह है | इनके पिता भारत से जाकर तिब्बत में सामान बेचा करते थे | इनकी माता हंसा एक गृहणी थी | एक ग्रामीण परिवार से नाता रखने वाली पाल अपने माता पिता की तीसरी संतान है और पाल के कुल दो बहनें और दो भाई हैं | पाल के एक भाई का नाम राजेंद्र सिंह पाल है और वो एक पर्वतारोही हैं|

पर्वतारोहण करने का मिला पहला मौका : बछेंद्री के लिए पर्वतारोहण का पहला मौक़ा 12 साल की उम्र में आया, जब उन्होंने अपने स्कूल की सहपाठियों के साथ 400 मीटर की चढ़ाई की | यह चढ़ाई इन्होंने किसी योजनाबद्ध तरीके से नहीं की थी | दरअसल वे स्कूल से पिकनिक पर गई हुए थीं और उसी दौरान पहाड़ पर चढ़ती गईं और शिखर तक पहुँचपहुँचते शाम हो गई | जब लौटने का खयाल आया तो पता चला की उतरना सम्भव नहीं है | ज़ाहिर है, रातभर ठहरने के लिये उन के पास पूरा इंतज़ाम नहीं था | बगैर भोजन और टैंट के इन्होंने खुले आसमान के नीचे रात गुजार दी |

बछेंद्री पाल की शिक्षा : नाकुरी गांव में जन्मी पाल का ज्यादातर जीवन इसी गांव में बिता | और अपने राज्य के ही एक सरकारी स्कूल से इन्होंने अपनी प्रारंभिक शिक्षा हासिल की है | पाल हमेशा से ही पढ़ाई लिखाई में तेज थीं | लेकिन उस समय हमारे देश में लड़कियों की पढ़ाई पर परिवार वाले ज्यादा ध्यान नहीं देते थे | जिसके कारण बच्चियों को पढ़ाई से वंचित रहना पड़ता था | बछेंद्री पाल के साथ भी कुछ ऐसा ही हुआ था| जब उन्होंने अपनी पढ़ाई को जारी रखने की बात अपने पिता के सामने रखी तो उनके पिता ने उनको आगे की पढ़ाई करवाने से साफ इंकार कर दिया था | पिता से मंजूरी नहीं मिलने के कारण पाल काफी परेशान हो गईं और इन्हें अपनी शिक्षा बीच में ही छोड़ने का डर सताने लगा| लेकिन पाल की मां जानती थी कि पाल अपने जीवन में कुछ अलग

करने का सपना देखती है और पाल के इन्हीं सपनों को पूरा करवाने के लिए, इनकी मां ने पाल के पिता को समझाया कि वो पाल को आगे की पढ़ाई करने की अनुमति दे दें | जिसके बाद पाल के पिता ने पाल को आगे की पढ़ाई करने के लिए अपनी मंजूरी दे दी | पिता से पढ़ाई की अनुमति मिलने के बाद पाल ने अपना पूरा ध्यान केवल अपनी पढ़ाई पर लगा दिया और इस तरह से इन्होंने पहले बी. ए विषय में डिग्री प्राप्त की और इसके बाद संस्कृत भाषा में एम.ए में पोस्ट ग्रेजुएशन किया | पोस्ट ग्रेजुएशन की पढ़ाई करने के बाद पाल ने बी.एड की डिग्री भी हासिल की ताकि वो एक अध्यापिका बन सकें और अपना ज्ञान बच्चों में बांट सकें |

करियर : बछेंद्री के माता पिता चाहते थे कि वो एक अध्यापिका बनें और इसलिए बछेंद्री ने अध्यापिका बनने के लिए बी.एड की पढ़ाई की | बी.एड की पढ़ाई पूरी करने के बाद पाल ने कुछ समय तक बतौर एक अध्यापिका के तौर पर भी कार्य किया | लेकिन कम सैलरी मिलने के कारण इन्होंने इस करियर को छोड़ने का निर्णय ले लिया | साल 1981 में शिक्षिका का करियर छोड़ने के बाद पाल ने नेहरू इंस्टीट्यूट ऑफ माउंटेनियरिंग में दाखिला लेने के लिए आवेदन किया | लेकिन जब इन्होंने दाखिले के लिए अपना आवेदन किया, तो उस वक्त तक इस इंस्टीट्यूट की सारी सीटें भर गई थी | जिसके कारण पाल को इस इंस्टीट्यूट में अगले साल यानी साल 1982 में दाखिला मिला सका | दाखिला मिलने के बाद पाल ने यहां से माउंटेनियरिंग में कोर्स किया और अपना सारा ध्यान एक माउंटेनियर बनने में लगा दिया |

माउंटेनियरिंग के कोर्स में पाल के द्वारा किए गए प्रदर्शन को काफी पसंद किया गया और इन्हें इस कोर्स में 'ए' ग्रेड दिया गया | अपने कोर्स को पूरा करने के दौरान ही पाल को पता चला की भारतीय पर्वतारोहण फाउंडेशन (आईईएमएफ) एवरेस्ट की चोटी पर भेजने के लिए एक दल बना रहा है और इस दल में महिलाओं की भी जरूरत है | लेकिन पाल को उस समय अपने ऊपर भरोसा नहीं था कि वो एवरेस्ट की चोटी चढ़ सकती हैं | लेकिन पाल के प्रदर्शन की बदौलत आईईएमएफ ने उन्हे साल 1984 में भारत की ओर से एवरेस्ट पर भेजे जाने वाले दल के लिए चुन लिया |एवरेस्ट पर जाने से पहले पाल को कई सारी ट्रेनिंग दी गई थी और

इन ट्रेनिंग में इन्होंने काफी अच्छा प्रदर्शन किया |

आईएमएफ के इस अभियान में पाल के साथ कुल 16 सदस्य थे और इन 16 सदस्यों में 11 पुरुष शामिल थे और 5 महिलाएं थीं | इस अभियान को पूरा करने के लिए ये सभी लोग 7 मार्च 1984 में दिल्ली से नेपाल के लिए रवाना हुए |

जानिए कैसे पूरा किया एवरेस्ट का सफर : पाल और इनकी टीम के सदस्यों ने नेपाल पहुंचने के कुछ दिनों बाद ही अपने एवरेस्ट अभियान को शुरू कर दिया | इस अभियान को कई चरणों में पूरा किया गया | इस अभियान का पहला चरण बेस कैंप था | बेस कैंप से अपना सफर शुरू करने के बाद पाल और उनके साथी जिस शिविर तक पहुंचे थे उस शिविर की उंचाई 9, 900 फीट यानी 6065 मीटर थी | इस शिविर पर रात बिताने के बाद, अगले दिन इन सभी ने शिविर 2 की ओर अपना रुख किया और शिविर 2, 21,300 फीट यानी 6492 मीटर की ऊंचाई पर स्थित था | इस शिविर के बाद अगला चरण शिविर 3 था और इस शिविर की ऊंचाई 24,500 फीट यानी 7470 मीटर की थी |

वहीं जैसे- जैसे पाल की टीम ऊंचाई पर पहुंचती जा रही थी, वैसे-वैसे ही पाल की परेशानियां भी बढ़ती जा रही थी | ऊंचाई पर पहुंचने के साथ ही ठंड बढ़ती जा रही थी और इस अभियान से जुड़े सदस्यों को सांस लेने में भी दिक्कत होने लगी थी | इस अभियान के लिए गए कई सदस्य तो घायल भी हो गए थे | मई 1984 में जब पाल और उनके साथियों ने एवरेस्ट की चढ़ाई शुरू की तब शुरूआत में ही उनकी टीम पर मुसीबत का पहाड़ गिरा इसके बाद उनके समूह के लोग चोटिल हो गए | एक बर्फ का ढेर उनके कैंप पर जा गिरा इस वजह से अभियान छोड़ना पड़ा | पाल और उनके बचे हुए साथियों ने यह अभियान पूरा किया |

वहीं लाख दिक्कतों के बाद भी पाल ने हार नहीं मानी और इन्होंने अपने आगे का सफर जारी रखा और शिविर 4 की ओर अपने बचे हुए साथियों के साथ रुख किया | ये शिविर 26,000 फीट यानी 7925 मीटर स्थित था और इस शिविर तक पहुंचते –पहुंचते पाल की टीम में मौजूद सभी महिलाओं ने हार मान ली और वो यहां से ही वापस बेस कैंप चली गईं और इस तरह इस अभियान को पूरा करने के लिए भारत की और से

भेजी गई टीम में केवल पाल ही एक महिला सदस्य बचीं थी |

शिविर 4 के बाद अगल पढ़ाव एवरेस्ट की चोटी थी और इस चोटी पर पाल की टीम 23 मई को पहुंचने में कामयाब हुई | इस चोटी पर पहुंचते ही 30 वर्षीय पाल ने एक इतिहास रच दिया और वे अपने जन्मदिन से एक दिन पहले ही भारत की पहली ऐसी महिला बन गईं, जिन्होंने पहली बार एवरेस्ट की चोटी पर कदम रखा और भारत देश का झंड़ा फहराया | एवरेस्ट की ऊंचाई कुल 29,028 फुट यानी 8,848 मीटर है और इस चोटी पर पाल और उनके सदस्य दिन के 1 बजकर 7 मिनट पर पहुंचे थे और इन्होंने इस चोटी पर कुल 43 मिनट बताए थे | इस चोटी से पाल ने कुछ पत्थर भी इकट्ठा किए, जिन्हें वो अपने साथ लेकर जाना चाहती थी और 1 बजकर 55 मिनट पर पाल और उनके सदस्यों ने इस चोटी से उतरने का अपना सफर शुरू किया था |

पाल से जुड़ी अन्य बातें :

1. जब पाल छोटी थी तो उनके परिवार वालों के पास इतने पैसे नहीं हुआ करते थे कि वो उनकी शिक्षा का खर्चा उठा सकें | अपने परिवार वालों की आर्थिक हालत को समझते हुए पाल ने सूट और सलवार सिलने का काम शुरू कर दिया था, ताकि वो अपनी पढ़ाई का खर्च उठा सकें| एक सलवार और सूट को बनाने के लिए इन्हें पांच से सात रुपए मिला करते थे |

2. पाल जब केवल 12 वर्ष की थी तब इन्होंने पहली बार 400 मीटर के एक पर्वत की चढ़ाई की थी और इस चढ़ाई को सफलतापूर्वक करने के बाद इनमें एक आत्मविश्वास पैदा हुआ था कि वो एक पर्वतारोहण कर सकती हैं |

3. पाल के गांव में लड़कियों को उच्च शिक्षा नहीं दी जाती थी, लेकिन इनके परिवार वालों ने पाल को उच्च शिक्षा देना का निर्णय लिया था | जिसकी वजह से पाल अपने गांव की पहली ऐसी महिला बन गई थी, जिसने डिग्री तक की पढ़ाई पूरी कर रखी थी | पाल से पहले उनके गांव की किसी भी लड़की के पास किसी भी विषय में डिग्री नहीं थी |

4. जब पाल के पर्वतारोही बनने की बात इनके परिवार वालों और रिश्तेदारों को पता चली थी, तो सब पाल के विरुद्ध हो गए थे | लेकिन

पाल ने अपने परिवार वालों के खिलाफ जाकर अपने सपनों को सच किया | वहीं जब पाल के परिवार वालों ने पाल को इस करियर में कामयाबी पाते हुए देखा तो उन्होंने अपने बेटी का साथ देने शुरू कर दिया |

5. पाल राष्ट्रीय साहसिक फाउंडेशन (एनएएफ) में बतौर एक पर्वतारोहण प्रशिक्षक के रूप में भी अपनी सेवाएं दे चुकी हैं | जिस वक्त उनको एवरेस्ट के अभियान के लिए चुना गया था उस वक्त वो एनएएफ में कार्यरत थी |

6. पाल भारत की पहली और विश्व की 5 वीं ऐसी महिला बनी थी, जिन्होंने एवरेस्ट के अभियान को कामयाबी के साथ पूरा किया था | वहीं पाल के जीवन के ऊपर स्कूली किताबों में एक पाठ भी है जिसमें बच्चों को इनके जीवन के बारे में बताया गया है |

7. जब पाल अपने एवरेस्ट अभियान को पूरा करके नेपाल से दिल्ली लौटीं थी, तो उस वक्त हमारे देश की प्रधानमंत्री इंदिरा गांधी ने इनसे मुलाकात की थी | पाल से मुलाकात करने के दौरान इंदिरा गांधी जी ने पाल को कहा था कि 'हमारे देश को हजारों बछेंद्री पाल की जरुरत है' |

8. माउंट एवरेस्ट पर पहुंचने वाली पहली पर्वतारोही जोड़ी भारत-नेपाल के तेनज़िंग नोर्गे और न्यूज़ीलैंड के एडमेंड हिलैरी थे | पाल, शेरपा तेनज़िंग को अपना हीरो मानती हैं | तेनज़िंग के बारे में पाल कहती हैं कि वह स्कूल के वक्त से तेंजिग को आदर्श मानती आई हैं | लेकिन जब वह पहली बार उनसे मिली तो उनसे बात करने की हिम्मत नहीं कर पाई | लेकिन थोड़ी देर बाद एक ग्रुप फोटो खींचा गया जिसमें वह तेंजिग के साथ खड़ी थीं |

पाल द्वारा किए गए प्रमुख अभियान

1. माउंटेनियरिंग का कोर्स करने के दौरान ही पाल को रूदुगैरा और गंगोत्री पहाड़ों पर चढ़ने का मौका भी मिला था | इन दोनों पहाड़ों की ऊंचाई 5,819 मीटर और 6,672 मीटर थी लेकिन पाल ने बेहद आसानी से इन पहाड़ों पर चढ़ाई कर ली थी|

2. साल 1993 में पाल के नेतृत्व में भारत और नेपाल के एक दल ने सफलतापूर्वक माउंट एवरेस्ट के शिखर की चढ़ाई की थी और इस दल के

सभी सात सदस्य महिलाएं ही थी | माउंट एवरेस्ट के शिखर पर पहुंचने वाले इस दल ने कुल 8 विश्व रिकॉर्ड बनाए थे | इसमें संतोष यादव भी थीं जो दुनिया की पहली महिला बनी जो एक ही साल में दो बार एवरेस्ट की चोटी पर गईं | इसके अलावा पाल ने 48 वर्षीय प्रेमलता अग्रवाल का भी मार्गदर्शन किया जो इस उम्र में एवरेस्ट चोटी पर जाने वाली पहली भारतीय महिला थीं |

हालांकि एक महिला पर्वतारोही होने के नाते उनके हिस्से के संघर्ष भी बहुत थे | वॉल स्ट्रीट जर्नल को दिए एक इंटरव्यू में पाल ने बताया कि किस तरह उन्होंने यह पाया कि अभियान के दौरान उनके बेहतर प्रदर्शन करने से उनके कुछ पुरुष साथियों के अहं को चोट पहुंचती थी | वे महिला से किसी भी तरह की मदद को स्वीकार नहीं करते थे | पाल ने कहा कि वह नहीं जानती कि वक्त के साथ पुरुषों की सोच में बदलाव आया है या नहीं लेकिन उन्हें उम्मीद है कि महिलाओं ने जिस तरह बीते सालों में कामयाबी हासिल की है,उसने पुरुषों को अपनी मानसिकता बदलने के लिए मजबूर कर दिया होगा|

3. साल 1994 में पाल ने एक और इतिहास रच दिया था, जब इन्होंने तीन राफ्टर के जरिए हरिद्वार में गंगा नदी से अपना सफर शुरू किया था | ये सफर इन्होंने कोलकाता तक किया था और इस 2155 किलोमीटर की यात्रा को पाल और उनकी 16 महिला साथियों ने 39 दिनों में पूरा किया था|

4. हिमालय के गलियारे में भूटान, नेपाल, लेह और सियाचिन ग्लेशियर से होते हुए कराकोरम पर्वत-श्रृंखला पर समाप्त होने वाला लगभग 4,000 किमी लंबा अभियान भी इनके द्वारा इस दुर्गम क्षेत्र में 'प्रथम महिला अभियान' था |

5. साल 1986 में यूरोप की सबसे ऊंची चोटी माउंट ब्लैंक और साल 2008 में, अफ्रीका की सबसे ऊंची चोटी, माउंट किलिमंजारो पर भी पाल ने सफलतापूर्वक चढ़ाई की है|

6 . साल 1999 में पाल ने 'विजय रैली टू कारगिल' शुरू की थी और इस रैली की शुरुआत दिल्ली से मोटरबाइक के जरिए की गई थी और इस रैली का अंतिन चरण कारगिल था | इस रैली में मौजूदा सभी सदस्य

महिलाएं ही थी और इस रैली का लक्ष्य कारगिल युद्ध में शहीद हुए सैनिकों को श्रद्धांजलि देना था|

आपदा राहत एवं समाज–सेवाकेक्षेत्रमेंयोगदान :

1. 'माउंट एवरेस्ट' पर फ़तह हासिल करने वाली पहली भारतीय महिला बछेंद्री पाल की शख्सियत का एक दूसरा पहलू भी हमें जून, 2013 में उत्तराखंड की प्राकृतिक आपदा के दौरान देखने को मिला जब इन्होंने वहां के लोगों को बचाने तथा राहत पहुंचाने में सशक्त भूमिका निभाई | इस आपदा में 4500 से ज्यादा लोग मारे गए, सड़कें ध्वस्त हो गईं, गांव के गांव मुख्य धारा से कट गए थे | इस संकट की घड़ी में 59 वर्षीय बछेंद्री पाल ने अपनी टीम के साथ, ट्रैकिंग के अपने हुनर और पहाड़ी इलाकों की गहन जानकारी का उपयोग करते हुए लोगों की जान बचाने और मुख्य धारा से कट चुके दूर-दराज के इलाकों तक राहत सामग्री पहुंचाने में अपना अमूल्य योगदान दिया |

2. बछेंद्री पाल ने इससे पहले भी कई आपदाओं में राहत और बचाव कार्य में बढ़-चढ़कर हिस्सा लिया है | वर्ष 2000 में पहली बार राहत कार्य के लिए ये गुजरात गई थी | जहां आए भयंकर भूकंप से पीड़ित लोगों को अपने सक्षम वॉलंटियर पर्वतारोहियों की एक टीम की मदद से लगभग डेढ़ महीने तक अपनी सेवाएं दी और ज़रूरतमंद लोगों तक राहत पहुंचाई |

3. वर्ष 2006 में उड़ीसा में आए भयंकर चक्रवात ने बड़े पैमाने पर जान-माल का नुकसान पहुचाया था | वहां पर इन्होंने अपनी टीम के साथ सेवाएं दी और ज़रूरतमंद लोगों तक राहत पहुंचाई, लोगों के दाह संस्कार में भी मदद किया |

पुरस्कार एवं सम्मान :

1.जिस तरह से पाल ने अपने एवरेस्ट अभियान को सफलतापूर्वक पूरा किया था उसके लिए इन्हें साल 1984 में भारतीय पर्वतारोहण फाउंडेशन की ओर से सम्मानित किया गया था और उन्हे गोल्ड मेडल दिया गया था|

2. पाल को भारत सरकार ने सम्मानित करते हुए साल 1984 में हमारे देश के प्रतिष्ठित नागरिक अवार्ड 'पद्मश्री' दिया था | इस अवार्ड

को देने के दो साल बाद यानी साल 1986 में अर्जुन अवार्ड भी इन्हें दिया गया था | ये अवार्ड भारत का प्रतिष्ठित खेल पुरस्कार है |

3 . साल 1985 में पाल को उत्तर प्रदेश के शिक्षा विभाग ने भी गोल्ड पदक दिया था | गौरतलब है कि जब पाल का जन्म हुआ था तो उस वक्त उत्तराखंड राज्य इस राज्य का एक हिस्सा हुआ करता था | इसलिए इस राज्य ने भी पाल का सम्मान करने के लिए गोल्ड मेडल इन्हें दिया था | इसके अलावा उत्तर प्रदेश सरकार ने इन्हें इनके कार्य के लिए 'यश भारती' अवार्ड भी दिया था |

4. इन्हें वर्ष 1986 में ''कोलकाता महिला अध्ययन समूह पुरस्कार'' भी दिया जा चुका है | इस अवार्ड के अलावा पाल का नाम साल 1990 में 'गिनीज वर्ल्ड रिकॉर्ड्स' में भी शामिल किया गया था | इन्हें 'नेशनल एडवेंचर अवार्ड' भी केंद्र सरकार द्वारा दिया जा चुका है |

5. इन्हें वर्ष 1997 में हेमवती नन्दन बहुगुणा विश्वविद्यालय, गढ़वाल द्वारा पी.एचडी की मानद उपाधि से सम्मानित किया जा चुका है |

6. इसके अलावा मध्य प्रदेश सरकार के संस्कृति मंत्रालय ने वर्ष 2013-14 में इन्हें 'वीरांगना लक्ष्मीबाई' राष्ट्रीय सम्मान भी दिया था |

6. पाल को साल 2013 में कलकत्ता स्पोर्ट्स पत्रकार एसोसिएशन द्वारा भी एक अवार्ड दिया गया था |

टाटा स्टील एडवेंचर फाउंडेशन से जुड़ी हैं पाल : अपने एवरेस्ट के अभियान को पूरा करने के बाद, पाल ने साल 1984 में टाटा स्टील एडवेंचर फाउंडेशन में कार्य करना शुरू किया था | इस एडवेंचर फाउंडेशन को उन्होंने बतौर एक प्रमुख ज्वाइन किया था | इस एडवेंचर फाउंडेशन के जरिए वो लोगों के साथ अपना तजुर्बा बांटती हैं और लोगों को पर्वतारोही बनने में मदद करती हैं |

साल 1989 में इन्होंने अपनी आत्मकथा लिखी | पाल ने अपने जीवन के सफर पर 1989 में लिखी इस किताब 'एवरेस्ट-माई जर्नी टू द टॉप' के जरिए लोगों को बताया है कि किस तरह से एक किसान परिवार में जन्म लेने के बाद भी इन्होंने अपने सपनों के साथ समझौता नहीं किया | इसके अलावा इन्होंने अपने एवरेस्ट के सफर का जिक्र भी इस किताब में किया

है और बताया है कि एवरेस्ट की चोटी पर पहुंचने के लिए इन्हें किन-किन कठिनाओं को सामना करना पड़ा था | अपनी किताब में पाल ने एवरेस्ट की चोटी पर पहुंचने के आखिरी पलों के बारे में लिखा हैं – "मेरा दिल जैसे थम गया था, मुझे एहसास हो रहा था कि सफलता नज़दीक है और 23 मई 1984 को दोपहर एक बजकर सात मिनट पर मैं एवरेस्ट की चोटी पर थी और ऐसा करने वाली मैं पहली भारतीय महिला थी |

बछेंद्री पाल एक कर्मठ महिला हैं जो भारतीय नारी के लिए आदर्श हैं | जीवन की जद्दोजहद को पार करते हुए वो जिस ऊंचाई पर पहुंची वह उनकी तरह एक मजबूत इरादे वाली कर्मठ पहिला ही पहुंच सकती है | इस नारी शक्ति को सत सत नमन |

4

बेबी हालदार

"एक नारी जब खुल कर बोलती है , तो सही मायने में वह एक सशक्त नारी है |"

-मेलिंडा गेट्स

जब तक इंसान के अन्दर का हिम्मत और आत्मविश्वास नहीं उठ खड़ा होता तभी तक उसे सताया जाता है | जिस दिन वो जाग गया उस दिन हिमालय की चोटी हो या विशाल समुद्र की लंबाई ,अनंत आकाश की ऊंचाई हो या धरातल की गहराई उन पर विजय पाने से उसे कोई नहीं रोक सकता | यह एक ऐसी ही नारी शक्ति की कहानी है जो आपको अन्दर तक हिलाकर रख देगी | कभी नरक से भी बदतर जिंदगी जीने वाली मामूली-सी नौकरानी बेबी हालदार कैसे लेखिका बन गई ,यह बेहद प्रेरणादायक और संघर्षपूर्ण दास्तान है। पढ़िए -जीवन की काँटों भरी पगडंडियों पर चलते हुए बेबी हालदार एक काम वाली बाई से बेस्ट सेलर लेखिका बनने तक का सफर कैसे तय किया और लाखो लोगो के दिलो में कैसे जगह बनायीं |

बेबी हालदार जिस घर में चौका-बरतन करती थी, उसके एक कमरे की तीन अलमारियां किताबों से भरी थीं। उनमें बांग्ला की भी बहुत सी किताबें थीं। उन्हें देखकर बेबी के मन में यह बात उठती कि इन्हें कौन पढ़ता होगा? कभी-कभी वह एक-दो किताब खोलकर देख भी लेती थी । एक दिन डस्टिंग करते समय वह कोई किताब उलट-पलट रही थी, तभी

गृहस्वामी प्रबोध कुमार आ गए। उन्होंने उसे किताबें उलटते-पलटते देखा, लेकिन कहा कुछ नहीं।

अगले दिन वह चाय लेकर आई तो प्रबोध कुमार ने पूछा, "तुम कुछ लिखना-पढऩा जानती हो?"

बेबी ऊपरी हंसी हंसकर जाने लगी तो उन्होंने फिर पूछा, "क्या बिलकुल भी नहीं जानतीं?"

बेबी ने सोचा- झूठ क्यों कहूं कि एकदम नहीं जानती। वह बोली, "छठी तक।"

अगले दिन बेबी आई तो प्रबोध कुमार ने पूछा, "बेबी, तुमने स्कूल में जो किताबें पढ़ीं, उनमें किन लेखकों व कवियों को पढ़ा है ? कुछ याद है ?" बेबी ने झट से कहा, "हां, कई तो हैं जैसे- रवींद्रनाथ ठाकुर, काजी नजरुल इस्लाम, शरतचंद्र, सत्येंद्रनाथ दत्त, सुकुमार राय।"

प्रबोध कुमार प्रेमचंद के नाती हैं और खुद एक जाने-माने लेखक हैं। नजरुल उनके प्रिय कवि हैं। नजरुल का नाम सुनकर उनके चेहरे पर चमक आ गई।उन्होंने पूछा, “नजरुल का कोई गीत याद है ?"

"हां।"

"तो सुनाओ।"

बेबी ने सहजता से नजरुल के एक-दो गीत सुना दिए। प्रबोध कुमार सोचने लगे- चौबीस घंटे पेट के लिए व्यस्त रहने के बावजूद इसे गीत याद है। इसमें कुछ तो है। किताबें उलटना-पलटना इस बात का संकेत है कि इसमें सोचने-समझने की क्षमता है। फिर क्यों न इसे लिखने-पढऩे के लिए प्रेरित किया जाए ? उन्होंने बेबी के सिर पर हाथ रखा और कुछ क्षण बाद कहा,

"तुम्हें पढऩे-लिखने का शौक है ?"

"शौक होने से भी क्या ? पढऩा-लिखना तो अब होने से रहा “, बेबी निराशा से बोली |

प्रबोध कुमार उत्साहित करते हुए बोले, "होगा क्यों नहीं? मुझ को देखो- अभी तक पढ़ता हूं। मैं पढ़ सकता हूं तो तुम क्यों नहीं पढ़ सकती ?" वह बेबी को ऊपर के कमरे में ले गए। उन्होंने अलमारी में से एक किताब निकाली और पूछा, "बताओ तो यह क्या लिखा है?"बेबी संशय

में पड़ गयी- पढ़ तो ठीक ही लूंगी। फिर सोचा- लेकिन गलती हो गयी तो।प्रबोध कुमार बेबी के संशय को समझ गए। उन्होंने कहा, "पढ़ो, कुछ तो पढ़ो।"बेबी ने पढ़ा, "आमार मेये बेला, तसलीमा नसरीन।"प्रबोध कुमार बोले, "तुम यही सोच रही थी कि कहीं गलती तो नहीं हो जाएगी। यह किताब तुम ले जाओ। घर पर समय मिले तो पढ़ना।"बेबी किताब लेकर घर चली गई। वह उसमें से रोज एक-दो पेज पढ़ने लगी। किताब पढ़ने में पहले उसे थोड़ी बहुत दिक्कत हुई, लेकिन धीरे-धीरे दिक्कत दूर हो गयी। किताब पढ़ना उसे अच्छा लगने लगा।कुछ दिन बाद प्रबोध कुमार ने बेबी से पूछा, "तुम जो किताब ले गई थी, उसे ठीक से पढ़ तो रही हो ना ?"बेबी ने 'हां' कहा तो वह बोले, "मैं तुम्हें एक चीज दे रहा हूं। तुम इसका इस्तेमाल करना। समझना कि मेरा ही एक काम है।"
बेबी ने उत्सुकता से पूछा, "कौन-सी चीज?"

प्रबोध कुमार ने अपने लिखने की टेबिल के ड्राअर से पेन-कापी निकाली और बोले, "इस कापी में तुम लिखना। लिखने को तुम अपनी जीवन कहानी भी लिख सकती हो। होश संभालने के बाद से अब तक जितनी भी बातें तुम्हें याद आएं, सब इस कॉपी में रोज थोड़ा-थोड़ा लिखना।"बेबी पेन और कॉपी घर ले आई। उस दिन से रोज एक-दो पेज लिखने लगी। और इस तरह शुरू हुई मामूली-सी नौकरानी बेबी हालदार की लेखिका बनने की प्रक्रिया।

बेबी तस्लीमा नसरीन की किताब 'आमार मेये बेला' पढ़ चुकी थी। इसलिए उसे अपने साथ घटी किसी भी घटना को लिखने में संकोच या झिझक नहीं हुई और वह बेबाकी से लिखती चली गई।बेबी के जीवन की शुरुआत पृथ्वी का स्वर्ग कहे जाने वाले जम्मू-कश्मीर से हुई। वहां उसके बाबा (पिता) नरेंद्रनाथ नौकरी करते थे। इसके बाद वे लोग मुर्शिदाबाद, डलहौजी व पुन: मुर्शिदाबाद रहे। नरेंद्रनाथ उन्हें वहां छोड़कर नौकरी पर चले गए। वह हर महीने खर्च के लिए पैसे भेजते। कुछ महीने तो पैसे नियम से आते रहे, लेकिन फिर कई-कई महीने पैसे नहीं भेजते थे । परिवार को आर्थिक कठिनाइयों का सामना करना पड़ता था । लेकिन सारे कष्टो के बाद भी बेबी की मां ने बच्चों का पढ़ना-लिखना जारी रखा।एक दिन नरेंद्रनाथ रिटायर होकर घर आ गए। उन्होंने घर के प्रति

कोई जिम्मेदारी नहीं निभाई।

एक दिन बेबी के पिता कहीं गए हुए थे और उसके कुछ दिन बाद उनकी मां इतनी दुखी हुई की गोद में छोटे बेटे को लेकर यह कह कर चली गई कि बाज़ार जा रही हैं | इसके बाद उनकी मां घर नहीं लौटीं | लेकिन तमाम कठिनाइयों के बावजूद बेबी ने स्कूल जाना नहीं छोड़ा। कभी-कभी तो बिना कुछ खाए स्कूल जाना पड़ता था ।एक दिन सहेली के सामने उसके मुंह से निकल गया कि खाने के लिए कुछ नहीं है। नरेंद्रनाथ ने यह बात सुन ली। बेबी जब स्कूल से लौटी तो उन्होंने उसे इतना मारा कि तीन दिन वह उठ नहीं सकी और कई दिन स्कूल नहीं जा सकी।

नरेंद्रनाथ ने दूसरा विवाह कर लिया। दूसरी मां उनकी कोई बात नहीं सुनती, समय पर खाना नहीं देती, बिना कारण बच्चों को पिटवाती। इसी बीच नरेंद्रनाथ को दुर्गापुर में एक फैक्टरी में नौकरी मिल गई। वहां उन्होंने तीसरी शादी कर ली। वह दूसरी बीवी से झूठ बोलकर बच्चों को भी साथ ले गए। दुर्गापुर जाने के बाद नरेंद्रनाथ ने बच्चों की पढ़ाई शुरू नहीं करवाई। लेकिन बेबी में पढ़ने की इच्छा देखकर उन्होंने कुछ दिन बाद उसे पढ़ने के लिए जेठा (ताऊ) के पास भेज दिया। बेबी को ताऊ पास जाने के कारण उनकी तीसरी माँ को घर के कामकाज में दिक्कत होने लगी और उसने बेबी की पढ़ाई छुड़ाकर घर पर बुला लिया |बेबी की पढ़ाई फिर बंद हो गई। पढ़ाई बंद होने का बेबी को मानसिक आघात लगा। वह सोते-जागते, उठते-बैठते, खाते-पीते अपनी पढ़ाई की चिंता करती। इसके कारण वह बीमार पड़ गई। बाबा ने उसे अस्पताल में भर्ती करवा दिया।

स्वस्थ होने के बाद बेबी अस्पताल में ही थी। एक दिन वह सवेरे सोकर उठी तो उसने देखा कि उसका बिस्तर रक्त से लाल हो गया है। वह भय से रोने लगी। उसका रोना सुनकर नर्स आ गई। नर्स ने तकलीफ के बारे में पूछा, तो बेबी कुछ बोल नहीं सकी। अचानक नर्स की नजर रक्त से सने बिस्तर पर पड़ी। वह समझ गई कि बेबी रक्त देखकर ही रो रही है। वहां और दो-चार लोग जमा हो गए। वे दबी हंसी-हंसने लगे। बेबी के आसपास के रोगियों ने उसे समझाया कि रोओ मत। जब लड़कियां बड़ी हो जाती हैं तो ऐसा ही होता है। उन्हे पहली माहवारी हो गई थी |

इस घटना के बाद नरेंद्रनाथ का व्यवहार बेबी के प्रति बदल गया। वह उसे डांटते नहीं थे । किसी काम में भूल होने पर सिर्फ इतना कहते थे कि तुम अब बड़ी हो गई हो, तुमसे भूल नहीं होनी चाहिए। यह बात बार-बार सुनकर बेबी भी सोचने लगी कि क्या वह सचमुच बड़ी हो गई है ?

एक रात बेबी बाहर बने बाथरूम से निकली तो बाबा सामने खड़े थे। उन्होंने उसे प्यार से अपने पास खींच लिया। उनकी आंखों में आंसू थे। बेबी की सौतेली माँ दरवाजे की दरार में से झांककर देख रही थी। उस रात के बाद बाबा और सौतेली माँ के बीच बेबी को लेकर झगड़ा होने लगा। इससे सारा घर अशांत हो उठा। अशांति के डर से पिता बेबी के पास आना बंद कर दिया और वह भी वहां खड़ी नहीं होती, जहां उसके पिता होते।

जब बेबी की खेलने कूदने की उम्र थी तो तीसरी माँ के ही इशारे पर बेबी के पिता ने उनकी शादी 12 साल की उम्र में ही उनसे दुगने उम्र के एक क्रूर आदमी से कर दी | दुल्हन बनते समय हालदार ने अपनी सहेली से कहा था –

"चलो, अच्छा हुआ, मेरी शादी हो रही है। अब कम से कम पेट भरकर खाना तो मिलेगा।' लेकिन उनका यह सोचना भी कितना दुर्भाग्यपूर्ण रहा था। "

शादी की रात पति ने उनका बलात्कार किया और चौदह वर्ष से भी कम उम्र में बेबी गर्भवती हो गई। बेबी के पेट में दर्द उठना शुरू हो गया। छह दिन पूरे होने के बाद भी जब कुछ नहीं हुआ तो उसे अस्पताल में भर्ती करा दिया गया। सभी लोग उसे अकेला छोड़कर वापस आ गए।

बेबी अकेली पड़ी-पड़ी दर्द से रोने-चिल्लाने लगी। इससे आसपास के रोगियों को असुविधा होने लगी तो उसे दूसरे कमरे में ले जाकर एक टेबिल पर लिटा दिया गया और उसके हाथ-पैर बांध दिए गए। अचानक उसके पेट में इतने जोर से दर्द उठा कि पागल सी हो गई। नर्स दौड़कर डॉक्टर को बुला लायी। डॉक्टर ने बेबी के पेट को बेल्ट से बांध दिया और फिर पेट में कुछ टटोलने के बाद बताया कि बच्चा उलट गया है। नर्स एक और डॉक्टर को बुला लायी। दर्द के मारे बेबी इतनी जोर से हाथ-पैर झटक रही थी कि सब बंधन खुल गए। चारों लोगों ने मिलकर उसे फिर बांध दिया। डॉक्टर ने बच्चे को सर से पकड़कर बाहर निकाल दिया। बेबी

का रोना-चिल्लाना बंद हो गया और वह बिलकुल शांत हो गई। अगले दिन उसका पति उसे घर ले आया।

एक दिन बेबी को पता चला कि उसकी दीदी नहीं रही। दीदी को जीजा ने गला घोंट कर मार डाला था। वह अपनी दीदी को देखने जाना चाहती थी। लेकिन पति ने उसे नहीं जाने दिया। उसे लगा- वह एक आदमी की बंदिनी है इसलिए नहीं जा पायी। वह जो कहे वही उसे सुनना होगा, जो कहे वही करना होगा, लेकिन क्यों ? जीवन तो उसका है, न कि पति का। फिर उसे पति के कहे अनुसार सिर्फ इसलिए चलना होगा कि वह पति के पास है ? यही की वह मुट्ठी भर भात देता है। पति उसे जिस तरह रखता है, उस तरह तो कुत्ते-बिल्ली को रखा जाता है। जब वहां उसे सुख-शांति नहीं मिलती तो क्या जरूरी है कि वह पति के पास ही रहे ?

बेबी का बच्चा जब तीन माह का हो गया तो वह पहली बार अपने ससुर के साथ ससुराल गई। वहां उसके बच्चे को खूब लाड़-प्यार मिला। सास बच्चे को मिट्टी में खेलने नहीं देती थी। लड़का होने के कारण उसे भी कुछ अधिक आदर मिला। वह करीब एक माह वहां रही।

बेबी के पाड़े में षष्टि नाम की एक लड़की थी। बेबी की सबसे ज्यादा उसी से पटती थी। लेकिन उसका वहां आना-जाना बेबी के पति को पसंद नहीं था। एक दिन बेबी षष्टि के घर गई थी कि षष्टि का पति भी आ गया। बच्चे को लेकर डरते-डरते वह वापस घर आई तो बेबी के पति ने बिना कुछ कहे-सुने उसके बाल पकड़ कर लात-घूंसों से मारना शुरू कर दिया। वह जोर-जोर से गाली भी दे रहा था। सड़क पर बहुत से लोग आ-जा रहे थे, लेकिन किसी ने भी उसके पति को नहीं रोका। उसे रोकने के बजाए कुछ लोग वहां खड़े होकर बेबी की पिटाई का मजा लेने लगे।

षष्टि के बारे में मोहल्ले में लोग ऊटपटांग बात करते थे। बेबी उसे खराब नहीं समझती थी। वह सोचती- एक लड़की होकर दूसरी लड़की को खराब क्यों समझूं ? मोहल्ले की किसी कमेटी का लीडर प्रदीप षष्टि के घर जाता था, लेकिन सब लोग उसका आदर करते। बेबी की मोहल्ले के लोगों से पूछने की इच्छा होती थी कि यदि यह लड़की खराब है तो तुम्हारा यह लीडर प्रदीप कैसे अच्छा हो गया, जो उसके पास आता है! मोहल्ले के लोग एक-दूसरे की आलोचना करते रहते थे कि किसकी

स्त्री किससे बात करती है, कौन किससे प्रेम कर रहा है, किसकी लड़की किसके साथ भाग गई। उनके घर में क्या हो रहा है, इस पर उनकी नजर नहीं जाती थी। लोग अपने गिरेबान में झाँककर नहीं देखते थे। किसी का अच्छा खाना-पहनना उन्हें सहन नहीं होता था और वे उसके प्रति ईर्ष्यालु हो उठते थे। बेबी को लोगों का ये सब नकारात्मक व्यवहार और रवैया अच्छा नहीं लगता था।

उनके मोहल्ले में एक लड़का रहता था –अजीत। वह बेबी को बऔदी (भाभी) कहता था। वह उन लोगों से खूब अच्छी तरह मिलता-जुलता और हंसी-मजाक भी करता था। बच्चे को ले जाकर छोटी-मोटी चीज दिला देता था। धीरे-धीरे यह सब कुछ ज्यादा ही होने लगा। बेबी ने मना भी किया, लेकिन वह नहीं माना।

इससे लोग बेबी को बदचलन समझने लगे, उसका पति उसे मारने-पीटने लगा। तंग आकर वह अपने पति की बातों का जवाब देने लगी।अजीत की हरकतें कम होने की बजाए बढने लगीं। मोहल्ले के लोगों ने उसे मारा-पीटा। इस कांड को लेकर लोग तरह-तरह की बातें करते थे। कुछ लोग अजीत को दोषी ठहराते तो कुछ बेबी का भी इसमें दोष मानते थे।

षष्टि की मां के बुलाने पर एक दिन बेबी उनके घर गई तो पीछे-पीछे उसका पति भी वहां पहुंच गया। उसने बिना किसी से कुछ बोले, पत्थर उठाकर बेबी के माथे पर दे मारा। उसका माथा फूट गया और खून बहने लगा। वह बच्चे को गोद में उठाकर घर आ गई। उसने पूछा कि उसकी क्या गलती थी, जो उसे इस तरह मारा? इतना सुनते ही उसके पति ने एक मोटा बांस उठाया और उसके पीछे दे मारा। इसके कुछ देर बाद ही बेबी के पेट में भयंकर दर्द होने लगा। दर्द असहनीय हो गया। दर्द के मारे वह न उठ सकती थी, न कुछ खा सकती थी और न ही सो सकती थी। रात को भी वह चीखती-चिल्लाती रही और उसका पति आराम से सोता रहा।

तब बेबी अपने बच्चे को साथ ले, अपना पेट पकड़े, मां-रे, बाबा-रे चिल्लाती हुई सामने रहने वाले महादेव के पास गई। बेबी ने महादेव को भेजकर अपने घर से भाई को बुलवाया। बेबी का बड़ा भाई उसे ठेले में

लादकर अपने साथ ले गया। उस समय रात के करीब दो बज रहे थे। पति की मार से पेट का बच्चा गिर गया।

एक बार बेबी अपनी पिसिमा (बुआ) के घर गई। वह अपने दुःखमय जीवन के बार में बता रही थी। एक अधेड़ उम्र की औरत वहां खड़ी ये सब बातें सुन रही थी। उस औरत ने कहा कि कपाल में जो लिखा था, वही हुआ। इतनी कम उम्र में इतने बड़े बच्चे की मां बन गई। घर से लड़की को निकालने का बहाना चाहिए था, सो ब्याह कर दिया और नहीं तो क्या? उस औरत को पिसिमा ने जवाब दिया कि जब सब कुछ के लिए कपाल दोषी है तो भगवान ने हाथ, पैर, आंखें क्यों दे रखी हैं, इनकी भी क्या जरूरत थी!

बेबी फिर मां बनने जा रही थी। उसकी तकलीफ और बढ़ गई तो उसके बाबा नरेंद्रनाथ ने उसे कंपनी के अस्पताल में भर्ती करा दिया। लोगों के चले जाने के बाद बेबी को डिलीवरी रूम मे ले जाया गया। वहां चीर-फाड़ के औजार देखकर उसे डर लगने लगा। उसने डाक्टर से कहा कि वह उसे काटे नहीं। उसकी बात सुनकर डाक्टर हंस दिया। रात के दस बजे बच्चा पैदा हुआ। उसके लड़का हुआ था, जबकि वह सोचती थी कि इस बार लड़की हो तो अच्छा रहे।

दो बच्चे होने से घर का खर्च बढ़ गया। बेबी ने सोचा कि कुछ न कुछ करना चाहिए, नहीं तो कैसे काम चलेगा? उसने मोहल्ले के बच्चों को पढ़ाना शुरू कर दिया। उसके पास काफी बच्चे पढ़ने के लिए आने लगे। इस तरह बेबी के पास दो-तीन सौ रुपये हो जाते थे ।कई वर्ष इसी तरह बीत गए। बेबी का लड़का पांचवीं में पहुंच गया था। ट्यूशन से पहले जितनी कमाई अब नहीं होती थी। इसी दौरान बेबी ने एक लड़की को जन्म दिया।

षष्टि के घर दशहरे पर मां मनसा की पूजा थी। पूजा रात को होने वाली थी। शाम को ढाक बजाने वालों के पीछे-पीछे पूजा के लिए जल लाने के लिए पोखरे की तरफ कलसियां लेकर बेबी भी चल दी। उसका पति रास्ते से ही गुस्से में गालियां बकता हुआ, उसे वापस घर ले गया। घर पहुंचकर वह मारने लपका तो बेबी घर से निकल भागी। वह पाड़े में लुकती-छिपती रही और पति उसका पीछा करता रहा। अगले दिन सवेरे-

सवेरे बेबी मंदिर में मंत्र पढ़ रही थी कि तभी किसी ने पीछे से उसके बाल खींचते हुए कहा, "चल साली, घर चल। अभी तुझे मजा चखाता हूं।"

बेबी सोचने लगी कि इस तरह कितने दिन काटेगी। बच्चे बड़े हो रहे हैं। छोटा लड़का भी स्कूल जाने लगा है। बच्चों की पढ़ाई-लिखाई पर काफी पैसा खर्च हो जाता है, लेकिन पति का इन सबसे कोई मतलब नहीं है। उसने तय कर लिया कि कितने ही कष्ट क्यों न उठाने पड़ें, बच्चों को पढ़ाएगी जरूर, उनके बाप की तरह निरक्षर नहीं रखेगी। इसी बीच उसका पति बड़े बेटे को ठेले में धक्का लगाने के लिए ले जाने लगा। आखिर बेबी ने घरों में काम करने का निश्चय कर लिया। उसे एक घर में काम मिल गया। यह उसकी पहली नौकरी थी। एक-एक कर उसके पास चार-पांच घरों का काम हो गया।

वह बाहर काम करने निकलती और कोई जान-पहचान वाला मिल जाता तो काम-धाम की या इधर-उधर की बातचीत हो जाती। यह उसके पति को बर्दाश्त नहीं होता। किसी के पास उसे खड़ा देख लेता तो घर पहुंचने पर गालियां देता था । वह उसे समझाने की कोशिश करती तो पत्थर उठाकर मारने पर उतारू हो जाता था । वह सोचती कि काम न करने से भी अशांति और काम करने से भी।दुःखी मन से वह सोचने लगी कि वह मनुष्य है या जानवर, जो उसका पति उसके साथ ऐसा व्यवहार करता है?

पति के अत्याचारों से तंग आकर बेबी यह सोचकर कि अब पति के साथ नहीं रहेगी अपने बाबा के पास आ गई। पिता ने सोचा कि कुछ दिनों में गुस्सा शांत होने पर वह अपने पति के पास चली जाएगी। लेकिन बेबी ने जाने से साफ इन्कार कर दिया। इससे वह मुसीबत में पड़ गए। बेबी को लेकर सौतेली माँ बाबा से रोज झगड़ने लगी।

इसी बीच बेबी को अस्पताल में नौकरी मिल गयी। उसे रात की ड्यूटी मिली। अस्पताल में कुछ दिन काम करके उसे लगा कि बच्चों को रात में अकेला घर में छोड़कर ड्यूटी पर जाना उससे नहीं होगा। इसलिए उसने नौकरी छोड़ दी और अपने बड़े भाई के पास फरीदाबाद जाने का निश्चय कर लिया।

लगभग रोजाना ही उम्रदराज पति की गालियां सुनते सुनते और उसके हाथों पिटते रहने के कारण बेबी की जिंदगी नर्क हो चली थी। इस तरह बर्दाश्त कर गुजर-बसर करते उनके ससुराल में ढाई दशक बीत गए। आखिरकार, वर्ष 1999 में एक दिन वह अपनी अज्ञात मंजिल की तरफ निकल ही पड़ीं। तीनो बच्चों को साथ लेकर वह रेलवे स्टेशन पहुंचीं और एक ट्रेन के शौचालय में बैठे-बैठे दिल्ली, फिर वहां से गुड़गांव पहुंच गईं। गुड़गांव में उनका कोई भी परिचित नहीं था। अपना और बच्चों का पेट पालने के लिए वो बाई का कम करने के लिए हर दरवाजे की कुंडिया खटकाने लगी |

फरीदाबाद में बेबी सवेरे ही खाना बनाकर काम की खोज में निकल जाती। हर जगह उससे यही पूछा जाता कि उसका पति कहां है? जैसे ही वह बताती कि उसका पति साथ नहीं रहता तो फिर कोई बात आगे नहीं चलाता था । वह बहुत घूमी-फिरी लेकिन किसी ने उसे काम पर नहीं रखा। भाई और भाभी ने तो जैसे रट ही लगा ली कि पति का घर छोड़ आने से तो उसका मर जाना अच्छा है।किसी तरह उसे एक कोठी में काम मिल गया। बड़े भाई ने उसके बड़े लड़के को किसी कोठी में लगवा दिया। जहां बेबी को काम मिला, उनका व्यवहार अच्छा नहीं था।

एक दिन उन्होंने उपन्यास सम्राट मुंशी प्रेमचंद के प्रौत्र एवं रिटायर्ड प्रोफेसर प्रबोध कुमार के दरवाजे पर दस्तक दी। यही वो दस्तक थी, जिसने उनके जीवन की दशा और दिशा को नया मोड़ दिया । यहां से वह उस मंजिल की तरफ पहुँचने वाली थी , जिसके बारे में उन्होंने सपने में भी नहीं सोचा था | बेबी हालदार को यहाँ नौकरानी का काम मिल गया |

एक दिन अचानक प्रबोध कुमार ने उसकी दिनचर्या के बारे में पूछा और कहा, "देखो बेबी, तुम समझो, मैं तुम्हारा बाप, भाई, मां, बंधु, सब कुछ हूं। तुम अपनी सारी बात मुझे साफ-साफ बता सकती हो, मुझे बिल्कुल बुरा नहीं लगेगा। " थोड़ा रुककर उन्होंने फिर कहा, "देखो, मेरे बच्चे मुझे तातुश कहते हैं, तुम भी मुझे यही कह कर बुला सकती हो। " उस दिन से बेबी प्रबोध कुमार को तातुश कहने लगी। 'तातुश ‘ पोलिश भाषा का शब्द है, जिसका अर्थ है तात यानी प्रिय।

बेबी सोचने लगी कि कहीं और भी काम करना चाहिए क्योंकि इतने पैसे में क्या बच्चों को पालेगी और क्या घर का किराया देगी।प्रबोध कुमार ने समझाया, "तुम्हें मैंने लिखने-पढ़ने का जो काम दिया है, तुम वही करती रहो। तुम देखोगी कि एक दिन यही तुम्हारे काम आएगा। "

बेबी सवेरे काम पर आती तो प्रबोध कुमार पूछते- कुछ लिखा या नहीं? बेबी 'हां ' कहती तो प्रबोध कुमार बहुत खुश होते। बेबी ने अपना लिखा उन्हें दिखाया। प्रबोध कुमार ने देखा कि बेबी की लिखावट अस्पष्ट है। उसे पढ़ना बड़ा मुश्किल है। वर्तनी की अशुद्धि बहुत अधिक हैं। प्रबोध कुमार बेबी का लिखा इसलिए पढ़ व समझ सके, क्योंकि वह सागर विश्वविद्यालय में प्रोफेसर रहे हैं। वहां अधिकांश बंगाली छात्र थे। वह उनकी लिखावट के अभ्यस्त थे। इसके अलावा वह संघ लोक सेवा आयोग में परीक्षक भी रहे। वहां बांग्ला की स्क्रिप्ट आती थी। इसलिए बांग्ला की खराब से खराब लिखावट को वह पढ़ और समझ सकते हैं। उन्होंने बेबी को लिखावट सुधारने की सलाह दी। कभी-कभी बेबी को लगता कि लिखने में गलती होगी। यह सोचकर वह नर्वस हो जाती। ऐसे में प्रबोध कुमार उत्साह बढ़ाते। वह कहते थे कि यह सोचेंगे कि गलती होगी तो कोई नहीं लिख पाएगा। जैसा हो, लिखो। बेबी ने भी गलती व भूल के बारे में सोचना छोड़ दिया।

यह बात पहले तो उनको बड़ी अटपटी लगी लेकिन जब कलम उठा लिया तो इस काम में उनको मजा आने लगा। अब बेबी को लिखने की धुन लग चुकी थी। खाने की मेज पर, रसोई में काम करते हुए और घर में काम करते जहां भी समय मिलता, वह लिखने बैठ जाती। बेबी को सहजता से लिखते हुए देखते प्रबोध कुमार सोचते- हम जब लिखते हैं तो मेज-कुर्सी लगाकर, सिगरेट पीकर मूड बनाना पड़ता है। यह कितनी सहजता से लिखे जा रही है। जिसके अंदर कुछ कहने को है, वह तो कहेगा ही, उसे इन सब चीजों की जरूरत नहीं रहती है।बेबी को जो घटनाएं याद आईं, लिखती चली गई। प्रबोध कुमार ने उन्हें कालक्रम के अनुसार लगाया और बहुत-सी संदर्भहीन घटनाओं को छोड़ भी दिया।

एक दिन वह काम से वापस आई तो देखा कि घर टूटा हुआ है और सारा सामान बिखरा पड़ा है। वह सोचने लगी कि बच्चों को लेकर अब

कहां जाऊं ? इतनी जल्दी दूसरा घर भी कहां मिलेगा ? केवल बेबी के घर को ही नहीं, बल्कि आसपास के और घरों को भी तोड़ा गया था। बच्चों को अपने पास बैठाकर बेबी रोने लगीं। मां को रोता देख बच्चे भी रोने लगे। उस हालत में किसी को कैसे नींद आती ? उस खुली जगह में उन लोगों ने ओस में वह रात किसी तरह काटी। अगले दिन सवेरे बेबी ने तातुश को सारी बात बताई। उन्होंने छत का एक कमरा उसके लिए खाली कर दिया।

अपने जीवन की कुछ घटनाओं को भुलाते रहने की कोशिश में बेबी को कभी-कभी ऐसा लगने लगता जैसे वे घटनाएं उसकी नहीं बल्कि किसी और के साथ घटी थीं। ऐसे में बेबी प्रमुख पात्र को अपना नाम दे देती। तब ऐसा लगता मानो, बेबी अपनी नहीं किसी और की दास्तां लिख रही है।

अब तक बेबी जितना लिख चुकी थी, उसे प्रबोध कुमार ने फोटोकापी करके अपने एक बंधु व हिंदी के प्रसिद्ध लेखक अशोक सेक्सरिया के पास कोलकाता भेज दिया। उनका उत्साहवर्धक पत्र आया। उन्होंने लिखा कि प्रिय बेबी, मैं बता नहीं सकता कि तुम्हारी डायरी पढ़कर मुझे कितना अच्छा लगा? मैं जानना चाहता हूं कि इतना अच्छा लिखना तुमने कैसे सीखा? तुम्हारा लेखन उत्कृष्ट है। तुम्हारे तातुश ने सचमुच हीरा खोज निकाला है। यहां मेरे जिन-जिन बंधु-बांधवों ने तुम्हारी डायरी पढ़ी है, वे सभी इसे चमत्कार लेखन मानते हैं। मेरे एक बंधु ने कहा है कि वह तुम्हारी रचना को किसी पत्रिका में छपवाने की व्यवस्था करेंगे, लेकिन उसके पहले तुम्हें अपनी कहानी को किसी मोड़ पर पहुंचाना है। आशा करता हूं- तुम कभी लिखना नहीं छोड़ोगी। इसे पढ़कर बेबी का उत्साह और भी बढ़ गया। उसने सोचा- जब सबको अच्छा लग रहा है तो मैं क्यों न लिखूं?

जेठू के यहां उनके बंगाली बंधु आनंद ने 'आलो-आंधारि ' का पहला खंड पढ़कर लिखा- आपकी रचना अच्छी लगी। स्वयं के जीवन की विभिन्न स्मरणीय घटनाओं को सहज भाव से लेखन के माध्यम से सामने रखना बहुतों के लिए शायद संभव नहीं। अपनी इस सुंदर कोशिश को कभी बंद मत करना। अभ्यास और कोशिश से संभव है कि आप हमें

कुछ असाधारण दे सकें। नारी अत्याचार, दुर्दशा और उनके आर्थिक कष्ट के बारे में आप सोचें और लिखने की चेष्टा करें।

बेबी जितना लिखती प्रबोध कुमार रोज दिल्ली में अपने एक बंधु रमेश गोस्वामी को फोन पर सुनाते। फोन पर बात करने के बाद प्रबोध कुमार बेबी से बोले, "तुमने यह जो लिखा है, मेरे बंधु को बहुत अच्छा लगा, ऐनि फ्रैंक की डायरी की तरह।"बेबी ने पूछा, "यह ऐनि फ्रैंक कौन है?"प्रबोध कुमार ने बेबी को ऐनि फ्रैंक के बारे में बताया और एक पत्रिका में से डायरी के कुछ अंश पढ़कर सुनाए।

अशोक सेक्सरिया लगातार उत्साहित करते रहते। उनका पत्र आया- बार-बार जिज्ञासा करना बुरी बात नहीं, जिज्ञासा होने से ही हम लिख पाते हैं। भूलों की चिंता करने लगें तो एक लाइन भी लिखी नहीं जा सकती, इसलिए उनकी चिंता किए बिना लिखना होगा। बाद में अपना लिखा खुद ही सुधार लेना होगा। इसके बाद जिन लोगों का काम ही है लिखना-पढ़ना, उनसे इसे कुछ और सुधरवाने की बारी आएगी। लिखने-बैठने से ही लिखा जा सकता है, यह अभिज्ञता तुम्हें निश्चित हो ही गई है। तुम्हारे तातुश ठीक कहते हैं कि भूल होती है तो हो, फिर भी लिखो।

इसी बीच एक दिन बेबी से उनके पिता नरेंद्रनाथ मिलने आए। उन्हें कहीं से पता चल गया कि बेबी कुछ लिख-विख रही है। वह बहुत खुश हुए। जहां पहले बेबी की खोज-खबर नहीं लेते थे, वहीं अब जब-तब फोन कर उसका हाल पूछने लगे। वह बार-बार यह भी जानना चाहते कि उसका लिखना कहां तक बढ़ा, खत्म हुआ या नहीं?

बेबी का उत्साह बढ़ाने वाली शर्मिला भी थीं। वह कोलकाता में पढ़ाती थीं। वह बेबी को बहुत स्नेह करती थी।उनकी चिट्ठियां आतीं- बेबी एक बार सोचकर देखो कि अपने बाबा को तुम जैसा समझती हो, वैसा वह क्यों हैं? इसका कारण क्या है? थोड़ा उनकी तरह से भी सोचो, जिन्हें तुम माफ भले ही न कर सको। बेबी जो हमें अच्छे नहीं लगते, उन्हें भी माफ किया जा सकता है और वैसा करना ही भला है। ये चिट्ठियां बेबी को खुशी से भर देतीं और उसे सोचने-समझने की नई दिशा प्रदान करतीं।

'आलो आंधारि ' का पहला खंड पूरा हो गया तो 'साक्षात्कार ' में प्रकाशित हुआ।उस दिन सवेरे बेबी चाय बनाने किचेन की तरफ जा रही

थी कि तभी एक लड़का एक पैकेट दे गया। उसने पैकेट खोला। पैकेट में पत्रिका थी। वह उसे पलटने लगी तो उसमें एक जगह अपना नाम देखा। आश्चर्य से उसने फिर देखा। सचमुच ही उसमें लिखा था, 'आलो आंधारि '- बेबी हालदार। वह खुशी से उछल गई। "देखो, देखो, एक चीज। " बोलती हुई ऊपर अपने बच्चों के पास भागी। दोनों बच्चे उसके पास आ गए। बेबी ने पूछा, "देखो, तो क्या लिखा है? " बेटी ने एक-एक अक्षर पढ़ा और बोली, "बेबी हालदार। मां तुम्हारा नाम है।" उसने प्यार से बच्चों को अपने पास खींच लिया। अचानक उसे कुछ याद आ गया। बच्चों से 'छोड़ो-छोड़ो अभी आती हूं ' कहकर खड़ी हो गई। नीचे आते-आते सोचने लगी- मैं भी कितनी बुद्धू हूं। पत्रिका में अपना नाम देख लिया तो सब कुछ भूल गई। वह जल्दी-जल्दी सीढ़ियों से उतरकर तातुश के पास गई और पैर छूकर प्रणाम किया। उन्होंने उसके सिर पर हाथ रख आशीर्वाद दिया।

लेखिका बनने की बात बेबी के मन में नहीं थी। यह जरूर सोचती थी कि जीवन में जो घटा, यदि उसकी किताब बन जाती तो अच्छा था। सहेलियों से बात करते हुए, वह अकसर यह बात कहती। आज उसकी यह अभिलाषा पूरी हो गई। बांग्ला में वह अपना ही लिखा पढ़कर रोती रहती। यह उनके जीवन का चमत्कृत कर देने वाला अनुभव था। स्कूल के दिनों के बाद उन्होंने दूसरी बार कलम थामा था। वह कहती हैं- 'जब मैंने हाथ में पेन थामा तो घबरा गई थी। मैंने स्कूली दिनों के बाद कभी पेन नहीं थामा था। जैसे ही मैंने लिखना शुरू किया तो मुझमें नई ऊर्जा आ गई। किताब लिखना अच्छा एक्सपीरियंस रहा।' बाद में प्रबोध कुमार ने स्वयं उनकी रचना को बांग्ला से हिंदी में अनूदित किया। बताया जाता है कि अनुवाद करते समय वह भी बार-बार रोए थे ।

'आलो-आंधारि ' बांग्ला में लिखी गई। इसका हिंदी अनुवाद प्रबोध कुमार ने किया। अनुवाद ही पहले प्रकाशित हुआ। 'आलो-आंधारि ' का पहला संस्करण (हिंदी अनुवाद) दिसंबर 2002 में प्रकाशित हुआ। इसका पाठकों ने दिल खोलकर स्वागत किया। इसका दूसरा संस्करण 2003 में प्रकाशित हो गया। मूल बांग्ला में पुस्तक 2004 में प्रकाशित हुई। 'आलो-आंधारि ' का हिंदी के अलावा मलयालम, तमिल, उड़िया,

असमिया, मराठी, तेलुगु, अंग्रेजी, इतावली, कोरियाई, चीनी, फ्रांसिसी, जर्मन, नार्वेजियन, डच, स्वीडिश में अनुवाद हो चुका है। एनसीईआरटी की ग्यारहवीं कक्षा की हिंदी की पाठ्य-पुस्तक 'वितान' में 'आलो-आंधारि' के लगभग पैंतीस पन्नों को पाठ के रूप में शामिल किया गया है।

आज बेबी हालदार एक चर्चित नाम है। लेकिन उसकी दिनचर्या में कोई परिवर्तन नहीं आया है। उसने काम करना नहीं छोड़ा है।

'आलो-आंधारि ' छपने के बाद बेबी की दृष्टि में व्यापकता आई है। जहां पहले वह अपने सुख-दुःख तक सीमित थी, अब उनकी चिंता का विषय समाज है। समाज के गरीब, शोषित तबके के दुःख-दर्द के बारे में सोचती हैं। उनके आलेख 'भारतीय लेखक ', 'अक्षर पर्व ' आदि पत्र-पत्रिकाओं में प्रकाशित हुए। 'आलो-आंधारि ' के बाद के अनुभवों पर आधारित पुस्तक 'ईषत रूपांतर' भी प्रकाशित हो चुकी है।

लेखिका बनने के बाद बेबी ने पेरिस और फ्रैंकफर्ट जैसी जगहों का ना सिर्फ दौरा किया बल्कि कई साहित्यिक समारोहों का भी हिस्सा बनीं | इस समय उनका बड़ा बेटा जवान हो चुका है। हालदार ने किताबों की रॉयल्टी से अब तो अपना खुद का बसेरा भी बना लिया है, लेकिन प्रबोध कुमार की चौखट से उनका आज भी नाता टूटा नहीं है। वह कहती हैं – 'मैं आज भी अपने आप को प्रबोध कुमार की मासी समझती हूँ। मैं उनका घर और अपने हाथों से झाड़ू कभी नहीं छोड़ूंगी। साथ ही लगातार लिखती रहूंगीं। प्रबोध कुमार की बदौलत ही तो मैंने खुद को पहचाना है।'

मैंने स्वयं बेबी हालदार की "आलो आंधारि" और "ईषत रूपांतर" बांग्ला भाषा में पढ़ा है | बेबी ने इन दोनों किताबों में अपने अंदर की व्यथा को बखूबी चित्रण किया है या यूं कहूँ की उन्होंने अपनी आत्मा निकाल कर रख दी है |बेबी उन लाखों ,करोड़ों महिलाओं के लिए एक जिंदा मिसाल हैं जिन्होंने दबी कुचली जिंदगी से उबर कर पूरी दुनिया में भारतीय नारी की एक अलग पहचान बनाई है | ऐसी नारी शक्ति को सत सत प्रणाम |

5

नीरजा भानोट

"शरीर की ताकत मायने नहीं रखती,आपका साहस मायने रखता है |"
-जे आर आर टोलकीन

जीवनी : नीरजा भनोट का जन्म भारत के चंडीगढ़ में हुआ, वह रमा भनोट और हरीश भनोट की बेटी थी, हरीश भनोट द हिंदुस्तान टाइम्स मुबई में पत्रकारिता के क्षेत्र में कार्यरत थे | और नीरजा की प्रारंभिक शिक्षा अपने गृहनगर चंडीगढ़ के सेक्रेड हार्ट सीनियर सेकेंडरी स्कूल में हुई |नीरजा का विवाह वर्ष 1985 में संपन्न हुआ और वह पति के साथ खाड़ी देश को चली गयी लेकिन कुछ दिनों बाद दहेज़ के दबाव को लेकर इस रिश्ते में खटास आयी और विवाह के दो महीने बाद ही नीरजा वापस मुंबई आ गयी | लेकिन उनके ससुराल वाले दहेज़ का कुछ दबाब डाल रहे थे,इस कारण उनकी शादी कुछ ज्यादा दिनों तक नहीं चल सकी और उन दोनों में तलाक हो गया | तलाक हो जाने के बाद नीरजा ने नौकरी के लिए आवेदन किया और 1985 में ही एक नौकरी ज्वाइन कर ली |उन्हे विमान में विमान

परिचारिका की नौकरी मिल गई |

नीरजा ने 22 वर्ष की उम्र में ही अपने परिवार का नाम रोशन किया | नीरजा भनोट, एक ऐसी नारी थी जिसकी मौत पर भारत के साथ पाकिस्तान ने भी आंसू बहाये थे | नीरजा भनोट विमान पैन ऍम उड़ान 73 की यात्री थी | लगभग 35 वर्ष पहले 5 सितंबर, 1986 को आतंकियों ने भारत से न्यूयॉर्क जाते हुए इस विमान का पाकिस्तान से अपहरण कर लिया जिसमे लगभग 380 यात्री सवार थे, जिनमे कई बच्चे भी थे, एवम स्टाफ था जिसमे अमेरिका के तीन सदस्यीय पायलट , सह- पायलट, फ्लाइट इंजीनियर एवं भारत की नीरजा भनोट और उनकी टीम थी | विमान जब पाकिस्तान के कराची एयरपोर्ट पर था और पायलट का इंतजार कर रहा था, तभी चार आतंकी जो कि अबू निदाल संगठन से थे, ने विमान को अपने कब्जे में ले लिया और पाकिस्तानी सरकार को पायलट देने का हुक्म दिया, जिसे उन्होंने नहीं माना | अगर वो मान जाते तो आतंकी विमान को अपनी मर्जी से कहीं और ले जाते | उस विमान में कई अमेरिकी यात्री भी थे और आतंकी इन्ही अमेरिकी यात्रियों के सहारे पाकिस्तान पर अमेरिकी दबाव बनाकर अपनी मांगे पूरी करवाना चाहते थे, जिसके लिए आतंकियों ने नीरजा और उसकी टीम को यात्रियों के पासपोर्ट इक्ठ्ठा करने को बोला ताकि वे अमेरिकी यात्रियों को पहचान सकें , लेकिन नीरजा और उसकी टीम ने लगभग 40 अमेरिकी यात्रियों के पासपोर्ट छिपा दिए ताकि आतंकी उन्हें पहचान ना सके | साथ ही नीरजा ने यात्रियों को बचाने

के लिए आपातकालीन दरवाजा खोल दिया और कई यात्रियों को वहाँ से बाहर भेज दिया | इसी समय एक आतंकी की नजर नीरजा पर पड़ी, जब नीरजा तीन बच्चो को बाहर भेज रही थी, तभी आतंकी ने उन पर गोली चलाई जिसे देख नीरजा बच्चों के आगे आ गई और उसने सभी गोलियाँ अपने सीने पर झेली और शहीद हो गई | नीरजा चाहती तो सबसे पहले खुद उस आपातकालीन दरवाजे से बाहर जा सकती थी लेकिन उन्होंने अपनी जिम्मेदारी को सर्वोपरि रखा और अपनी समझदारी और हौसलों से 17 घंटो तक उन आतंकियों से जूझती रही और कई लोगो की जान बचाई |

नीरजा भनोट के बलिदान के बाद भारत सरकार ने उनको सर्वोच्च नागरिक सम्मान 'अशोक चक्र' प्रदान किया तो वहीं पाकिस्तान की सरकार ने भी नीरजा को 'तमगा-ए-इन्सानियत' प्रदान किया। नीरजा वास्तव में स्वतंत्र भारत की महानतम विरांगना थीं। सन 2004 में नीरजा भनोट के सम्मान में डाक टिकट भी जारी हो चुका है। अंतरराष्ट्रीय स्तर पर नीरजा का नाम 'हीरोइन ऑफ हाईजैक' के तौर पर मशहूर है। वर्ष 2005 में अमेरिका ने उन्हें 'जस्टिस फॉर क्राइम अवार्ड' दिया।

सन 1988 में पाकिस्तान ने अबू निदाल संगठन के आतंकियों को अपनी गिरफ्त में लिया और उन्हें मौत की सजा सुनाई लेकिन बाद में उस सजा को उम्र कैद में बदल दिया गया जिसका भारत एवं अमेरिकी सरकार ने जमकर विरोध भी किया | 2001 में, ज़ैद हसन अब्द अल- लतीफ मसूद अल सफरिनी, जो उन आतंकियों में

से एक था जिसने गोलियाँ चलाई थी, जिसे पाकिस्तान ने रिहा कर दिया था, को *FBI* ने बैंकॉक में पकड़ा और अभी वो कोलोराडो की जेल में हैं | इसके अलावा दल के चार अन्य आतंकियों को वर्ष 2008 में पाकिस्तानी सरकार ने रिहा कर दिया, जिन पर एफबीआई ने $ 5 लाख इनाम की घोषणा की हैं | जनवरी 2010 में, पाकिस्तानी खुफिया अधिकारियों ने घोषणा की, जिसमे उन्होंने कहा कि उत्तरी वजीरिस्तान कबायली इलाके में एक हमले में अपहर्ताओं में से एक जमाल सईद अब्दुल रहीम को मार दिया गया हैं, लेकिन अब तक उसकी मौत की पुष्टि नही हुई हैं और वो अब भी *FBI* की मोस्टवांटेड लिस्ट में हैं |पाकिस्तानी सरकार का यह रवैया शहीद नीरजा और अन्य मरने वालो के लिए अन्यायपूर्ण था | नीरजा को मृत्यु के बाद पुरस्कार तो मिले लेकिन न्याय अब तक अधूरा है |

मरणोपरांत मिले सम्मान : नीरजा ने अपने फर्ज के लिए मौत को गले लगाया और कई लोगो की जान बचाई साथ ही देश का सम्मान बढ़ाया | नीरजा की इस बहादुरी और कर्तव्यपरायणता के लिए भारत सरकार ने उन्हे मरणोपरांत अशोक चक्र से सम्मानित किया | तो वहीं पाकिस्तान की सरकार ने भी नीरजा को 'तमगा-ए-इन्सानियत' प्रदान किया। नीरजा वास्तव में स्वतंत्र भारत की महानतम विरांगना थीं। सन 2004 में नीरजा भनोट के सम्मान में डाक टिकट भी जारी हो चुका है। अंतरराष्ट्रीय स्तर पर नीरजा का नाम 'हीरोइन ऑफ हाईजैक' के तौर पर मशहूर है। वर्ष 2005 में अमेरिका ने उन्हें 'जस्टिस फॉर क्राइम अवार्ड' दिया।

1.

   2004 में भारतीय डाक सेवा ने नीरजा की स्मृति में एक डाक टिकिट जारी किया |

2.

   वर्ष 2005 में इन्हें यूनाइटेड स्टेट ने *'Justice for Crimes Award'* से सम्मानित किया, जिसे उनके भाई ने वाशिंगटन डी सी जाकर प्राप्त किया |

3.

   उड़ान सुरक्षा फाउंडेशन बहादुरी पुरस्कार जो कि संयुक्त राज्य अमेरिका द्वारा दिया गया |

4.

संयुक्त राज्य अमेरिका न्यायालय द्वारा विशेष साहस पुरुस्कार |

5.

18 February 2010 भारत सरकार ने सिविल एविएशन पुरस्कार से सम्मानित किया |

6.

तमगा -ए-इंसानियत पुरुस्कार जो पाकिस्तान सरकार ने नीरजा को दिया |

नीरजा भनोट पैन एम ट्रस्ट : नीरजा की बीमा राशि और उसी के बराबर की राशी पैन ऍम द्वारा नीरजा के परिवार वालो को दी गई थी, जिससे उन्होंने नीरजा के नाम का एक ट्रस्ट शुरू किया | यह ट्रस्ट प्रति वर्ष दो अवार्ड देता हैं जिसमे एक वर्ल्ड वाइड जो भी फ्लाइट कर्मचारी, अपनी ड्यूटी से अधिक करता हैं, को दिया जाता हैं और दूसरा भारत की उन महिलाओं को, जो सामाजिक कुप्रथा जैसे दहेज आदि के खिलाफ लड़ती हैं और अन्य प्रताड़ित महिलाओं का साथ देती हैं, उन्हें दिया जाता हैं | इन अवाड्स में 1,50,000 की राशि एवम प्रशस्ती पत्र दिया जाता हैं |

नीरजा भनोट पर बनी फिल्म : बॉलीवुड ने नीरजा की यादों को सम्मान देने के लिए एवं आवाम को उनकी बहाद्दुरी से रूबरू कराने के लिये उन पर आधारित एक फिल्म "नीरजा" बनाई जिनमे सोनम कपूर ने

काम किया | इसमें नीरजा की माँ का किरदार शबाना आज़मी ने निभाया हैं | जब सोनम नीरजा की असली माँ से मिली, तब उनकी माँ ने कहा था कि उनमे इतनी हिम्मत नहीं कि वे नीरजा फिल्म को देख सके | उनके यह शब्द हमें महसूस कराते हैं कि वे किस कदर अपनी बेटी को खोने के गम को अपने मन में दबाई हुई थी | नीरजा की माँ भी दुनियाँ से रुक्सत ले चुकी हैं, आज वो इस मूवी के आने पर नहीं हैं लेकिन उनकी मनोदशा हम इस मूवी में देख सकते हैं |

नीरजा भनोट की कहानी हम सभी को प्रेरणा देती हैं और अपने काम को सही मायने में कैसे निभाये इसकी राह दिखाती हैं | नीरजा जैसी नारियाँ हमारे देश के लिए गौरव हैं जो हमें जीवन के हर क्षेत्र में अपने कर्तव्य को कैसे निभायें इसका परिचय देती हैं | नीरजा एक सुपरस्टार से कम नहीं थी | सच्ची घटना पर आधारित फिल्म "नीरजा" राम माधवानी ने बनाई है | फिल्म में सोनम ने पूरी कोशिश की है कि वे नीरजा के किरदार को पूरी लगन व ईमानदारी के साथ सबके सामने ला सके| धन्य हो वो वीरांगना जिसने अपनी जान की बाजी लगाकर निर्दोष यात्रियों की रक्षा की और अपने प्राणों का बलिदान दिया |

6

धावक हीमा दास

"मंजिल उन्ही को मिलती है जिनके सपनों में जान होती है ,पंख से कुछ नहीं होता हौसलों से ही उड़ान होती है .....|"

भारत में प्रतिभाओं की कमी नहीं है , बस उन्हे तरासने की जरूरत पड़ती है | हिमा दास की कहानी बताती है कि जिंदगी में भी जीतने के लिए दौड़ना पड़ता है, जान लगा कर पूरे हौसले के साथ |

हिमा दास 19 साल की उम्र में और महीने भर में 5 गोल्ड मेडल अपने नाम कर चुकी है | यूरोप के अलग-अलग शहरों में हुई अंडर 20 वर्ल्ड चैम्पियनशिप में किसी भी ग्लोबल ट्रैक इवेंट में गोल्ड का तमगा जीतने वाली पहली भारतीय खिलाड़ी बन गई है | एले इंडिया, फेमिना, वोग जैसी पत्रिकाओं के कवर पेज पर चमकने वाली लड़की बन गई | वहाँ तक पहुँचने के लिए सुंदरता के मानक तय हैं | हिमा ने उन मानकों को चुनौती दी है, अपनी जगह हासिल की है , अपने हुनर के दम पर |

हिमा के ट्रैक पर दौड़ने और जीतने का अंदाज भी कुछ अलग है | वह मुख्य तौर पर 200 मीटर और 400 मीटर की रेस में हिस्सा लेती है | रेस के शुरू के हिस्से में वो धीमी शुरुआत करती है | और आखिरी हिस्से में, जब दुनिया उनके जीतने की उम्मीद छोड़ देती है, तो वह अपनी रफ्तार बदलकर सबसे आगे निकलने का हुनर जानती है |किसी ने कहा है : "मेहनत इतनी खामोशी से करो कि सफलता शोर मचा दे" ये विचार हिमा के लिए बहुत उपयुक्त है |

हिमा दास का घर भारत देश की राजधानी दिल्ली से दो हजार किलोमीटर से अधिक दूर है , असम का नौगाँव जिला |इसी जिले का धींग गाँव गुमनामी के अंधेरे से बाहर निकल आया है | वजह है – हिमा दास | 9 जनवरी 2000 को इनका जन्म हुआ | 17 लोगों का परिवार है | पूरा परिवार धान की खेती करता है मात्र 2 बीघा जमीन पर |गरीबी इतनी की सबके लिए भोजन जुटाना भी काफी मुश्किल काम है |हिमा ने भी अब तक के जीवन का लंबा हिस्सा खेतों में बुआई और निराई करते बिताया है | रंजीत दास और जोनाली दास के 6 बच्चों में सबसे छोटी हिमा की उपलब्धियां बेजोड़ हैं |

हिमा दास का इरादा फुटबॉलर बनने का था | स्कूल में लड़कों के साथ फुटबॉल खेलती थी | असम में खेतों में ज्यादातर समय पानी भरा रहने के कारण बच्चे कीचड़ से भरे खेतों में ही फुटबॉल खेलते है | इससे उनका स्टेमिना बहुत बढ़ जाता है | हिमा भी लड़कों के साथ फुटबॉल खेलती थी | मैदान में उनकी फुर्ती देखकर एक टीचर ने एथलेटिक्स में करियर बनाने की सलाह दी | हिमा ने सलाह मान ली | रेस चुना क्योंकि सबसे तेज होने की चाहत थी | हिमा इस कला की बेताज बादशाह बनना चाहती थी | लोकल लेवल पर एथलेटिक्स का कंपटीशन हुआ | हिमा ने उम्दा खेल दिखाया | यह उम्दापन गुम हो गया होता अगर कोच निपोन दास ने उन पर ध्यान नहीं दिया होता | हिमा ने गुवाहाटी स्टेट चैम्पियनशिप में हिस्सा लिया | उनके हिस्से कांस्य पदक आया | फिर उन्हे जूनियर नेशनल चैम्पियनशिप के लिए भेजा गया| उनकी ट्रेनिंग कम थी , अनुभव न के बराबर था , फिर भी वो 100 मीटर की रेस के फाइनल तक पहुंची | इस बार कोई मेडल हाथ नहीं आ सका | हिमा काफी निराश थी |

यह एक सुंदर करियर का दुखद अंत हो सकता था | लेकिन कोच ने ऐसा होने नहीं दिया | उन्होंने हिमा के घरवालों को मनाया कि वे अपनी बेटी को ट्रेनिंग के लिए गुवाहाटी जाने की अनुमति दें | यह थोड़ा मुश्किल था, लेकिन घरवालों ने हाँ कर दी | पिता इस बात से खुश थे कि उनकी बेटी को तीन वक्त का भोजन मिल सकेगा | लेकिन यह एक नये संघर्ष की शुरुआत थी | हिमा को रोज गाँव से बस पकड़नी होती थी

140 किलोमीटर दूर गुवाहाटी के लिए |फिर ट्रेनिंग कर वापस आना होता था | रात के 11 बज जाते थे | घरवालों की चिंता बढ़ने लगी | एक बार फिर कोच ने साथ दिया | उन्होंने एक लोकल डॉक्टर की मदद से हिमा के रहने का इंतजाम गुवाहाटी में करवाया, स्पोर्ट्स कॉम्प्लेक्स के ठीक बगल में |हिमा के लिए राह थोड़ी आसान हो गई थी|

एक किसान परिवार में पैसों की अहमियत काफी होती है | तमाम किस्म के समझौतों से रू-ब-रू होते हुए समय बीतता है | हिमा की ट्रेनिंग अच्छी चल रही थी | मेहनत करने में उनका कोई जोड़ नहीं था | यह सब देखकर पिता का दिल खुश हो गया | ट्रेनिंग के लिए अच्छे जूतों की जरूरत थी | हिमा ने कभी मांगा नहीं | पिता गुवाहाटी गए | अपनी गाढ़ी कमाई से 1200 रुपये के जूते खरीदे हिमा की ट्रेनिंग के लिए | उन जूतों को यूं सहेज कर घर लाए मानो कोई बच्चा हो | उस दृश्य की कल्पना कीजिए, जब पिता ने वे जूते हिमा को सौंपे होंगे जैसे कोई अपनी विरासत सौंप रहा हो | ADIDAS फुटवियर बनाने वाली जर्मन कंपनी, इस क्षेत्र में उसकी तूती बोलती है | सितंबर 2018 में उसने एक चिठ्ठी लिखकर हिमा दास को अपना एम्बेसडर बनाया | हिमादास का नाम ADIDAS के जूतों पर छपता है | आज हिमा खुद एक ब्रांड है जिसकी रफ्तार लगातार तेज हो रही है |

2018 में कॉमनवेल्थ गेम्स ऑस्ट्रेलिया के गोल्ड कोस्ट में हुए 4 अप्रैल से 15 अप्रैल के बीच | हिमा टूर्नामेंट से पहले दुविधा में थी | उसी दौरान उनकी बोर्ड परीक्षाएं होने वाली थी | घरवालों ने कहा कि खेलने का ऐसा मौका 4 साल बाद ही मिलेगा, बोर्ड परीक्षा अगले साल भी हो सकती है | हिमा की उलझन दूर हुई | कॉमनवेल्थ में 400 मीटर की रेस में वे छठे स्थान पर रहीं | 4 x 400 मीटर की रिले रेस में उनकी टीम सातवें स्थान पर रही | अगले साल उन्होंने परीक्षा दी| सन 2019 में असम बोर्ड परीक्षा के रिजल्ट आए | हिमा ने फर्स्ट डिवीजन से बारहवीं परीक्षा पास की है |

12 जुलाई 2018 फिनलैंड के ताम्पेर में वर्ल्ड अंडर 20 चैम्पियनशिप खेली जा रही थी | इस दिन हिमा ने भारत के लिए नया इतिहास बनाया | 400 मीटर की रेस में 51.46 सेकंड का समय लेकर रेस जीत ली | यह

किसी भी वर्ल्ड लेवल के कंपटीशन में भारत का पहला गोल्ड मेडल था | पहले 300 मीटर तक हिमा काफी पीछे चल रही थी | अंतिम 100 मीटर में उन्होंने सबको पीछे छोड़ दिया | यही उनकी ताकत भी है | जब बाकी लोग उनसे उम्मीदें छोड़ देते हैं , हिमा सबको हैरान कर देती है |

इंडोनेशिया की राजधानी है -जकार्ता | 2018 के अगस्त महीने में यह शहर सज-धज कर तैयार हो रहा था| जकार्ता 18 वें एशियाई खेलों की मेजबानी कर रहा था | कुल 45 देश इस टूर्नामेंट में हिस्सा ले रहे थे | 26 अगस्त को हिमा ने 400 मीटर की रेस 50.79 सेकंड में पूरी की | उन्हे चांदी के तमगे से संतोष करना पड़ा | हालांकि 4 x 400 मीटर की रिले रेस में उनकी टीम ने दो गोल्ड अपने नाम किए |

2019 का जुलाई का महीना हिमा का था | 20 दिनों के अंतराल में 5 गोल्ड मेडल एक बड़ी उपलब्धि है | देश को इस पर बहुत गर्व हुआ , होना भी चाहिए | लेकिन यह हिमा के सफर का मुकाम नहीं है | वे अपने खेल से खुश तो हैं , लेकिन यही ठहरने का उनका इरादा नहीं है | 5 गोल्ड मेडल अपने नाम करने के बाद भी उन्हे सितंबर में होने वाली वर्ल्ड चैम्पियनशिप का टिकट नहीं मिला | 400 मीटर की स्पर्धा में 51.80 सेकंड क्वालीफ़ाइंग मार्क था | हिमा 52.09 सेकंड पर अटक गईं 200 मीटर की केटेगरी के क्वालीफाय करने के लिए 23.02 सेकंड में रेस पूरी करनी थी | हिमा ने 4 गोल्ड जरूर जीते, लेकिन किसी में भी इस पॉइंट तक पहुंचते में नाकाम रहीं | जिन प्रतियोगिताओं में हिमा ने सोने का तमगा हासिल किया है , वे E और F केटेगरी में आते हैं | इन्हे इंटरनेशनल लेवल पर सबसे निचले स्तर पर रखा जाता है |

हिमा हर एक पल की अहमियत जानती हैं | हिस्से दर हिस्से आगे बढ़ने की कला में महारत है | पीटी ऊषा 1984 के ओलंपिक में सेकंड के सौवें हिस्से के अंतर से कांस्य पदक जीनते से चूक गई थी | हिमा ऐसी चूकों को पीछे छोड़ने की काबिलियत रखती है |

हिमा की उपलब्धियां ज्यादा बड़ी नहीं है पर कई मायनों में खास है | उन्होंने साबित किया है कि इस देश में खेल के सितारे क्रिकेट के अलावा अन्य खेल से भी आ सकते हैं जिन पर गर्व किया जा सकता है | देश में संसाधन मिलें तो हिमा दास जैसे अनगिनत सितारे विश्व-पटल पर

चमक सकते हैं | हिमा दास को कई पुरस्कारों से नवाजा गया है | असम सरकार ने उन्हे असम पुलिस में DSP के पद पर नियुक्त किया है |

VICE 2018 में बनी एक चर्चित हॉलीवुड फिल्म है | यह ऑस्कर तक पहुंची | एक केटेगरी में अवॉर्ड भी मिला | इस फिल्म की शुरुआत में अंधेरी स्क्रीन पर कुछ लाइने प्रकट होती हैं , वो कुछ इस प्रकार हैं -

शांत इंसान से सतर्क रहिए; जब तक कि दूसरे लोग शोर मचाते हैं, वह देखता है | जब दूसरे लोग काम करते हैं, वह योजना बनाता है | और, जब दूसरे लोग पूरी तरह निश्चिंत होकर आराम करते हैं, वह अपनी चाल चल देता है |

हिमा के खेल का लहजा कुछ ऐसा ही है | असम की हिमा दास अब देश की हिमा दास हो गई है |उन्होंने शुरुआत कर दी है | हिमा दास भारत देश की उभरती हुई प्रतिभा है |वो उन लाखों गरीब लड़कियों के लिए प्रेरणा स्त्रोत हैं जो अपनी मेहनत और जज्बे से अपना मुकाम खुद तय करती हैं | हिमा दास नारी शक्ति की एक मिसाल है | इस प्रतिभा को सलाम !

7

तैराक आरती साहा

"सफलता अनुभव से आती है ,और अनुभव बुरे अनुभव से |"

आरती साहा का नाम भारत की उन महिलाओं में गिना जाता है, जिन्होंने हमारे देश का नाम दुनिया भर में रोशन किया था। कलकत्ता,पश्चिम बंगाल में जन्म लेने वाली आरती भारत व एशिया की पहली महिला तैराक थी जिन्होंने इंग्लिश चैनल को पार किया था। वहीं आरती साहा कौन है और इन्होंने कैसे भारत का नाम रोशन किया आइए जानते हैं।

आरती साहा का जन्म

24 सितंबर 1940 को भारत के कोलकत्ता में जन्म लेने वाली आरती ने अपने बचपन से ही तैरना शुरू कर दिया था। चार साल की आयु में तैराकी सीखने लगी थी | उनका पूरा नाम आरती साहा गुप्ता है | सचिन नाग ने इनकी इस प्रतिभा को पहचाना और उसे तराशने का कार्य शुरू किया | सन 1949 में आरसन में, सन 1952 में हेलसिंकी ओलंपिक में भी भाग लिया | भारतीय पुरुष तैराक मिहिर सेन से प्रेरित होकर उन्होंने इंग्लिश चैनल पार करने की कोशिश की और 19 साल की आयु में 29 सितंबर 1959 को इंग्लिश चैनल को बेहद ही आसानी से पार करके दिखाया | जिसके साथ ही ये भारत की नहीं बल्कि एशिया की पहली ऐसे

महिला थी जिसने इंग्लिश चैनल पार किया था | उन्होंने 42 मील की यह दूरी 16 घंटे 20 मिनट में तय की ।

पहली बार हुई थी फेल

इंग्लिश चैनल को पार करना आसान नहीं था और आरती साहा अपने पहले प्रयास में ये चैनल पार करने में नाकाम हो गई थी। इंग्लिश चैनल अटलांटिक महासागर की एक शाखा है जो ग्रेट ब्रिटेन को उत्तरी फ्रांस से अलग करती है और उत्तरी सागर को अटलांटिक से जोड़ती है |हालांकि इस चैनल की सीधी लंबाई 34 किलोमीटर है पर लहरों के कारण इसे पार करना किसी भी तैराक के लिए काफी दुर्लभ है |इसका पानी बेहद ठंडा रहता है |ऐसे हालात में इसे तैर कर पार करना काफी दुष्कर कार्य है | जिस समय इन्होंने पहली बार ये चैनल पार करने की कोशिश की थी उस समय इनकी आयु 18 साल की थी। वहीं इंग्लिश चैनल पार ना कर पाने के बाद इन्होंने काफी मेहनत की और एक साल बाद फिर से इंग्लिश चैनल को पार करने की कोशिश की। इस कोशिश में आरती साहा सफल रही थी |

आरती साहा को मिले इनाम

इन्होंने कई सारे तैराकी प्रतियोगिता में भाग लिया था और साल 1945 से लेकर 1951 तक इन्होंने 22 इनाम अपने नाम किए थे। आरती साहा को भारत सरकार ने सम्मानित करते हुए साल 1960 में पद्मश्री पुरस्कार भेंट किया । सन 1998 में भारतीय डाक विभाग द्वारा विभिन्न क्षेत्रों में महत्वपूर्ण उपलबधियां हासिल करने वाली भारतीय महिलाओं की स्मृति में जारी डाक टिकटों के समूह में आरती शाहा पर भी एक टिकट जारी किया था |

आरती साहा का निधन

आरती साहा पीलिया से रोगग्रस्त हो गईं और 23 अगस्त 1994 को अपने जीवन की अंतिम सांस ली थी। वहीं गूगल डूडल (Google Doodle Arati Saha) ने आरती साहा को उनके 80 वें जन्मदिवस पर याद किया है और अपने पेज इनको समर्पित किया है। सत सत नमन है इस साहसी महिला को जो नारी शक्ति का प्रतीक थी |

8

कैप्टन हरप्रीत चंडी

"आप सब कुछ करने में सक्षम हैं। इससे कोई फर्क नहीं पड़ता कि आप कहां से हैं और कहां से शुरुआत की है, हर कोई कहीं न कहीं से शुरुआत करता है।"

चंडी ने लिखा मैं दक्षिणी ध्रुव पर पहुंच चुकी हूं जहां इस समय बर्फबारी हो रही है। मेरी भावनाएं उमड़ रही हैं। तीन साल पहले तक मैं ध्रुव की दुनिया के बारे में कुछ भी नहीं जानती थी और अब यहां पहुंचना किसी सपने के साकार होने जैसा लग रहा है।

कैप्टन हरप्रीत चंडी ने अकेले दक्षिणी ध्रुव पहुंचकर इतिहास रच दिया। ऐसा करने वाली वह पहली भारतवंशी व अश्वेत महिला हैं। ब्रिटेन निवासी 32 वर्षीय सिख सैन्य अधिकारी 'पोलर प्रीत' के नाम से भी जानी जाती हैं। चंडी ने अपनी इस ऐतिहासिक उपलब्धि की घोषणा लाइव ब्लाक पर की। अत्यंत प्रतिकूल परिस्थितियों में 1,127 किलोमीटर लंबी दुर्गम पैदल यात्रा पूरी करने में उन्हें 40 दिन लगे।यह यात्रा उन्होंने नवंबर 2021 और जनवरी 2022 के बीच 40 दिन में पूरी की | इस दौरान उन्हें आवश्यक सामग्री से लदे स्लेज (बर्फ पर खींचने वाली गाड़ी)को खुद खींचना पड़ा। माइनस 50 डिग्री सेल्सियस तापमान व 60 किलोमीटर प्रति घंटे की रफ्तार से चलने वाली बर्फीली हवा चुनौतियों को और कठिन बनाती रही। यहाँ सबसे आश्चर्यजनक बात यह थी कि 1127 किलोमीटर की यात्रा उन्होंने बर्फ पर पैदल चलते

हुए , अपने पूरे सामान को अकेले खींचते हुए बिना किसी के साथ या मदद से पूरी की जहां कोई इंशान ,जीव जन्तु और पेढ पौधे भी नहीं थे |पूरा इलाका निर्जन और बर्फ से जमा हुआ था | ऐसा करने वाली वो विश्व की पहली भारतवंशी अश्वेत महिला हैं |

दक्षिणी ध्रुव कैसा है ?

दक्षिणी ध्रुव पर पड़ने वाला महाद्वीप है –अंटार्कटिका | यह बहुत ही ठंडा स्थान है | सर्दियों के दौरान कई सप्ताहों तक यहाँ सूर्योदय नहीं होता | और गर्मियों के दौरान, दिसम्बर के अंत से मार्च के अंत तक सूर्यास्त नहीं होता | स्वयं ध्रुवीय बिन्दु पर भी छ: महीने की सर्दियाँ होती हैं और इतने समय तक सूर्योदय नहीं होता | और जब सूर्योदय होता है, यह छ: महीनों की लंबी गरमियाँ आरंभ होती हैं, उन दिनों कोई भी व्यक्ति दिन के किसी भी समय खड़े होकर सूरज को क्षितिज के ऊपर घड़ी की उलटी दिशा में अपने चारों ओर घूमते हए देख सकता है | दक्षिणी ध्रुव पर पहुंचना कठिन है | उत्तरी ध्रुव के विपरीत, जो कि समुद्र और समतल समुद्री बर्फ से ढका होता है , दक्षिणी ध्रुव एक पर्वतीय महाद्वीप पर स्थित है | यह महाद्वीप है अंटार्कटिका | यह बर्फ की मोटी चादर से ढका है और इसके केंद्र में तो 1.5 किलोमीटर से भी मोटी बर्फ की चादर जमी है | दक्षिणी ध्रुव बहुत ऊंचे स्थान पर है और बहुत तूफ़ानी है |यहाँ इतनी तेज हवाएं चलती हैं कि यदि शरीर का कोई भी स्थान खुला रह गया तो वह फटने लगता है | यह उन स्थानों से बहुत दूर है जहां पर वैज्ञानिकों की बस्तियां है और यहाँ जाने वाले जहाजों को प्राय: बर्फीले समुद्री रास्ते से होकर जाना पड़ता है | तट पर पहुँचने के बाद भी भूमार्ग से यात्रा करने वाले खोजियों को ध्रुव तक पहुँचने के लिए 1600 किलोमीटर से भी अधिक की यात्रा पैदल करनी पड़ती है | उन्हे तैरते हिमखंडों को पार करके बर्फ से ढकी भूमि और फिर सीधे खड़े पर्वतीय हिमनदों को और तेज जमाने वाली बर्फीली हवाओं वाले पठार को भी पार करना पड़ता है |ऐसे स्थान पर अकेले पहुँचने वाली कैप्टन हरप्रीत चंडी ने लिखा,

"मैं दक्षिणी ध्रुव पर पहुंच चुकी हूं, जहां इस समय बर्फबारी हो रही है। मेरी भावनाएं उमड़ रही हैं। तीन साल पहले तक मैं ध्रुव की दुनिया के बारे

में कुछ भी नहीं जानती थी और अब यहां पहुंचना किसी सपने के साकार होने जैसा लग रहा है। यहां पहुंचना काफी कठिन था। यह अभियान मेरे लिए काफी अहम था।"

उन्होंने अपनी यात्रा के लिए लाइव ट्रैकिंग मैप अपलोड किया था और बर्फ से घिरे उस क्षेत्र के बारे में नियमित ब्लाग लिखती रहीं।चंडी का आखिरी ब्लाग था, '40वां दिन, प्रीत ने अंटार्कटिका की यात्रा पूरी करते हुए इतिहास रच दिया। वह ऐसा करने वाली पहली अश्वेत महिला बन गई है। उसने लिखा –"आप सब कुछ करने में सक्षम हैं। इससे कोई फर्क नहीं पड़ता कि आप कहां से हैं और कहां से शुरुआत की है, हर कोई कहीं न कहीं से शुरुआत करता है।"

सैन्य चिकित्सकों को प्रशिक्षण देती हैं हरप्रीत चंडी

कैप्टन हरप्रीत चंडी ब्रिटिश सेना में क्लीनिकल ट्रेनिंग (फीजियोथेरापीस्ट)आफिसर हैं और उत्तर-पश्चिम इंग्लैंड के मेडिकल रेजिमेंट में तैनात हैं। उनका प्रारंभिक काम सैन्य चिकित्सकों के लिए शिविर का आयोजन कर उन्हें प्रशिक्षित करना है। उन्होंने लंदन में रहते हुए क्वीन मैरीज यूनिवर्सिटी से स्पोर्ट्स एंड एक्सरसाइज मेडिसिन में स्नातकोत्तर किया हैं। एक एथलीट के रूप में उन्होंने मैराथन व अल्ट्रा मैराथन में हिस्सा लिया है और सैन्य अधिकारी के रूप में कई प्रशिक्षण प्राप्त किए हैं। वह नेपाल व केन्या के साथ-साथ दक्षिण सूडान में संयुक्त राष्ट्र की शांति सेना में भी तैनात रही हैं। सत सत नमन है ऐसी साहसी और बहादुर नारी को ।

9

अर्पणा कुमार
(भारतीय पुलिस
सेवा)

"एक महिला पुरुष से उतनी ही श्रेष्ठ है जितना अंधेरे से प्रकाश।"

देश की बेटियां दुनिया भर में भारत का मान-सम्मान बढ़ा रही हैं। इसी कड़ी में यूपी कैडर की आईपीएस अधिकारी अपर्णा कुमार ने दक्षिणी ध्रुव पर सफलतापूर्वक पहुंचकर नया कीर्तिमान रचा है। उत्तराखंड के देहरादून में आईटीबीपी की डीआईजी पद पर तैनात अपर्णा ने दक्षिणी ध्रुव पर देश और आईटीबीपी का झंडा फहराया। वह 30-35 किग्रा वजन लेकर बर्फ पर 179 किलोमीटर की दुर्गम यात्रा कर दक्षिणी ध्रुव पर पहुंचने वाली देश की पहली महिला आईपीएस हैं।

अपर्णा ने 4 जनवरी 2019 को अंटार्कटिका के केंद्रीय आधार शिविर से चढ़ाई शुरू की थी और 13 जनवरी को भारतीय समयानुसार सुबह करीब 5 बजे वहां पहुंचीं। माइनस 50 डिग्री तापमान में स्नो ट्रेकिंग और स्कींइग करना बड़ी चुनौती था, लेकिन वह घबराए बिना आगे बढ़ती रहीं। वह प्रतिदिन 20-25 किमी दूरी तय करती थीं। उन्होंने दस सदस्यीय दल के साथ चढ़ाई की। उनके साथ दो विशेषज्ञ भी थे।

अभियान खत्म कर उन्हें जमीन तक पहुंचने में चार से पांच दिन लगे।

ये होंगे अगले अभियान

अपर्णा का अगला लक्ष्य उत्तरी अमेरिका के अलास्का में माउंट डेनाली है। इसके अलावा उनकी नजरें दुबारा दक्षिणी ध्रुव जाने पर भी हैं। इसके बाद वह एक्सप्लोरर्स ग्रैंड स्लैम का खिताब अपने नाम करेंगी। पूरी दुनिया में गिने-चुने लोग ही हैं, जिनके पास यह दोनों खिताब होंगे।

ये रही हैं उपलब्धियां

अपर्णा कुमार माउंट एवरेस्ट फतह करने वाली पहली महिला पुलिस अधिकारी हैं। दो बार असफल होने के बाद तीसरी बार में उन्होंने इस मुकाम को हासिल किया था, जिसे पाना हर पर्वतारोही का सपना होता है। वह अब तक विश्व के सात महाद्वीपों में से साउथ अमेरिका, एशिया, ऑस्ट्रेलिया, अफ्रीका, यूरोप और अंटार्कटिका के सबसे ऊंचे शिखर तक पहुंच चुकी हैं।

2002 बैच की आईपीएस हैं अपर्णा

अपर्णा कुमार 2002 बैच की यूपी कैडर की आईपीएस हैं। उनके पति 2002 बैच के आईएएस संजय कुमार हैं।

10

वैज्ञानिक मंगला मणि

"हमेशा याद रखना कि आप सबसे अलग हो बाकी सभी की तरह |"

56 साल की इस ISRO महिला वैज्ञानिक ने किया ऐसा काम, जानकार करेंगे आप भी सैल्यूट

ISRO की महिला वैज्ञानिक मंगला मणि नवंबर 2016 में 23 सदस्यीय दल के साथ मिशन पर अंटार्कटिका गई थीं| अंटार्कटिका जैसे बेहद ठंडे दुर्गम स्थान पर इसरो (ISRO) की महिला वैज्ञानिक मंगला मणि ने एक साल से अधिक समय बिताकर नया रिकॉर्ड कायम किया है | ऐसा करने वाली वह पहली भारतीय महिला बन गई हैं | उन्होंने इस बर्फीले महाद्वीप पर पूरे 403 दिन बिताए हैं | वह नवंबर 2016 में अपनी टीम के साथ अंटार्कटिका में मौजूद भारत के रिसर्च स्टेशन 'भारती' गई थीं

| वह 23 सदस्यों वाली इस शोध टीम की अकेली महिला सदस्य थीं | उनके हौसले और हिम्मत के कारण उन्हें नारी शक्ति का प्रत्यक्ष रूप कहा जा सकता है |

मिशन को बताया बड़ी चुनौती

मंगला के अनुसार वह दिसंबर 2017 में ही अंटार्कटिका से मिशन पूरा करके लौटी हैं | उन्होंने अंटार्कटिका के मिशन को काफी कठिन बताया | उनका कहना है कि वहां का मौसम बहुत सर्द और कठोर है | इस कारण वह और उनकी टीम के सदस्य रिसर्च स्टेशन से बाहर निकलते समय काफी सतर्क रहते थे | वहां हालात इतने जटिल होते हैं कि वे लोग 2 से 3 घंटे से अधिक बाहर नहीं रह सकते थे |इतनी देर बाहर रहने के बाद उन सभी को गर्मी लेने के लिए वापस स्टेशन में लौटना ही पड़ता था |

अकेली महिला थीं

2016-17 के दौरान मंगला अकेली भारतीय महिला वैज्ञानिक थीं जो अंटार्कटिका में मौजूद भारतीय रिसर्च स्टेशन भारती पर गईं थीं | वहां पहले से मौजूद चीन और रूस के रिसर्च स्टेशन की टीम में भी कोई महिला शामिल नहीं थी | ऐसे में वह उस मिशन पर अकेली महिला थीं | मंगला के अनुसार इस मिशन पर जाने से पहले उनकी और उनकी टीम का शारीरिक जांच व मानसिक जांच हुई थी |

परखी गई शारीरिक क्षमता

अंटार्कटिका जाने से पहले मंगला और उनकी टीम की शारीरिक क्षमताओं का परीक्षण भी किया गया था | इसके लिए दिल्ली के एम्स में उन्हें कई मेडिकल जांचों से भी गुजरना पड़ा था | इसके बाद उनकी शारीरिक क्षमताओं को परखने और जांचने के लिए उन्हें उत्तराखंड के ऑली और बद्रीनाथ ले जाया गया | जहां उन सभी को अंटार्कटिका के मिशन के लिए तैयार किया गया | इस दौरान सभी को टीम भावना के साथ काम करने के लिए भी तैयार किया गया था |

ऐसा है भारती रिसर्च स्टेशन

अंटार्कटिका पर भारत का रिसर्च स्टेशन भारती पूर्वी तट पर स्थित है | यह अंटार्कटिका पर भारत का तीसरा रिसर्च केंद्र है | साथ ही मौजूदा

समय में दो सक्रिय भारतीय रिसर्च केंद्रों में से एक है | इसके अलावा मैत्री नामक रिसर्च स्टेशन वहां मौजूद है | वहीं दक्षिण गंगोत्री नामक रिसर्च फैसिलिटी को सप्लाई बेस के रूप में इस्तेमाल किया जा रहा है | इसके वहां स्थापित होने के साथ ही भारत उन नौ देशों में शामिल हो गया है, जिनके वहां एक से अधिक रिसर्च स्टेशन मौजूद हैं | भारती में समुद्री शोध और अंटार्कटिका के भूभाग पर शोध किया जाता है |

ग्लोबल वार्मिंग

दिनों-दिन ग्लोबल वार्मिंग का असर बढ़ने से पर्यावरण असंतुलन का खतरा भी गहराता जा रहा है | हाल ही में अंटार्कटिका प्रायद्वीप में लक्जमबर्ग के आकार से भी दोगुने बड़े आइसबर्ग का टूटना इस बात का सबूत है | टूटा हुआ ये आइसबर्ग अब वेडेल सी में तैर रहा है | लार्सन सी से टूटकर अलग हुए इस आइसबर्ग का वजन एक खरब टन है | ये आंकड़े वैज्ञानिकों ने इस इलाके से सैटेलाइट के जरिए निकाले हैं |

अंटार्कटिका का 98 फीसदी हिस्सा बर्फ से ढका हुआ है | शोधकर्ताओं का कहना है कि आइसबर्ग टूटने से अंटार्कटिका का आकार ही बदल गया है | लार्सन सी बर्फ की चट्टान से 5800 वर्ग किलोमीटर का हिस्सा अलग हो जाने से इसका आकार 12 फीसदी छोटा हो गया है | ये टूटा हुआ हिस्सा दिल्ली से 4 गुना बड़ा है| इसमें अमेरिका के न्यूयॉर्क जैसे 7 शहर समा सकते हैं |

11

पन्ना धाय माँ

"भगवान और धरती माँ के बाद अगर किसी में सृजन शक्ति है तो वह माँ है।"

एक माँ का प्यार ही सब कुछ होता है। यह वही है जो एक बच्चे को इस दुनिया में लाती है। यह वही है जो उसके पूरे अस्तित्व को ढालती है। जब भी एक माँ अपने बच्चे को खतरे में देखती है, तो वह सचमुच कुछ भी करने में सक्षम हो जाती है। एक माँ का प्यार मनुष्य के लिए सबसे मजबूत ऊर्जा है।

हर एक के जीवन में माँ ही एक ऐसी होती है जो हमारे दिल में किसी और की जगह नहीं ले सकती है। वो प्रकृति की तरह है जो हमेशा हमको देने के लिए जानी जाती है, बदले में बिना कुछ हमसे लिए निःस्वार्थ प्रेम करती है। हम उसे जीवन के पहले पल से देखते हैं जब इस दुनिया में हम अपनी आंखे खोलते हैं, जब हम बोलना शुरू करते हैं तो हमारा पहला शब्द होता है – माँ। इस धरती पर वो हमारा पहला प्यार, पहली शिक्षक और सबसे पहली दोस्त होती है।

जब हम पैदा होते हैं तो हम कुछ नहीं जानते और कुछ भी करने लायक नहीं होते तब ये माँ ही होती है जो हमें अपनी गोद में बड़ा करती है, वो हमें इस काबिल बनाती है कि हम दुनिया को समझ सकें और कुछ भी कर सकें। वो हमेशा हमारे लिए उपलब्ध रहती है। ईश्वर की तरह हमारी परवरिश करती है। अगर इस धरती पर कोई भगवान है तो,

वो हमारी माँ है | कोई भी हमें माँ की तरह प्यार और परवरिश नहीं कर सकता है और कोई भी उसकी तरह अपना सब कुछ हमारे लिए बलिदान नहीं कर सकता | वो हमारे जीवन की सबसे बेहतरीन इंसान होती है जिसकी जगह कोई भी नहीं ले सकता |

जिस तरह प्रकृति हमें हवा, पानी , सूर्य की रोशनी बिना मांगे देती है उसी तरह माँ भी हमें अपना नि:स्वार्थ प्यार देती है | माँ प्रकृति का अनोखा उपहार है जिसे बदला नहीं जा सकता | इस धरती पर वो इकलौती इंसान है जो कभी भी अपने बच्चों का बुरा नहीं चाहती |

एक ऐसी ही माँ थी – "पन्ना धाय माँ" जिसके बलिदान की कहानी भारतीय इतिहास में दर्ज है | पन्ना धाय माँ की कहानी लिखने के पहले इसकी ऐतिहासिक पृष्ठभूमि को भी जान लेते हैं |

राजस्थान के मेवाड़ का गुहिल राजवंश भारत का सबसे प्राचीन राजवंश था | यह ईक्ष्वाकुओं के रघुवंशियों की प्राचीन परंपरा से निकला था तथा इसकी स्थापना छठवीं शताब्दी में गुहिल नामक राजा ने की थी | आठवीं शताब्दी ईस्वी में इस वंश के राजकुमार बप्पा रावल ने मौर्यों से चित्तौड़ का दुर्ग प्राप्त किया था | तब से चित्तौड़ और गुहिल एक दूसरे के पर्यायवाची हो गए |

मेवाड़ का गुहिल राजवंश अपनी आन, बान, एवं शान के लिए प्रसिद्ध था | इसी वंश के राजा खुमांण ने आठवीं शताब्दी ईस्वी में अरब से आई खलीफा अलमामून की सेनाओं को मार भगाया था | 15 वीं शताब्दी में महाराणा कुंभा ने लगभग आधा उत्तरी भारत जीतकर शिल्प-कला एवं संगीत-कला की अभूतपूर्व सेवा की थी |

इसी वंश के महाराणा सांगा का एक बड़ा भाई था –पृथ्वीराज | वह अत्यंत वीर , साहसी एवं योग्य राजकुमार था | उसी को मेवाड़ का अगला महाराणा बनना था किन्तु दुर्भाग्य से उसे सिरोही के राजा जगमाल ने विष खिला कर मार डाला | पृथ्वीराज की मृत्यु के पश्चात उनके छोटे भाई महाराणा सांगा ने मेवाड़ की गद्दी संभाली |

पृथ्वीराज की एक मुंह लगी दासी थी जिससे एक पुत्र भी था इस पुत्र का नाम था- बनवीर | बनवीर ही इस कहानी का खलनायक है | परंतु इसकी कहानी लिखने के पहले मेवाड़ के घटित घटनाक्रम को भी जान

लेते हैं |

मेवाड़ के राजवंश में सोलहवीं शताब्दी में महाराणा सांगा का जन्म हुआ | मीराबाई इन्ही महाराणा सांगा के बड़े पुत्र भोजराज की पत्नी थी | जब 1526 ईस्वी में मुगल बादशाह बाबर ने समरकन्द से आकर भारत पर आक्रमण किया तब उत्तरी भारत में महाराणा सांगा सबसे बड़ी हिन्दू शक्ति थी |

सन 1528 में जब बाबर ने महाराणा सांगा को ललकारा तो सांगा उत्तरी भारत के लगभग समस्त हिन्दू राजाओं को एकत्रित करके बाबर से लड़ने के लिए खानवा के मैदान में पहुंचे | दोनों पक्षों में भीषण युद्ध हुआ किन्तु दुर्भाग्यवश महाराणा सांगा इस युद्ध में घायल होकर वीरगति को प्राप्त हो गए | इस युद्ध के बाद मेवाड़ बुरी तरह कमजोर हो गया |

महाराणा सांगा की 28 पत्नियाँ थीं जिनमें से पहली पत्नी धनकंवर जोधा का पुत्र रत्नसिंह मेवाड़ का नया महाराणा बना | उसमें अपने पिता महाराणा सांगा जैसी दूरदृष्टि नहीं थी |

महाराणा सांगा की दूसरी पत्नी कर्मवती के दो पुत्र थे – विक्रमादित्य और उदयसिंह | खानवा की लड़ाई के बाद महाराणा सांगा की पत्नी कर्मवती अपने 11 वर्षीय पुत्र विक्रमादित्य और 6 वर्षीय पुत्र उदय सिंह को लेकर रणथंभौर चली गई जो कि 60 लाख रुपये वार्षिक आय की विशाल जागीर थी | महाराणा रत्न सिंह से यह सहन नहीं होता था कि उसके सौतेले भाईयों विक्रमादित्य एवं उदयसिंह के पास 60 लाख रुपये की विशाल जागीर और रणथंभौर जैसा किला रहे | रणथंभौर की जागीर छीनने के लिए उसने षड्यन्त्र रचा | इसके लिए जागीर के रक्षक राव सूरजमल को रास्ते से हटाना आवश्यक था | महाराणा रत्न सिंह ने राव सूरजमल को जंगल में शिकार के बहाने बुलाया और उन पर हमला कर दिया | दोनों में युद्ध हुआ और दोनों ही मारे गए | इस तरह चित्तौड़ की राजगद्दी फिर खाली हो गई |

चित्तौड़ की राजगद्दी रिक्त हो जाने के कारण महाराणा सांगा की विधवा रानी कर्मवती अपने 14 वर्षीय पुत्र विक्रमादित्य और 9 वर्षीय पुत्र उदय सिंह को लेकर वापस चित्तौड़ आ गई तथा उनका बड़ा पुत्र

विक्रमादित्य मेवाड़ का महाराणा बना | विक्रमादित्य एक अयोग्य राजा सिद्ध हुआ | इसी बीच गुजरात के सुल्तान बहादुरशाह ने मेवाड़ पर आक्रमण कर दिया | राजमाता कर्मवती जानती थी की इस समय चित्तौड़ बहुत कमजोर हो चुका है और वह बहादुरशाह के आक्रमण का मुकाबला विक्रमादित्य नहीं कर पाएगा | उन्होंने विक्रमादित्य एवं राजकुमार उदय सिंह को फिर से वापस रणथंभौर भेज दिया तथा मुट्ठी भर विश्वस्त सरदारों के सहारे बहादुरशाह का रास्ता रोका | मेवाड़ के सरदारों की हार हुई और बहादुरशाह ने चित्तौड़ दुर्ग को आग के हवाले कर दिया |

कुछ दिनों बाद बाबर के पुत्र बादशाह हुमायूं ने बहादुरशाह पर आक्रमण किया | इससे बहादुरशाह अपने कुछ सिपाहियों को चितौड़ में छोड़कर पूर्तगालियों से सहायता प्राप्त करने के लिए दीव गया | जब बहादुरशाह नाव में समुद्र में यात्रा कर रहा था, तब समुद्र में तूफान आ जाने से उसकी नाव पलट गई और वह डूब कर मर गया |

विक्रमादित्य के लिए मेवाड़ की गद्दी पुन: प्राप्त करने का सुनहरा अवसर था | वह अपने छोटे भाई उदय सिंह को लेकर वापस चित्तौड़ आया और थोड़े से मेवाडी सैनिकों के बल पर बहादुरशाह के सैनिकों को मार डाला और फिर से चित्तौड़ के दुर्ग पर अधिकार प्राप्त कर लिया | परंतु सात आठ साल के अंतराल में शक्तिशाली चित्तौड़ अत्यंत निर्बल हो गया था | महाराणा विक्रमादित्य मुट्ठी भर सैनिकों और सामंतों के सहारे निर्बल चितौड़ पर शासन करता था |

विक्रमादित्य के निर्बल शासन को देखकर दासी पुत्र बनवीर के मन में चित्तौड़ की गद्दी पर शासन करने की इच्छा हुई | दासी पुत्र बनवीर अंत्यन्त महत्वाकांक्षी और बुरे स्वभाव का व्यक्ति था | उसने चितौड़ एवं महाराणा को निर्बल जानकर 1536 में महाराणा विक्रमादित्य को मारने एवं स्वयं को चित्तौड़ का स्वामी बनने का षड्यन्त्र किया | एक रात बनवीर खुली तलवार लेकर महाराणा विक्रमादित्य के महल में घुस गया और उसने महाराणा विक्रमादित्य की हत्या कर दी |

जिस समय महाराणा विक्रमादित्य की हत्या हुई उस समय महाराणा का छोटा भाई उदय सिंह लगभग 14 साल का था तथा अपनी माता कर्मवती के जीवित नहीं होने के कारण पन्ना धाय माँ के सरंक्षण

मे रहा करता था |पन्ना धाय मेवाड़ राजकुल की राजधात्री थी और उसका वास्तविक नाम पन्ना गूजरी था | उस काल में गूजर जाति की स्वस्थ , सुंदर एवं युवा माताओं को राजधात्री बनाया जाता था | पन्ना का जन्म चित्तौड़गढ़ के निकट 'माताजी की पांडोली' नामक गाँव में हुआ था | उसके पिता का नाम हरचंद हाँकला तथा पति का नाम सूरजमल चौहान था जो कि कामेरी गाँव का रहने वाला था | पन्ना को महाराणा सांगा के पुत्र उदय सिंह की धाय नियुक्त किया गया था | धाय का अर्थ है दूसरे के बच्चे को अपना दूध पिलाने या उसकी देख-रेख करने वाली स्त्री |

महाराणा विक्रमादित्य की हत्या के बाद बनवीर राजकुमार उदय सिंह की हत्या करने के लिए तलास करने लगा | इसी बीच किसी ने पन्ना धाय को सूचना दी कि बनवीर यहाँ भी आ सकता है | तब आसन्न खतरे को भाँपकर पन्ना ने राजकुमार उदयसिंह को एक विश्वस्त सेवक के साथ महल से बाहर भेज दिया और अपने पुत्र चंदन को राजकुमार उदय सिंह के पलंग पर सुला दिया | बनवीर उदय सिंह की हत्या करने के लिए महल में पहुंचा और उसने पन्ना से पूछा कि उदय सिंह कहाँ है ? पन्ना, राजकुमार के पलंग पर सोये अपने पुत्र की ओर संकेत किया | बनवीर ने सोये हुए पसंना धाय के पुत्र को राजकुमार समझ कर उसके सीने में तलवार घोंप दी और उस पुत्र का जेवण समाप्त हो गया | अब बनवीर के लिए राजगद्दी का रास्ता साफ था | वह स्वयं मेवाड़ का महाराणा बनकर शासन करने लगा |

एक माँ के लिए अपने ही पुत्र की हत्या होते हुए देखकर कितना दुख हुआ होगा यह कल्पना से परे है | परंतु अपनी स्वामीभक्ति के लिए पन्ना धाय माँ ने अपने पुत्र का बलिदान कर दिया | ऐसा उदाहरण इतिहास में कहीं नहीं मिलता है | यही वजह है कि पन्ना धाय माँ का नाम आज भी बड़े गर्व से लिया जाता है|

बनवीर के जाने के बाद पन्ना भी चित्तौड़ के महलों से निकल गई और राजकुमार उदय सिंह को लेकर कुंभलगढ़ पहुंची | कुंभलगढ़ का कीलेदार आशा देपुरा नामक एक महाजन था | वह भी बनवीर से भयातुर था | परंतु उसने अपनी माँ के समझाने पर राजकुमार उदय सिंह को सुरक्षा प्रदान की | उसने मेवाड़ के समस्त सरदारों को कुंभलगढ़ आने के

लिए आमंत्रित किया | समस्त सरदारों ने मिलकर राजकुमार उदय सिंह को मेवाड़ का नया महाराणा स्वीकार कर लिया और उसे राजगद्दी पर बैठाकर उसका तिलक किया | इसके बाद मेवाड़ के समस्त सरदारों ने अपनी अपनी सेना लेकर चित्तौड़ पर आक्रमण कर दिया और चित्तौड़ पर अधिकार कर लिया | अंतत: बनवीर मारा गया |

इस प्रकाय पन्ना धाय माँ के अदम्य साहस, स्वामिभक्ति एवं पुत्र बलिदान के कारण ही मेवाड़ राजवंश की रक्षा हुई | महाराजा उदय सिंह के पुत्र महाराणा प्रताप थे जिन्होंने अकबर जैसे मुगल बादशाह से भीषण टक्कर ली और राष्ट्र की स्वतंत्रता और स्वाभिमान का प्रतीक बन गए | राजस्थान का उदयपुर शहर महाराजा उदय सिंह ने ही बसाया था | यहाँ यह विचारणीय है कि एक स्त्री ने माँ के रूप में अपने पुत्र का बलिदान दे दिया और उस बलिदान का प्रभाव भारतवर्ष में आने वाली पीढ़ियों तक रहा | पन्ना धाय माँ को कोटिश: प्रणाम |

12

माँ जीजा बाई

“माँ सबसे महान शिक्षक है , दया और प्यार की प्रतिमूर्ति है |”

माँ जीजाबाई ने अपने बेटे शिवा से कहा,

“ धिक्कार है तुम्हें बेटा शिव ! अपने आपकोमेरा बेटा कहना छोड़ दो , और चूड़ियाँ पहनकर घर में बैठो | मैं स्वयं फौज के साथ सिंहगढ़ के दुर्ग पर आक्रमण करूंगी और विदेशी झंडे को उतार फेंकूंगी |”

छत्रपति शिवाजी की माँ जीजाबाई के इन चुनौतीपूर्ण शब्दों में इतनी ताकत थी जिसने “शिवा” को छत्रपती शिवाजी महाराज बना दिया | वो भारत के एक महान योद्धा साबित हुए | आइए जानते हैं शिवाजी की माँ जीजाबाई के जीवन के बारे में |

****

जीजाबाई का जन्म 1594 में महाराष्ट्र के एक गाँव सिंहखेड़ में हुआ था | उनके पिता अहमदनगर (महाराष्ट्र) के निजाम शाही दरबारी और प्रमुख मराठा सरदार थे, जिनका नाम लखुजी जाधवराव और उनकी माता का नाम म्हालसा बाई था | जीजाबाई की शादी 6 साल की उम्र में मोलाजी भोसले के पुत्र शाहजी भोसले से हो गई थी |

मोला जी भोसले बीजापुर ,(कर्नाटक) के सुल्तान के दरबार में सेनापति थे | कालांतर में जीजाबाई के पति शाहजी भोसले भी उसी दरबार में राजनयिक नियुक्त हुए और बीजापुर के महाराज ने शाहजी की मदद से अनेक युद्धों में विजय प्राप्त की | बीजापुर के सुल्तान ने

खुश होकर उन्हे अनेक जागीरें तोहफे में दी थी | उन्ही तोहफों में एक जागीर शिवनेरी का दुर्ग भी शामिल था | इसी किले में जीजाबाई ने शिवाजी को जन्म दिया था | जन्म के समय शिवाजी के पिता शाहजी भोसले वहाँ नहीं थे | उन्हे मुस्तफाखां ने बंदी बना लिया था | 12 वर्ष बाद शाहजी और शिवाजी की भेंट हुई|

शिवाजी महाराज को शक्तिशाली योद्धा बनाने में जिस व्यक्ति का सबसे बड़ा योगदान था, वो थी उनकी माँ जीजाबाई | उनकी माँ जीजाबाई ने शिवाजी के लिए प्रशिक्षकों का एक दल बनाया था जो उन्हे हर तरह का प्रशिक्षण देता था और उनकी देखरेख करता था | उनमें एक काबिल ब्राह्मण दादाजी कोंडदेव थे जो उन्हे एक कुशल प्रशासक बनाया |शिवाजी के चरित्र निर्माण में गुरू रामदास की शिक्षा का भी प्रभाव था | रामदास शिवाजी के आध्यात्मिक पथ प्रदर्शक थे | रामदास ने मराठों को संगठित करने और जननी एवं जन्मभूमि की रक्षा करने का संदेश दिया था | उन्होंने धर्म, गाय ब्राह्मण की रक्षा करने की शिक्षा दी थी | माँ, सरंक्षक और गुरू के आदर्शों से प्रेरणा पाकर शिवाजी धीरे धीरे साहसी और निर्भीक योद्धा बना गए | वे राष्ट्र निर्माण का स्वप्न देखने लगे | वो विदेशी सत्ता से मातृ भूमि को मुक्त करने का संकल्प ले चुके थे |

बाल्यकाल में माता के द्वारा जिन आदर्शों का पालन करने की शिक्षा उन्हे दी गई थी, उनका व्यवहारिक जीवन में अक्षरश : पालन कर उन्होंने माता के प्रति असीम भक्ति का परिचय दिया था | माँ स्वयं उनके अंदर वीरता के बीज रोपित करती रही | उन्हे महाभारत, रामायण और वीरों की कहानियाँ सुनाती थीं |

शिवाजी का बचपन उपेक्षित रहा और वे सौतेली माँ के कारण बहुत दिनों तक पिता के संरक्षण से वंचित रहे | उनके पिता शाहजी भोसले अपनी दूसरी पत्नी तुकाबाई मोहिते पर अधिक आसक्त थे और जीजाबाई उपेक्षित और तिरस्कृत जीवन व्यतीत कर रही थी, परंतु उच्च कुल में उत्पन्न असाधारण प्रतिभा सम्पन्न महिला थीं | जीजाबाई यादव वंश की थीं और उनके पिता एक शक्तिशाली सामंत थे| वह धार्मिक प्रवृति की थीं | उन्होंने अपने पुत्र को हिन्दू धर्म के आदर्श पुरुषों की गाथा सुनाकर बचपन से ही उसे महान बनने की प्रेरणा देतीं थी |

बचपन मे माँ ने पुत्र का चरित्र निर्माण करने में आधारशिला का काम किया | ऐसी माताएं विरले ही होती हैं |

वैसे तो जीजाबाई और शाहजी भोसले का वैवाहिक जीवन सुखद था लेकिन उनके परिजनों की आपसी टकराहट ने तनाव को जन्म दिया | शाहजी भोसले और उनके ससुर लखुजी जाधवराव के आपसी रिश्ते बिगड़ गए | हालात इतने बिगड़ चुके थे कि जीजाबाई पूरी तरह टूट गई थी | उन्हे अपने पति और पिता में से एक का पक्ष लेना था | उन्होंने पति का साथ दिया |

विवाद का कारण था – जीजाबाई के पिता अहमदनगर(महाराष्ट्र) के शासक अहमदशाह के अधीन सामंत थे | वे अपने दामाद शाहजी भोसले से बदला लेना चाहते थे जो बीजापुर(कर्नाटक) के सुल्तान निजामशाह के सेनापति थे | जीजाबाई के पिता बीजापुर के निजामशाही के खिलाफ दिल्ली के मुगलों से दोस्ती कर ली थी |जीजाबाई अपने पति के साथ शिवनेरी के किले में ही रही और अपने पति के प्रति अपनी प्रतिबद्धता दिखाई | हालांकि उन्हे इस बात का दुख था कि उनके पिता और पति दोनों ही किसी और शासक के अधीन काम करते हैं | उनकी इच्छा थी कि मराठों का अपना स्वतंत्र साम्राज्य स्थापित हो |

शिवाजी अपनी माँ को अपनी मित्र, मार्गदर्शक और प्रेरणास्रोत मानते थे | यही वजह है की शिवाजी बहुत कम उम्र में ही समाज एवं अपने कर्तव्यों को समझ गए थे | अपनी मां के मार्गदर्शन ने उन्होंने हिन्दू साम्राज्य स्थापित करने की शुरुआत छोटी उम्र मे ही कर दी थी |जीजाबाई मराठा साम्राज्य के लिए अपने पुत्र शिवाजी को ऐसी कहानियाँ सुनाया करती थी जिनसे उन्हे अपने धर्म और अपने कर्म का ज्ञान हुआ | यही वजह है कि शिवाजी ने 16 वर्ष की आयु में मराठा सेना का गठन किया और अनेक पराक्रमियों से लोहा लिया और विजय प्राप्त की |

जीजाबाई को एक प्रभावी और प्रतिबद्ध महिला के तौर पर जाना जाता है , जिसके लिए आत्मसम्मान और उनके मूल्य सर्वोपरि थे |अपनी दूरदर्शिता के लिए प्रसिद्ध जीजाबाई खुद एक योद्धा और प्रशासक थी | उन्होंने बढ़ते शिवाजी में अपने गुणों का संचार किया|

शिवाजी में कर्तव्य भावना, साहस और मुश्किल परिस्थितियों का सामना साहस के साथ करने के लिए मूल्यों का संचार किया| उनकी देख-रेख और मार्गदर्शन में शिवाजी ने मानवीय रिश्तों की अहमियत समझी, महिलाओं का मान -सम्मान, धार्मिक सहिष्णुता, और न्याय के साथ ही अपने राष्ट्र के प्रति प्रेम और महाराष्ट्र की आजादी की इच्छा बलवती हुई|

जीजाबाई और शाहजी की आठ संताने हुई | दो लड़के और छह बेटियाँ | शिवाजी उनके दो बेटों में से एक थे | वह हमेशा भगवान से प्रार्थना करती थी कि उन्हे एक ऐसा बेटा मिले जो मराठा साम्राज्य की नींव रख सके | उनकी प्रार्थनाओं का जवाब शिवाजी के तौर पर मिला, जिन्होंने मराठा साम्राज्य की स्थापना की |

माँ की शिक्षा और संस्कार के फलस्वरूप शिवाजी एक महान योद्धा बने |शिवाजी ने महाराष्ट्र के पश्चिमी तट पर रहने वाले आदिवासी मावली और कोली जाति के युवाओं को इकट्ठा कर छापामार सैनिकों का एक दल तैयार किया | ये लोग अच्छे योद्धा साबित हुए |छत्रपति शिवाजी ने ही इन्हे संगठित कर भारत में पहली बार गुरिल्ला युद्ध का आरंभ किया और मुगल शासन के खिलाफ इस युद्ध नीति को अपनाकर मुगलों से युद्ध किया और कई किले छीन लिए मराठा साम्राज्य की नींव राखी और अपने राज्य का विस्तार किया |उनकी इस युद्ध नीति से प्रेरित होकर ही वियतनामियों ने अमेरिका से जंग जीत ली थी | अमेरिका वियतनाम से 20 वर्षों तक युद्ध करता रहा पर अंततः उसे हार का सामना करना पड़ा |गोरिल्ला युद्ध एक प्रकार का छापामार युद्ध होता है | इस युद्ध में शत्रु सेना पर छुपकर अचानक हमला किया जाता है |

****

-बचपन में शिवाजी अपनी आयु के बालक इकट्ठे कर उनके नेता बनकर युद्ध करने और किले जीतने का खेल खेला करते थे | युवावस्था में आते ही उनका ये खेल वास्तविक कार्य में बदल गया और वे शत्रु बनकर शत्रुओं पर आक्रमण कर उनके किले आदि भी जीतने लगे | जैसे ही शिवाजी ने पुरंदर और तोरण जैसे किलों पर अपना अधिकार जमाया,

वैसे ही उनकी वीरता और साहस के चर्चे पूरे देश में होने लगे , यह खबर आग की तरह आगरा और दिल्ली तक जा पहुंची | शिवाजी के बढ़ते प्रताप से आतंकित बीजापुर के शासक आदिलशाह जब शिवाजी को बंदी न बना सके तो उन्होंने शिवाजी के पिता शाहजी को गिरफ्तार किया | पता चलने पर शिवाजी ने नीति और साहस का सहारा लेकर छापामारी कर जल्द ही अपने पिता को इस कैद से आजाद कराया | बीजापुर के शासक ने शिवाजी को जीवित अथवा मुर्दा पकड़ लाने का आदेश देकर अपने सेनापति अफजल खां को भेजा | उसने भाईचारे व सुलह का झूठा नाटक रचकर शिवाजी को अपनी बाँहों के घेरे में लेकर मारना चाहा, पर समझदार शिवाजी ने हाथों में छिपा कर रखे बघनखे से उसकी अँतड़ियाँ चीर डाली और अफजल खां का काम तमाम हो गया |

शिवाजी की बढ़ती हुई शक्ति से चिंतित होकर मुगल बादशाह औरंगजेब ने दक्षिण में नियुक्त अपने सूबेदा को उन पर चढ़ाई करने का आदेश इया | लेकिन सूबेदार को मुंह की कहानी पड़ी | शिवाजी लड़ाई के दौरान उसने अपने पुत्र को खो दिया और खुद उसकी अंगुलियाँ कट गई और उसे मैदान छोड़कर भागना पड़ा | इस घटना के बाद औरंगजेब ने अपने सबसे प्रभावशाली सेनापति मिर्जा राजा जयसिंघ के नेतृत्व में शिवाजी को कुचलने के लिए लगभग 100000 सैनिकों की फौज भेजी | राजा जयसिंह ने बीजापुर के सुल्तान से भी संधि कर ली और 24 अप्रैल 1665 को पुरंदर के किले वज्र गढ़ पर अधिकार कर लिया |पुरंदर के किले को बचा पाने में अपने को असमर्थ जानकार शिवाजी ने महाराजा जय सिंह से 22 जून 1665 को संधि कर ली | इस संधि की शर्तों के अनुसार महाराष्ट्र और कर्नाटक के बहुत से हिस्सों में शिवाजी का शासन हो गया |

शिवाजी अपनी सभी सफलताओं का श्रेय अपनी माँ को देते थे, जो उनके लिए प्रेरणास्रोत थी | उनकी माँ ने अपनी पूरी जिंदगी अपने बेटे शिवाजी को मराठा साम्राज्य का महानतम शासक बनाने पर लगा दी |

जीजाबाई रानी बनने के बाद पूना चली गई, वहाँ अपने पति की जागीर की देखरेख करने लगी | शिवाजी उनके साथ ही थे | जब सन 1666 में शिवाजी आगरा के लिए रवाना हुए , जीजाबाई ने राज्य का

कामकाज देखने की जिम्मेदारी ली थी | उसके बाद जीजाबाई की जिंदगी में कई उतार-चढ़ाव आए | पति और बड़े बेटे संभाजी की मृत्यु हो गई , फिर भी उन्होंने धैर्य नहीं खोया | अपने बड़े भाई संभाजी और पिता शाहजी भोसले की हत्या का बदला शिवाजी ने लिया और अफजल खां को मौत के घाट उतार दिया था | शिवाजी ने अपने बड़े भाई की यादगार में अपने बेटे का नाम भी संभाजी रखा था |

शिवाजी की कई यादगार जीत रही , जिनमें तोरणगढ़ किले पर जीत, मुगलों की नजरबंदी से निकलकर भाग निकलना| तानाजी, बाजी प्रभु और सूर्याजी जैसे योद्धाओं के साथ मिलकर शिवाजी कई मोर्चों पर जीत हासिल करते गए | यह सभी साहसिक कार्य जीजाबाई की प्रेरणा से सम्पन्न हुए थे | वह शिवाजी और उनकी साथियों की सफलता देखकर गर्वित होती थी |

****

जब भी जीजाबाई सिंह गढ़ के किले पर मुगलों के झंडे को देखती थीं, तब उनका कलेजा दुख से भर जाता था |एक दिन उन्होंने शिवाजी को अपने पास बुलाया और कहा,

"बेटा शिवा ! तुम्हें किसी भी कीमत पर सिंहगढ़ जीतना है | वह यहीं नहीं रुकी, उन्होंने शिवाजी के अंदर जोश भरते हुए कहा, बेटा अगर तुमने इसके ऊपर लहराते हुए विदेशी झंडे को उतार कर नहीं फेंका , तो कुछ भी नहीं किया | मैं तुम्हें उसी समय अपना पुत्र समझूँगी, जब तुम ऐसा करने में सफल होगे |"

उस समय शिवाजी इतने परिपक्व नहीं थे | उन्होंने जीजाबाई के सामने सिर झुकाते हुए कहा,

"माता ! मुगलों की सेना हमारी तुलना में बहुत विशाल है | हमारी मौजूदा स्थिति भी उनकी तुलना में कमजोर है | ऐसे में उनसे युद्ध करना और सिंहगढ़ से उनका झण्डा उतारना आसान नहीं होगा | यह एक कठिन लक्ष्य है |"

शिवाजी का यह जवाब जीजाबाई स्वीकार नहीं था | वो आवेश में आ गई और गुस्से में कहा,

"धिक्कार है तुम्हें बेटा शिव! अपने आपको मेरा बेटा कहना छोड़ दो | तुम चूड़ियाँ पहनकर घर में बैठो | मैं स्वयं फौज के साथ सिंह गढ़ के दुर्ग पर आक्रमण करूंगी और विदेशी झंडे को उतार फेंकूंगी |"

माँ की बातें सुनकर शिवाजी लज्जित हो गए| उन्होंने सबसे पहले अपनी माँ से क्षमा मांगी, फिर बोले ,

"माता, मैं तुम्हारी यह इच्छा जरूर पूरी करूंगा, चाहे जो कुछ हो जाए |"

अगले ही पल उन्होंने तानाजी को बुलवाया और जंग की तैयारी करने के लिए कहा |शिवाजी के आदेश पर तानाजी सिंह गढ़ जीतने के लिए बढ़ गए और योजनाबद्ध तरीके से सैनिकों के साथ किले के नीचे इकट्ठे हुए | किले की दीवारें बहुत ऊंची और बिल्कुल सीधी थी | उस पर चढ़ाई मुश्किल थी, ऐसे में तानाजी ने सूझ बूझ से काम लिया और चार-पाँच सैनिकों के साथ किले की दीवार पर चढ़ना शुरू कर दिया |अंतत: तानाजी किले के नजदीक पहुंचने में सफल रहे | इसके बाद उन्होंने रस्सी की मदद से बाकी साथियों को भी किले के ऊपर बुला लिया | तानाजी सीधे मोर्चे पर विरोधी के साथ वीरता से लड़े और सिंहगढ़ पर अधिकार कर लिया, पर वे स्वयं वीरगति को प्राप्त हुए |

शिवाजी को जब यह समाचार मिला , तो उनकी आँखें नम हो गई | इस जीत के बाद उनके मुंह से बस यही निकला था कि 'गढ़ आला, पन सिंह गेला' यानी किला तो जीत लिया। लेकिन अपना शेर खो दिया |शिवाजी की यह जीत इतिहास के पन्नों में स्वर्णिम अक्षरों में दर्ज है |

जीजाबाई के बड़े पुत्र का नाम संभाजी था |अफजलखां के साथ एक युद्ध में शाहजी भोसले और संभाजी दोनों की मृत्यु हो गई |बेटे और पति की मृत्यु के बाद जीजाबाई ने पति के साथ सती होने की कोशिश की थी, पर शिवाजी ने उन्हे ऐसा करने से रोक दिया था|

जीजाबाई के स्वतंत्र मराठा साम्राज्य स्थापित करने का सपना उस समय पूरा हुआ, जब उनकी आँखों के सामने उनके बेटे 'शिव' का राज्याभिषेक समारोह सम्पन्न हुआ | सन 1674 में शिवाजी का राज्याभिषेक हुआ और मराठा साम्राज्य की नींव रखने वाले महाप्रतापी राजा बन गए | राज्याभिषेक के 12 दिन बाद 76 वर्ष की उम्र में 17 जून

1674 को जीजाबाई का निधन हो गया |

जीजाबाई एक आदर्श माँ थी जिन्होंने अपने शिक्षा और संस्कार से अपने बेटे शिवाजी को भारत का महान राजा बनाया | उनके इस योगदान के लिए उनका नाम आज भी इतिहास में अमर है |

13

आदर्श पत्नियाँ

"संसार को ममता, स्नेह और पुरुष को प्रेरणा, संघर्ष की शक्ति और जीवन भर का साथ एक नारी ही दे सकती है।"

प्राचीन भारत में महिलायें काफी उन्नत व सुदृढ़ थीं। समाज में पुत्र का महत्व था, पर पुत्रियों को समान अधिकार और सम्मान मिलता था। मनु ने भी बेटी के लिए संपत्ति में चौथे हिस्से का विधान किया। उपनिषद काल में पुरुषों के साथ स्त्रियों को भी शिक्षित किया जाता था। सह शिक्षा व्यापक रूप से दिखती है। लव-कुश के साथ स्त्रियाँ भी पढ़ती थी। नारी भी सैनिक शिक्षा लेती थी। महाभारत काल से नारी का पतन होना शुरू हुआ तो मध्यकाल आते-आते नारी पूरी तरह से पुरुषों की गुलाम, दासी और भोग्या बन गई।

हजारों भारतीय महिलाओं ने अपने कर्म, व्यवहार और बलिदान से विश्व में आदर्श प्रस्तुत किया है। प्राचीनकाल से ही भारत में पुरुषों के साथ महिलाओं को भी समान अधिकार और सम्मान मिला है। इसीलिए भारतीय संस्कृति और धर्म ने नारियों का महत्वपूर्ण स्थान रहा है। इन भारतीय महिलाओं ने जहां हिन्दू धर्म को प्रभावित किया वहीं इन्होंने संस्कृति, समाज और सभ्यता को नया मोड़ दिया। भारतीय इतिहास में इन महिलाओं के योगदान को कभी भी भूलाया नहीं जा सकता।

वर्तमान युग में यह प्रवृत्ति पूरी तरह से बदल रही है। वर्तमान युग में भारतीय परंपराओं की आलोचना करना, लीव इन रिलेशनशीप को

बढ़ावा देना, देर रात पार्टियों से शराब-सिगरेट पीकर घर लौटना, अन्य पुरुषों या स्त्रियों से संबंध रखना, समलैंगिक संबंधों की वकालत करना और तमाम तरह की तथाकथित पाश्चात्य संस्कृति का अनुसार करना अब प्रचलन में है |

अब पत्नियाँ मामूली आपसी झगड़े होने पर तलाक की मांग करती हैं | पति की आर्थिक स्थिति खराब होने या अक्षम होने पर तुरंत ही उसका साथ छोड़कर जाने के लिए तैयार हैं | पुरुष भी तुरंत एक्शन पर रिएक्शन लेने के लिए कमर कस रखी है | नतीजा- अदालतों में दिन प्रतिदिन तलाकों की बढ़ती संख्या | इन सबका कारण है –संस्कार विहीनता , भारतीय संस्कृति के प्रति उपेक्षा का भाव, और पाश्चात्य संस्कृति के प्रति झुकाव | भारतीय टी वी चैनल के सीरियल और रियलिटी शो ने आग में घी का काम किया है |

इस तथाकथित आधुनिकता के चलते भारत के अधिकतर परिवारों मे दरार पड़ गई है | तलाक के मामले बढ़ गए है | विवाह करने की उम्र अब 40 के पार जा रही है | बच्चे अब माता-पिता के होते हुए भी खुद को अनाथ महसूस कर रहे हैं | यही नहीं इसका व्यापक मनोविश्लेषण करने पर पता चलता है कि इस तरह की आधुनिकता ने महिलाओं के जीवन स्तर और खुशियों में इजाफा नहीं किया है बल्कि उनकी जिंदगी को बहुत ही सभ्य तरीके से बर्बाद करके रख दिया है | चिंता की बात है कि ऐसे लड़के-लड़कियां ढूँढना अब मुश्किल होता जा रहा है जिनकी नजरों में विवाह पूर्व-पश्चात दूसरों से यौन संबंध बनाना अनैतिक और संस्कृति के खिलाफ है | पाश्चात्य सोच का परिणाम भविष्य में इस देश और धर्म को तोड़ेगा ही नहीं बल्कि इसे एक अराजक हिंदुस्तान बनाकर छोड़ देगा |

पति तो अब शराब या अहंकार के नशे में धुत है, तो स्त्री का पतिव्रता होना भी अब दुर्लभ हो चला है | पाश्चात्य संस्कृति ने भारतीय स्त्रियों के दिमाग में यह बात डालने में सफलता हासिल कर ली है कि तुम गुलाम हो, तुम्हारा धर्म स्त्री स्वतंत्रता के खिलाफ है तो दूसरी ओर भारतीय युवा अब 'बीयर पार्टी संस्कृति ' को ही अपने जीवन का अंग समझने लगा है | अभी भारत की महिला और पुरुषों को और अच्छे तरीके से बर्बाद होने

या करने के सभ्य तरीके ईजाद होने वाले हैं | इस बीच हम जान लेते हैं भारत के उन प्राचीन आदर्श दाम्पत्य जीवन के बारे में जो आज भी याद किए जाते हैं |

सती

पुराणों के अनुसार भगवान ब्रह्मा के मानस पुत्रों में से एक प्रजापति दक्ष कश्मीर घाटी के हिमालय क्षेत्र में रहते थे | प्रजापति दक्ष की दो पत्नियाँ थी –प्रसूति और वीरणी | प्रसूति से दक्ष की चौबीस कन्याएं जन्मी और वीरणी से साठ कन्याएं | इस तरह दक्ष की 84 पुत्रियाँ और हजारों पुत्र थे |

राजा दक्ष की पुत्री सती की माता का नाम था प्रसूति | यह प्रसूति स्वयंभुव मनु की तीसरी पुत्री थी | सती ने अपने पिता की इच्छा के विरुद्ध कैलाश निवासी शंकर से विवाह किया था जिन्हे शिव भी कहा जाता है |

सती ने एक दिन कैलाशपति शिव के दर्शन किये और वह उनके प्रेम में पड़ गई और उन्होंने प्रजापति दक्ष की इच्छा के विरुद्ध शिव से विवाह कर लिया | दक्ष इस विवाह से संतुष्ट नहीं थे, क्योंकि सती ने अपनी मर्जी से एक ऐसे व्यक्ति से विवाह किया था जिसकी वेशभूषा और शक्ल दक्ष को बिल्कुल पसंद नहीं थी |

दक्ष ने एक विराट यज्ञ का आयोजन किया लेकिन उन्होंने अपने दामाद और पुत्री को यज्ञ में निमंत्रण नहीं भेजा | फिर भी सती अपने पिता के यज्ञ में पहुँच गई | लेकिन दक्ष ने पुत्री के आने पर उपेक्षा का भाव प्रकट किया और शिव के विषय में सती के सामने ही अपमानजनक बातें कही | सती के लिए अपने पति के विषय में अपमानजनक बातें सुनना हृदय विदारक और घोर अपमानजनक था | यह सब वह बर्दाश्त नहीं कर पाई और इस अपमान की कुंठावश उसने वहीं यज्ञ में कूद कर अपने प्राण त्याग दिए |

सती को दर्द इस बात का भी था कि वह अपने पति के मना करने बावजूद इस यज्ञ में चली आई थी और अपने दस शक्तिशाली (दस महाविद्या) रूप बताकर-डराकर पति शिव को इस बात के लिए विवश कर दिया था कि उन्हे सती को यज्ञ में जाने की आज्ञा देनी पड़ी | पति का

अपमान सती बर्दाश्त नहीं कर पाई और यज्ञ कुंड में कूद गई | बस यहीं से सती के शक्ति बनने की कहानी शुरू होती है|

यह समाचार सुनते ही शिव दुखी हो गए | शिव ने बीरभद्र को भेजा, जिसने दक्ष प्रजापति का सिर काट दिया | इसके बाद शिव ने दुखी होकर सती के शरीर को अपने शरीर पर धारण कर तांडव नृत्य किया | पृथ्वी समेत तीनों लोकों को व्याकुल देख कर भगवान विष्णु ने अपने सुदर्शन चक्र द्वारा सती के शरीर को शिव के शरीर से अलग करने के लिए सती के मृत शरीर के टुकड़े करने शुरू कर दिए |

इस तरह सती के शरीर का जो हिस्सा और धारण किए आभूषण जहां-जहां गिरे वहाँ-वहाँ शक्ति पीठ अस्तित्व में आ गए | देवी भागवत में 108 शक्तिपीठों का जिक्र है, तो देवी गीता में 72 शक्तिपीठों का जिक्र मिलता है | देवी पुराण में 51 शक्तिपीठों की चर्चा की गई है | वर्तमान में भारत में 51 शक्तिपीठ ही पाए जाते हैं, लेकिन कुछ शक्तिपीठों का पाकिस्तान , बांग्लादेश और श्रीलंका में होने के कारण उनका अस्तित्व खतरे में है |

पार्वती

दक्ष के बाद सती ने हिमालय के राजा हिमवान और रानी मैनावती के यहाँ जन्म लिया | मैनावती और हिमवान को कोई कन्या नहीं थी तो उन्होंने आदिशक्ति की प्रार्थना की | आदिशक्ति माता सती ने उन्हे उनके यहाँ कन्या के रूप में जन्म लेने का वरदान दिया | दोनों ने उस कन्या का नाम रखा – पार्वती | पार्वती अर्थात पर्वतों की रानी | इसी को गिरिजा, शैलपुत्री और पहाड़ों वाली रानी कहा जाता है |

माना जाता है कि जब सती के आत्मदाह के उपरांत विश्व शक्तिहीन हो गया | उस भयावह स्थित से दुखी महात्माओं ने आदि शक्ति देवी की आराधना की | तारक नाम दैत्य सबको परास्त कर त्रिलोक पर एकाधिकार जमा चुका था | ब्रह्मा ने उसे शक्ति भी दी थी और यह भी कहा था कि शिव के औरस पुत्र के हाथों मारा जाएगा |

शिव को शक्तिहीन और पत्नीहीन देखकर तारक आदि दैत्य प्रसन्न थे | देवतागण देवी की सरण में गए | देवी ने हिमवान की एकांत साधना से प्रसन्न होकर देवताओं से कहा,

"हिमवान के घर में मेरी शक्ति गौरी के रूप में जन्म लेगी | शिव उससे विवाह करके पुत्र को जन्म देंगे, जो तारक का वध करेगा|"

कालांतर में सती ने पुन: राजा हिमवान और मैनावती के घर एक पुत्री के रूप में जन्म लिया जिनका नाम रखा गया –पार्वती | पार्वती जब बड़ी हुई तो उन्होंने भगवान शिव को पति के रूप में प्राप्त करने के लिए और देवर्षि के कहने पर वन में तपस्या करने चली गई| भगवान शिव ने पार्वती के प्रेम की परीक्षा लेने के लिए सप्तऋषियों को पार्वती के पास भेजा |

सप्तऋषियों ने पार्वती के पास जाकर उन्हे हर तरह से यह समझाने का प्रयास किया कि शिव औघड़ , अमंगल वेशभूषाधारी और जटाधारी है | तुम तो महान राजा की पुत्री हो तुम्हारे लिए वह योग्य वर नहीं है | उनके साथ विवाह करके तुम्हें कभी सुख की प्राप्ति नहीं होगी | तुम उनका ध्यान छोड़ तो | अनेक यत्न करने के बाद भी पार्वती अपने विचारों में दृढ रही |

उनकी दृढ़ता को देखकर सप्तऋषि अत्यंत प्रसन्न हुए और उन्होंने पार्वती को सफल मनोरथ होने का आशीर्वाद दिया और वे पुन: शिवजी के पास वापस आ गए | सप्तऋषियों से पार्वती के अपने प्रति दृढ़ प्रेम का वृतांत सुनकर भगवान शिव अत्यंत प्रसन्न हुए और समझ गए कि पार्वती को अभी भी अपने सती रूप का स्मरण है |

निश्चित दिन शिवजी बारात लेकर राजा हिमवान के घर आए | वे बैल पर सवार थे | उनके एक हाथ में त्रिशूल और एक हाथ में डमरू था | उनकी बारात में समस्त दैत्य और देवताओं के साथ उनके गण भूत, प्रेत , पिशाच आदि भी थे |सारे बाराती नाच-गा रहे थे | यह बारात अंत्यन्त ही मनोहारी और विचित्र थी | इस तरह शुभ घड़ी और शुभ मुहूर्त में शिव और पार्वती का विवाह हो गया |और पार्वती को साथ लेकर शिवजी अपने धाम कैलाश पर्वत पर चले गए | रुद्र को ही शिव कहा जाता है और उन्हे ही शंकर | पार्वती-शंकर के एक पुत्री और दो पुत्र हुए थे | पुत्र- गणेश, कार्तिकेय और पुत्री वनलता | जिन एकादश रुद्रों की बात कही जाती है वे सभी ऋषि कश्यप के पुत्र थे उन्हे शिव का अवतार माना जाता था | ऋषि कश्यप भगवान शिव के साढ़ू थे |

यह कथा अविश्वसनीय लगती है परंतु सृष्टि के आरंभ में हुई घटना का उल्लेख पुराणों में मिलता है । आज भी भारतीय नारियां पति की कामना में भगवान शिव की पूजा करती हैं ।

उर्मिला

रामायण के अभी इतने रहस्य अनजाने है, जिसकी कल्पना करना भी हमारे लिए मुश्किल होता है | रामायण एक अथाह सागर की भांति है, जिसमें डुबकी लगाने पर भी इसकी गहराई का अंदाजा नहीं लगाया जा सकता |रामायण की घटनाओं का अलग-अलग तरीके से व्याख्यान किया गया है | रामायण के कुछ विशेष पात्रों अथवा चरित्रों की बात तो सभी करते हैं, लेकिन एक ऐसा भी पात्र है जिसकी चर्चा विरले ही कहीं मिलती हैं |

ऐसी ही एक पात्र है लक्ष्मण की पत्नी उर्मिला | लोगों का मानना है कि रामायण में उर्मिला के त्याग,सेवा, प्रेम और निःस्वार्थ भक्ति को कम आँका गया है | रामायण में 'देवी उर्मिला' एक साधारण महत्व की तरह अंकित की गई है जबकि सत्य यह है कि 'उर्मिला' का त्याग और समर्पण अतुलनीय था, अनमोल था | उर्मिला ने जो दुख सहे, उस पर तो वो आँसू भी नहीं बहा पाई | बावजूद इसके रामायण में उर्मिला और उनके योगदान को वो जगह नहीं मिल पाई, जिसकी वे हकदार थीं |

तो चलिए जानते हैं त्याग और समर्पण की अतुलनीय प्रतिमूर्ति देवी उर्मिला को |

राजा जनक की असीम सुंदरी कन्या और महाराज दशरथ की पुत्रवधू 'देवी उर्मिला' माता सीता की ही छोटी बहन थी | उनका विवाह भगवान राम के अनुज लक्ष्मण के साथ हुआ था |

भगवान श्री राम को चौदह वर्ष का वनवास हो चुका था | पूरा राजमहल दुखी था | राम और सीता वनवास जाने की तैयारी कर रहे थ | ऐसे में लक्ष्मण ने जिद पकड़ ली थी कि वे भी अपने भाई की परछाई बनकर उनके साथ वन में जायेंगे | श्री राम ने उन्हे बहुत समझाया पर लक्ष्मण के हठ के आगे उनका भी वश नहीं चला |

आखिर वनवास जाने के लिए राम-सीता के साथ लक्ष्मण भी तैयार हो गए |जब यह खबर लक्ष्मण की पत्नी उर्मिला को मिली, तो वे पहले

खुश हुईं कि उनके पति अपने भाई की सेवा करने के लिए राजभवन के सारे सुख त्यागने को तैयार हैं | मगर अगले पल वह दुखी हो गईं क्योंकि वो राजमहल में अपने पति के बिना कैसे सुख से जी पायेंगी |

उर्मिला ने तय किया कि जैसे बहन सीता पति राम की सेवा करना चाहती है, पति लक्ष्मण भाई-भाभी के सेवा करना चाहते हैं वैसे ही वह खुद भी अपने पति की सेवा के लिए उनके साथ बनवास जाएगी |

यह बात उन्होंने लक्ष्मण जी से कही लेकिन लक्ष्मण जी ने उन्हे ले जाने से इनकार कर दिया | उर्मिला ने बहुत मिन्नतें की | वो अपने पति की सेवा करना चाहती हैं, पति के हर दुख-सुख की साथी बनना चाहती हैं, पर लक्ष्मण जी ने कर्तव्य और धर्म की दुहाई देकर देवी उर्मिला को वन जाने से रोक दिया और कहा ,

"मैं अपने भ्राता राम और भाभी सीता की सेवा करने के लिए जा रहा हूँ | मैं नहीं चाहता कि सेवा में कोई भी कमी रह जाए | मैं तुम्हें राज महल में इसलिए छोड़कर जा रहा हूँ ताकि, तुम मेरे पूरा परिवार का ध्यान रख सको | मेरी सभी माताओं और पिता की जिम्मेदारी तुम्हारी है | भाभी सीता के यहाँ न रहने पर तुम ही घर की बड़ी बहू हो |"

पति की बात सुनकर उर्मिला ने कहा,

"मैं परिवार के प्रति जिम्मेदार हूँ, पर मेरा परिवार तो पहले आप से शुरू होता है| इसलिए आप के प्रति मेरे कर्तव्य क्या होंगे ......मैं 14 वर्ष महल में रहूं और आप जंगलों में ....यह न्याय संगत नहीं है |"

लक्ष्मण ने कहा,

"मैं वनवास जा रहा हूँ ताकि अपने भाई-भाभी की सेवा कर सकूँ | यदि तुम मेरे साथ वहाँ रहोगी, तो मेरे सेवा कार्य मे व्यवधान आ सकता है |"

उर्मिला के पास अपने पति की आज्ञा पालन के अलावा कोई चारा नहीं था ,अतः सहमति देते हुए उन्होंने परिवार में रहकर सभी की सेवा करना स्वीकार किया |

उर्मिला ने लक्ष्मण की आज्ञा तो स्वीकार कर ली थी, पर वे दुखी थी कि आखिर कैसे पति और बड़ी बहन सीता के बिना पूरे राजमहल की जिम्मेदारी सम्हाल पायेंगी | ऐसे वक्त में उसे समझाने वाली सिर्फ

उसकी बड़ी बहन सीता थी | उर्मिला तत्काल अपनी बहन सीता के पास पहुंची और कहा,

"आप जा रही हैं, पति मुझे साथ नहीं ले जाना चाहते हैं , मुझ पर पूरे परिवार का भार आ गया है , आप के साथ जिम्मेदारियाँ बांटती आई हूँ | फिर अब कैसे सब कुछ अकेले सम्हाल सकूँगी ?"

सीता ने उर्मिला को समझाया कि वह वो सब कुछ कर सकती है, जो उससे अपेक्षा की जा रही है | उन्होंने कहा ,

"ईश कृपा से मेरे पास एक वरदान है , जो मैं तुम्हें दे सकती हूँ | इस वरदान के अनुसार तुम एक समय में 3 कार्यों को एक साथ पूरा कर सकती हो | मैं तुम्हें वरदान देती हूँ कि अब तुम बेफिक्र होकर 14 वर्षों तक महल और परिवार की सेवा करो| तुम्हें कोई व्यवधान नहीं आएगा |"

लक्ष्मण जी ने माँ-बाप की सेवा करने के लिए उर्मिला को अयोध्या ही छोड़ना उचित समझा | उन्हे शायद पता था कि वे लोग जब बनवास जायेगें, तो उनके माता-पिता को इसका गहरा सदमा लगेगा | इसलिए लक्ष्मण जी विकट क्षणों में माँ-बाप को सहारा और सहानुभूति देने के लिए उर्मिला को छोड़ कर बड़े भ्राता श्री राम और भाभी सीता के साथ बनवास चले गए |

किसी भी स्त्री के लिए विवाह, उसके सम्पूर्ण होने की निशानी होती है | वैवाहिक जीवन के वो अनमोल पल ,वो जीवन सरित, जो कोई भी नववधू अपने पति से साथ गुजारती है या गुजारना पसंद करती है , शायद वो पल उर्मिला के नसीब में नहीं थे |

इस दुनिया की कोई भी नववधू अपने पति से कुछ समय के लिए दूर नहीं रह सकती | देवी उर्मिला अपने पति से एक नहीं,दो नहीं, बल्कि पूरे 14 साल अलग रहीं | भला किसी नवविवाहिता स्त्री के लिए इससे बड़ा त्याग और समर्पण क्या हो सकता है |

खैर, उर्मिला ने पूरे 14 वर्षों तक अपने पति के वियोग में जिंदगी बिताई | यह उर्मिला का अखंड पतिव्रत धर्म ही था कि उन्होंने कभी किसी की तरफ देखा तक नहीं | उर्मिला के महान चरित्र, अखंड पतिव्रत, स्नेह और त्याग की चर्चा रामायण में जितनी होनी चाहिए , उतनी हो न सकी

उर्मिला के लिए सबसे अजीब स्थिति तो यह थी कि लक्ष्मण को दिए वचन के कारण वह आँसू भी नहीं बहा सकती थी | अगर उर्मिला पति के वियोग में आँसू बहाती और अपने दुख में डूबी रहती तो फिर परिजनों का ख्याल कैसे रख पाती ? यह शायद ही कोई कल्पना कर सकता है कि किसी नवविवाहिता स्त्री के लिए अपने पति को 14 वर्षों के लिए अपने से दूर जाते देखना और उसकी बिदाई पर आँसू भी न बहाना कितना कष्टकारी होता है |

जब श्री राम जी के वनवास के बाद महाराज दशरथ स्वर्ग सिधार गए, तब भी अपनी वचनबद्धता के कारण उर्मिला नहीं रोई | आखिर उस हृदय विदारक क्षण में अपने को संभालना उर्मिला के लिए कितना मुश्किल पल रहा होगा |

हालांकि महाराज जनक अपनी पुत्री को मायके अर्थात मिथिला ले जाना चाहते थे ताकि माँ और सखियों के बीच में उर्मिला के पति वियोग का दुख कुछ कुछ कम हो सके | लेकिन उर्मिला ने मिथिला जाने से साफ इनकार कर दिया |उर्मिला के मुताबिक, अब पति के परिजनों के साथ रहना और दुखों में उनका साथ न छोड़ना ही उनका धर्म है |

राम, सीता लक्ष्मण वनवास की ओर प्रस्थान कर गए जबकि उर्मिला परिवार के साथ रह गई | रामायण के अनुसार जब वनवास के पहले दिन श्री राम वन पहुंचे तो लक्ष्मण ने उनके लिए अपने हाथ से कुटिया का निर्माण किया |

कुटिया निर्माण करते-करते शाम हो गई | जब यह काम पूरा हुआ, तो लक्ष्मण ने अपने भाई-भाभी से आग्रह किया कि वे विश्राम करें | जबकि , खुद लक्ष्मण ने बाहर रहकर उनकी सुरक्षा की जिम्मेदारी संभाली |

श्री राम और सीता कुटिया में पहुंचे , जबकि लक्ष्मण रात्री में पहरा दे रहे थे | वह तीनों की वनवास में पहली रात थी | अंधेरा घिरने के साथ ही लक्ष्मण की थकान भी बढ़ने लगी | उनकी आंखे नींद से भारी हो रही थी, पर यदि वे एक पल के लिए भी सो जाते तो उनके सेवा कार्य में बाधा आ सकती थी इसलिए वे जागते रहे |

लक्ष्मण पर नींद का असर हो रहा था, पर उनके ना सोने के कारण निद्रा देवी परेशान हो गई | वे तत्काल ही लक्ष्मण के समक्ष प्रकट हुई | उन्होंने लक्ष्मण से सोने का आग्रह किया, लेकिन अपने भाई-भाभी की सेवा को सर्वोपरि रखने वाले लक्ष्मण ने इनकार करते हुए प्रार्थना की | लक्ष्मण ने निद्रा देवी से कहा कि यदि आप मुझ पर कृपा करना चाहती हैं तो तब तक मुझसे दूर रहें जब तक हम वापस अयोध्या नहीं पहुँच जाते |

निद्रा देवी को लक्ष्मण का सुझाव अच्छा लगा |पर उन्होंने कहा कि मैं तुमसे दूर हो सकती हूँ, पर तब जब कोई और तुम्हारे बदले की नींद ग्रहण कर ले | लक्ष्मण ने कहा मेरे हिस्से की नींद आप मेरी पत्नी उर्मिला को दे दीजिए | निद्रा देवी ने उनकी शर्त स्वीकार तो कर ली, पर स्पष्ट कर दिया कि जैसे ही 14 वर्ष पूरे होंगे वे वापस आएंगी |फिर लक्ष्मण को अपनी 14 वर्ष की नींद पूरी करनी होगी | लक्ष्मण ने इस शर्त को स्वीकार कर लिया |

निद्रा देवी लक्ष्मण के वचन को लेकर उर्मिला के पास पहुंची | उर्मिला ने पति की पहली आज्ञा स्वीकार की थी | अब दूसरी आज्ञा के पालन का समय था | अत: उन्होंने उसे भी स्वीकार कर लिया |वह सीता के दिए वचन के अनुसार एक साथ तीन काम कर सकती थी |यह क्रम पूरे 14 वर्ष तक जारी रहा | यानि लक्ष्मण 14 वर्ष तक नहीं सोए और उर्मिला 14 वर्ष तक नहीं जागी | वहीं दूसरी ओर लक्ष्मण वनवास काल में बिना एक क्षण सोये हर वक्त श्रीराम और माता सीता की सेवा करते रहे |

लक्ष्मण के लिए निद्रा देवी का वचन वरदान बन गया था | इस बात का एहसास उन्हें तब हुआ, जब लंका में रावण के विरुद्ध लड़ाई शुरू हो चुकी थी | रावण की सेना में मेघनाद सबसे शक्तिशाली योद्धा था |उसकी सारी शक्ति एक वरदान में निहित थी |

इस वरदान के अनुसार मेघनाद को पृथ्वी पर केवल वही प्राणी मार सकता था, जिसने बीते 14 वर्षों से अपनी निद्रा पूर्ण ना की हो | उसे लगता था कि धरती पर ऐसा होना संभव नहीं है | हालांकि , वह यह नहीं जानता था कि लक्ष्मण धरती का वह एकमात्र प्राणी है, जो 14 वर्षों से जागृ रहा है | जब लक्ष्मण को मेघनाद के वरदान के बारे में पता चला, तो

उन्होंने खुद उसका सामना करने का निर्णय लिया | दोनों के बीच भीषण युद्ध हुआ और मेघनाद लक्ष्मण के हाथों मारा गया |

यह खबर मेघनाद की पत्नी सुलोचना को मिली, तो वह रोते हुए श्रीराम की सेना के खेमे में पहुंची और लक्ष्मण से कहा कि यह कभी गुमान न करना कि मेघनाद का वध तुमने किया है | तुम्हें यह जीत एक पतिव्रता पत्नी के प्रभाव से मिली है, जो तुम्हारी आज्ञा का पालन कर रही है |

वनवास के पश्चात जब राम अयोध्या लौटे तो राजतिलक की तैयारियां शुरू हो गईं | इस खुशी के मौके पर लक्ष्मण बिना कारण हँसना शुरू कर दिया | लक्ष्मण की असहज हंसी को देखकर सभी ने उनसे कारण पूछ तो वे बोले,

"मैंने अयोध्या आने और अपने भाई को राज सिंहासन पर बैठे देखने का स्वप्न सजा रखा जो आज पूरा होने जा रहा है |पर इतना अजीब है कि मैं खुद इस स्वप्न को साकार होते नहीं देख सकता, क्योंकि मैं निद्रा देवी को दिए वचन से बंधा हूं | तभी निद्रा देवी प्रकट हुई और लक्ष्मण ने अपना वचन पूरा किया | इस तरह लक्ष्मण अपने कक्ष में सो गए और उधर उर्मिला 14 साल बाद जाग गई|

कितनी विडंबना है कि पहले लक्ष्मण की अनुपस्थिति में उर्मिला ने 14 वर्ष गुजारे और जब लक्ष्मण वन से वापस आए तो फिर 14 वर्ष के लिए लक्ष्मण स्वयं निद्रा की स्थिति में चले गए |

इतने सारे त्याग-बलिदान और कष्ट सहने के बावजूद भी वचनों में बंधी देवी उर्मिला रामायण में नेपथ्य में रही | उर्मिला ने जो सहा शायद ही आज की कोई स्त्री ऐसा कर पाए | इसलिए वर्तमान की दृष्टि से देखें तो उर्मिला रामायण की सबसे अतुलनीय और पवित्र पत्नी के साथ-साथ त्याग ,बलिदान और समर्पण की देवी है | लक्ष्मण की पत्नी उर्मिला का व्यक्तित्व त्याग और सेवा का अनोखा उदाहरण है जो शायद ही इतिहास में और कहीं देखने को मिलता है |

द्रौपदी

द्रौपदी पांचाल देश के राजा द्रुपद की एक दिव्य कन्या थी, जिसका जन्म अग्निकुंड से हुआ था | द्रौपदी एक युवा कन्या के रूप में अग्निवेदी

से प्रकट हुई थी | राजा द्रुपद ने द्रौपदी को कुरु वंश के नाश के लिए उत्पन्न करवाया था | राजा द्रुपद द्रोणाचार्य को आश्रय देने वाले कुरु वंश से बदला लेना चाहते थे |

जब पांडव और कौरव ने अपनी शिक्षा पूरी की थी तो द्रोणाचार्य ने उनसे एक गुरुदक्षिणा मांगी | द्रोणाचार्य ने वर्षों पूर्व द्रुपद से हुए अपने अपमान का बदला लेने के लिए पांडवों और कौरवों से कहा कि पांचाल नरेश द्रुपद को बंदी बनाकर मेरे समक्ष लाओ |पहले कौरवों ने आक्रमण किया परंतु वो हारने लगे |

यह देख पांडवों ने आक्रमण किया और द्रुपद को बंदी बना लिया | द्रोणाचार्य ने द्रुपद का आधा राज्य ले लिया और आधा उन्हे वापस करके छोड़ दिया | द्रुपद ने इस अपमान और राज्य विभाजन का बदला लेने के लिए ही वह अद्भुत यज्ञ करवाया, जिसमें द्रौपदी और धृष्टद्युम्न पैदा हुए थे |

संस्कृत का श्लोक है :

अहल्या,द्रौपदी,सीता,तारा,मंदोदरी तथा |

पंचकं ना स्मरेन्नित्यं महापातकनाशनम ॥

इस श्लोक का अर्थ है : अहल्या,द्रौपदी, सीता,तारा,मंदोदरी इन पंचकन्या के गुण और जीवन नित्य स्मरण और जाप करने से महापापों का नाश होता है |

द्रौपदी को पंचकन्या में एक माना जाता है | पंचकन्या यानी ऐसी पाँच स्त्रियाँ जिन्हे कन्या अर्थात कुंवारी होने का आशीर्वाद प्राप्त था | पंचकन्या अपनी इच्छा से कौमार्य पुन: प्राप्त कर सकती थीं | द्रौपदी को यह आशीर्वाद कैसे प्राप्त हुआ ?

ये सभी को पता है कि द्रौपदी के 5 पति थे, लेकिन वो अधिकतम 14 पतियों की पत्नी भी बन सकती थी | द्रौपदी के 5 पति होना नियति ने काफी समयपूर्व ही निर्धारित कर दिया था | इसका कारण द्रौपदी के पूर्वजन्म में छिपा था, जिसे भगवान कृष्ण ने सबको बताया था |

पूर्वजन्म में द्रौपदी राजा नल और उनकी पत्नी दमयन्ती की पुत्री थी | उस जन्म में द्रौपदी का नाम नलयनी था | नलयनी ने भगवान शिव से आशीर्वाद पाने के लिए कड़ी तपस्या की | भगवान शिव जब प्रसन्न

होकर प्रकट हुए तो नलयनी ने उनसे आशीर्वाद मांगा कि अगले जन्म में उसे 14 इच्छित गुणों वाला पति मिले |

यद्यपि भगवान शिव नलयनी की तपस्या से प्रसन्न थे, परंतु उन्होंने उसे समझाया कि इन 14 गुणों का एक व्यक्ति में होना असंभव है | किन्तु जब नलयनी अपनी जिद पर अड़ी रही तो भगवान शिव ने उसकी इच्छा पूर्ण होने का आशीर्वाद दे दिया | इस अनूठे आशीर्वाद में अधिकतम 14 पति होना और प्रतिदिन सुबह स्नान के बाद पुन: कुंवारी होना भी शामिल था | इस प्रकार द्रौपदी भी पंचकन्या में से एक कन्या बन गई |

नलयनी का पुनर्जन्म द्रौपदी के रूप में हुआ| द्रौपदी के इच्छित 14 गुण पांचों पांडवों में थे | युधिष्ठिर धर्म के ज्ञानी थे | भीम 1000 हाथियों की शक्ति से पूर्ण थे | अर्जुन अद्भुत योद्धा और वीर पुरुष थे | सहदेव उत्कृष्ट ज्ञानी थे, नकुल कामदेव के समान सुंदर थे |

5 पांडवों से द्रौपदी के 5 पुत्र हुए थे | युधिष्ठिर के पुत्र प्रतिविन्ध्य,भीम से सुतसोम ,अर्जुन से श्रुतकर्म, नकुल से शतनिक और सहदेव से श्रुतसेन नामक पुत्र हुए |

ये सभी पुत्र सोते समय अश्वत्थामा के हाथों मारे गए | द्रौपदी के भाई धृष्टद्युम्न का वध भी अश्वत्थामा ने ही किया था |

पांचों पांडवों में द्रौपदी सबसे अधिक प्रेम अर्जुन से करती थी | अर्जुन ही द्रौपदी को स्वयंवर में जीत कर लाए थे परंतु द्रौपदी से पांडवों में सर्वाधिक प्रेम करने वाले महाबली भीम थे | भीम ने मत्स्य वंश के राजा कीचक का वध किया क्योंकि उसने द्रौपदी के साथ दुर्व्यवहार किया था | भीम ने ही द्रौपदी चीर हरण के बाद 100 कौरवों का अंत करने का वचन लिया |महाभारत युद्ध के 14 वें दिन भीम ने ही द्रौपदी वस्त्र हरण करने वाले दु:शासन का वध कर उसके सीने का रक्त द्रौपदी को केश धोने के लिए दिया | उस रक्त से ही केश धोकर 15 साल बाद द्रौपदी ने पुन: अपने केश बांधे |

अर्जुन जो कि द्रौपदी को जीत कर लाए थे, इस बात से बहुत प्रसन्न नहीं थे कि द्रौपदी पांचों भाइयों को मिले | अपनी अन्य पत्नी सुभद्रा पर एकाधिकार से अर्जुन को शांति मिलती थी | इस बात से द्रौपदी को कष्ट

होता था कि अर्जुन अपनी अन्य पत्नियों सुभद्रा, उलूपी , चित्रांगदा से प्रेम व्यवहार में व्यस्त रहते हैं |

द्रौपदी का पांचों भाइयों में से जब किसी एक भाई से शारीरिक संबंध होता था तो बड़े भाई ज्येष्ट कहलाते थे और छोटे भाई देवर | इस तरह द्रौपदी बारी बारी से एक वर्ष के लिए पांचों पांडवों से पत्नी का संबंध रखती थी | अर्जुन के अलावा अन्य भाइयों से उसका संबंध ज्येष्ठ और देवर का होता था |इस नियम का सख्ती से पालन किया जाता था | जब कोई भाई द्रौपदी के साथ होता था तो कोई भी दूसरा भाई उसके कमरे में प्रवेश नहीं कर सकता था |

दक्षिण भारत के कुछ राज्यों आंध्र प्रदेश, तमिलनाडु, कर्नाटक में द्रौपदी की पूजा होती है और 400 से अधिक द्रौपदी के मंदिर भी हैं | इसके अतिरिक्त श्रीलंका, मलेशिया, मॉरीशस,साउथ अफ्रीका में भी द्रौपदी के भक्त है | ये लोग द्रौपदी को माँ काली का अवतार मानते हैं और उन्हे द्रौपदी अम्मन कहते हैं | द्रौपदी अम्मन की ग्राम देवी के रूप में पूजा होती है | चित्तूर जिले के दुर्गासमुद्रम गाँव में द्रौपदी अम्मन का सालाना त्यौहार मनाया जाता है |

भारत के पौराणिक कथाओं में द्रौपदी एक अनोखी स्त्री थी जिसे महाभारत के युद्ध का कारण माना जाता है | वास्तव मे पाँच पतियों के साथ रहकर पतिव्रता का धर्म निभाना द्रौपदी के लिए कितना कष्टकारी रहा होगा |इस मन: स्थिति का सहज अंदाजा लगाया जा सकता है | परंतु इन सबके बावजूद द्रौपदी ने एक मर्यादित और आदर्श पत्नी का उदाहरण प्रस्तुत किया |

14

रानी रूपमाती-बाज बहादुर

"किसी के द्वारा गहरा प्रेम किया जाना आपको शक्ति देता है ,और किसी को गहरा प्रेम करना आपको साहस देता है |"

- लाओत्से

मोहब्बत,त्याग और समर्पण की कई कहानियाँ इतिहास में दर्ज हैं | इनमें से एक मध्यप्रदेश की रानी रूपमती का मकबरा सच्ची प्रेम कहानी का प्रतीक है | यह मकबरा राजगढ़ जिले के सारंगपुर मे है, जो रानी रूपमती और मांडू के राजा बाजबहादुर के अमर प्रेम का गवाह है |

मांडू की हसीन वादियों में बहुत से राज छिपे है | मांडू बेहद खूबसूरत जगह है और जो भी व्यक्ति मांडू घूमने के लिया जाता है वो वहीं का होकर रह जाता है | मांडू इंदौर से करीब 110 किमी दूर विंध्याचल की पहाड़ियों में करीब 2000 फुट की ऊंचाई पर मध्यप्रदेश के धार जिले में बसा हुआ है | मांडू की जो सबसे खास बात है वो यहाँ का किला है जिसका नाम रानी रूपमती का किला है |रानी रूपमती का किला राजा बाजबहादुर और रानी रूपमती के प्रेम का साक्षी है |

अकबर की फौज से पति बाजबहादुर की हार की खबर मिलते ही रानी रूपमती ने जहर खाकर जान दे दी थी | फौज रानी को लेने के लिए आई थी | बाद में बाजबहादुर ने भी रानी के मकबरे पर सिर पटककर अपनी

जान दे दी थी | मोहब्बत और त्याग के प्रतीक इस मकबरे को देखने देशभर से लोग आते हैं |

यह कहानी करीब 460 साल पहले की है | सन 1556 से 1561 तक बाजबहादुर मालवा का सुल्तान रहा | रूपमती सारंगपुर के पास शाजापुर जिले के टिंगजपुर गाँव की रहने वाली थी | गरीब परिवार में जन्मी रूपमती काफी सहज और सुंदर थी | बाजबहादुर का काफिला टिंगजपुर से गुजर रहा था | उनके कानों में मधुर गीत गूँजा | इतनी मीठी आवाज और रूपमती को देखते ही बाजबहादुर को उनसे प्रेम हो गया | बाजबहादुर , रूपमती को अपनी रानी बनाकर मांडू ले गए | रूपमती की खूबसूरती की चर्चा बादशाह अकबर के कानों तक पहुंची | अकबर ने अपने सेनापति आदम खां को बाजबहादुर के पास भेजा और रूपमती को उसके पास भेजने को कहा | बाजबहादुर के इनकार करने पर गुस्साये अकबर ने युद्ध का ऐलान कर दिया | बाजबहादुर की हार हुई | बाजबहादुर को गिरफ्तार कर अकबर के सामने पेश किया गया | इधर, आदम खां रूपमती को लेने मांडू के लिए रवाना हुआ, लेकिन बाजबहादुर की हार की सूचना मिलते ही रूपमती अपनी जान दे चुकी थी | अकबर को इनके अमर प्रेम की जानकारी मिली तो रानी के शव को हाथी पर रखवाकर सारंगपुर बुलवाया | उनके गाँव टिंगजपुर में रूपमती का मकबरा बनवाया | मकबरे पर लिखवाया – शहीदे वफ़ा (वफादारी में बलिदान देने वाली)|

कुछ साल बाद बाजबहादुर ने बीमार हालत में अकबर से रूपमती के मकबरे पर जाने की इच्छा जताई | अकबर ने उन्हे सारंगपुर भिजवाया, जहां उन्होंने रूपगती की कब्र पर सिर पटककर जान दे दी | अकबर ने बाजबहादुर की कब्र भी यहीं पर बनवाई और उस पर लिखवाया –आशिके साजिद (सजदे करने वाला आशिक) | यह एक नारी के प्यार और वफादारी की अनोखी मिसाल है |

15

बाजीराव-मस्तानी

"जहां नारी का सम्मान होता है वहीं ईश्वर वास करते है और जहां नारी का अपमान होता है वहाँ ईश्वर और भाग्य दोनों साथ नहीं देते |"

मस्तानी बुंदेलखंड के राजा छत्रसाल की बेटी थी इनकी माता का नाम रूहानी था जो वास्तविक नाम नहीं था मस्तानी अपने समय में अद्वितीय सुंदरी थी | वह संगीत प्रेमी थी| घुड़सवारी और धनुष विद्या में उसने विशेष शिक्षा प्राप्त की थी | इसके अलावा वह चतुर और बुद्धिमान भी थी |

बाजीराव –मस्तानी की प्रेम कहानी इतिहास की उन मुख्य प्रेम कहानियों में से एक है |लेकिन इतिहासकारों ने इसको शुरू से ही दबा दिया जिसकी वजह से यह आम लोगों तक नहीं पहुँच सकी |

बाजीराव-मस्तानी की प्रेम कहानी में मुख्य बात यह है कि बाजीराव पेशवा और मस्तानी एक दूसरे को पहले से नहीं जानते थे | सन 1728 ईस्वी की बात है , बुंदेलखंड पर अचानक मुगलों ने आक्रमण कर दिया | छत्रसाल के पास बड़ी संख्या में सेना नहीं थी | छत्रसाल को लगा कि कहीं उनका राज्य उनसे छीन न लिया जाए | मुगलों के आक्रमण के डर से उन्होंने उस समय के महान मराठा बाजीराव पेशवा प्रथम के पास मदद के लिए संदेश भेजा |कहते हैं यह संदेश लेकर मस्तानी खुद गई थी, और यहीं पर बाजीराव पेशवा और मस्तानी की पहली मुलाकात हुई थी | बाजीराव पेशवा प्रथम ने मस्तानी को मदद का पूरा आश्वासन दिया

और उनके साथ पुणे से बुंदेलखंड की ओर कूच कर दिया |

इससे पहले की मुगल बुंदेलखंड पर आक्रमण करते और राजा छत्रसाल को पराजित करते, बाजीराव पेशवा की सेना उन पर बिजली की तरह टूट पड़ी और मुगलों का सफाया कर दिया | राजा छत्रसाल बहुत प्रसन्न हुए और उन्होंने कई तरह के उपहार बाजीराव पेशवा को दिए जिनमें की छोटे छोटे कस्बे भी शामिल थे | बाजीराव पेशवा को मस्तानी से प्यार हो गया और मस्तानी भी बाजीराव पेशवा को मन ही मन प्यार करने लगी |

जब इसकी थोड़ी सी भनक बुन्देलखंड के राजा छत्रसाल को लगी तो उन्होंने तुरंत मस्तानी का हाथ बाजीराव के हाथ में दे दिया |मस्तानी का विवाह पेशवा बाजीराव से मई 1729 में राजपूत खांडा पद्धति से हुआ था |हालांकि बाजीराव ब्राह्मण परिवार से थे | यह बाजीराव पेशवा की दूसरी शादी थी | इससे पहले उन्होंने काशीबाई नामक महिला से शादी की थी |

कालांतर में मस्तानी से उनका एक पुत्र भी हुआ, जिसका नाम पहले कृष्णराव रखा गया, लेकिन पुणे के ब्राह्मणों ने उसे मुस्लिम मानकर उसका जनेऊ संस्कार करने से मना कर दिया| जिस वजह से उसे उनकी माँ ने कृष्णराव का नाम कृष्ण सिंह रख दिया| शमशेर बहादुर एक उपाधि है जो बाजीराव ने ही अपने पुत्र को दी थी |

बाजीराव मस्तानी की प्रेम कहानी धीरे धीरे आगे बढ़ती गई और दोनों एक दूसरे से इतना प्रेम करने लगे कि वह एक पल के लिए भी एक दूसरे से अलग होना नहीं चाहते थे | बाजीराव मस्तानी के साथ पुणे के शनिबार बाड़ा में रहा करते थे |जब बाजीराव युद्ध करने के लिए महल से निकलते तो मस्तानी का घोडा भी उनके साथ साथ चलता था | दोनों के जिस्म दो थे लेकिन जान एक थी | मस्तानी उनकी प्रेरणा स्रोत बन गई थी |

बाजीराव की मस्तानी से दूसरी शादी के पश्चात मराठों के साथ साथ ब्राह्मण समुदाय के लोग भी उनसे नाराज रहने लगे | ब्राह्मणों को मानना था कि मस्तानी मुस्लिम महिला थी जबकि वास्तव में वो एक पारसी महिला थी | वह अपना ज्यादातर समय मस्तानी के साथ

व्यतीत करने लगे थे | हालांकि पहली पत्नी काशीबाई को मस्तानी से कोई नाराजगी नहीं थी और वह दोनों को पति पत्नी के रूप में स्वीकार कर चुकी थी | चिमाजी अप्पा जो कि बाजीराव पेशवा के छोटे भाई थे और उनके साथ बाजीराव पेशवा के ज्येष्ठ पुत्र बालाजी बाजीराव उर्फ नानासाहब ने कभी भी मस्तानी को स्वीकार नहीं किया | उन्हे भी लगता था कि मस्तानी एक मुस्लिम लड़की है | जबकि मस्तानी एक पारसी माता से पैदा हुई थी जो बुन्देलकखंड के राजा छत्रसाल की पत्नी थी | मस्तानी के नाना फारस से आए थे और एक व्यापारी थे | उस दौर में कई पारसी लोग भाग कर भारत की तरफ आए थे और ये सभी कदापि मुस्लिम नहीं थे | ये यहूदियों की ही एक शाखा है, जो अग्नि पूजा करते हैं |

काशी बाई पर उनकी सास राधाबाई का दबाव था कि कैसे भी हो मस्तानी को बाजीराव से अलग किया जाए | लेकिन काशीबाई बाजीराव की खुशी के लिए ऐसा कुछ भी करने के पक्ष में नहीं थी |बाजीराव और काशीबाई में भी अथाह प्रेम था | इसलिए बाजीराव के परिवारजनों के द्वारा मस्तानी के साथ साथ काशी बाई को भी सताया जाता था |

सन 1740 में प्रारंभ में बाजीराव पेशवा खरगोन जो कि मध्यप्रदेश में इंदौर के पास है, वहाँ किसी राजनीतिक कारण से गए थे | वहाँ पर बाजीराव पेशवा की तबीयत खराब हो गई, उन्हे अचानक तेज बुखार आ गया | वे उस समय मस्तानी को बहुत याद कर रहे थे | उन्हे वहाँ रुककर आराम करना पड़ा |उनकी पहली पत्नी काशी बाई चाहती थी कि मस्तानी को बाजीराव के पास भेजा जाए, जिससे उनको खुशी मिले और उनकी तबीयत ठीक हो जाए |

बाजीराव पेशवा ने संदेश भिजवाया कि कैसे भी हो मस्तानी को उनके तक पहुंचा दिया जाए | यह बात उनके पुत्र नाना साहब और छोटे भाई चीमाजी अप्पा को पसंद नहीं आई और उन्होंने मस्तानी को महल में कैद कर दिया | मस्तानी को कैद करने के बाद उसे नजरबंद भी रखा गया ताकि किसी भी तरह वह बाजीराव के पास न पहुंचे | उन्होंने मस्तानी की बजाय उनकी पहली पत्नी काशीबाई को बाजीराव के पास खरगोन भेज दिया | मस्तानी को अपने पास नहीं पाकर बाजीराव बहुत

दुखी हुए और खरगोन में ही अपने प्राण त्याग दिए |

बाजीराव पेशवा की मृत्यु के पश्चात मस्तानी अपनी सुध बुध भूल गई क्योंकि वह बाजीराव से अथाह प्रेम करती थी और इस प्रेम की कोई सीमा नहीं थी | समाज, देवर और सास के साथ-साथ कई लोगों के द्वारा मस्तानी को स्वीकार नहीं करने के बाद भी मस्तानी और बाजीराव के बीच में जो प्रेम था वह अद्वितीय था | जैसे ही मस्तानी को बाजीराव पेशवा की मृत्यु का संदेश प्राप्त हुआ वह वह बेहोश हो गई और कुछ समय बाद मस्तानी का भी देहान्त हो गया |

बाजीराव और मस्तानी की मृत्यु हो जाने के पश्चात उनके पुत्र कृष्ण सिंह उर्फ शमशेर बहादुर को काशीबाई ने ही बड़ा किया था | इतना ही नहीं शमशेर बहादुर आगे चलकर मराठा साम्राज्य के लिए लड़ा | बाजीराव ने मस्तानी के लिए पुणे में 'मस्तानी महल' बनवाया था | यह आज भी इन दोनों के प्रेम की गवाही दे रहा है |

प्रेम एक शब्द नहीं है | प्रेम एक जीने की कला है जो इसे समझ जाता है वह इसमें डूब जाता है |बाजीराव एक अजेय योद्धा थे | बाजीराव 20 साल तक पेशवा रहे और उन्होंने अपने जीवन में 44 युद्ध लड़े पर कभी भी नहीं हारे परंतु यह वीर योद्धा अपने आखरी समय में अपने प्रिय जनों से ही हार गया |

16

वीरांगना रानी दुर्गावती

"साहस सिर्फ आगे बढ़ने की शक्ति नहीं है बल्कि शक्ति न होने पर भी आगे बढ़ना साहस है |"

-नेपोलियन बोनापार्ट

रानी दुर्गावती हमारे देश की वो वीरांगना है, जिन्होंने अपने राज्य की रक्षा के लिए मुगलों से युद्ध करते हुए वीरगति को प्राप्त हो गईं| वे बहुत बहादुर और साहसी महिला थी, जिन्होंने अपने पति की मृत्यु के बाद केवल उनका राज्य ही नहीं संभाला बल्कि राज्य की रक्षा के लिए कई लड़ाईयां भी लड़ी| हमारे देश के इतिहास की बात की जाए तो बहादुरी और वीरता में कई राजाओं के नाम सामने आते हैं, लेकिन इतिहास में एक रानी ऐसी भी है जो कि अपने पराक्रम के लिए जानी जाती है वे हैं रानी दुर्गावती | रानी दुर्गावती अपने पति की मृत्यु के बाद गोंडवाना राज्य की उत्तराधिकारी बनी, और उन्होंने लगभग 15 साल तक गोंडवाना में शासन किया |

रानी दुर्गावती का जन्म 5 अक्टूबर सन 1524 को प्रसिद्ध राजपूत चंदेल सम्राट कीरत राय के परिवार में हुआ | इनका जन्म चंदेल राजवंश के कालिंजर किले में ,जो कि वर्तमान में बांदा, उत्तरप्रदेश में स्थित है, में हुआ | इनके पिता चंदेल वंश के सबसे बड़े शासक थे, ये मुख्य रूप

से कुछ बातों के लिए बहुत प्रसिद्ध थे | ये उन भारतीय शासकों में से एक थे , जिन्होंने महमूद गजनी को युद्ध में खदेड़ा | वे खजुराहो के विश्व प्रसिद्ध मंदिरों जो कि मध्यप्रदेश के छतरपुर जिले में स्थित है , के निर्माता भी थे |वर्तमान में ये मंदिर यूनेस्को की विश्व विरासत स्थल है | रानी दुर्गावती का जन्म दुर्गाष्टमी के दिन हुआ, इसलिए इनका नाम दुर्गावती रखा गया | इनके नाम की तरह ही इनका तेज, साहस, शौर्य और सुंदरता चारों ओर प्रसिद्ध थी |

रानी दुर्गावती को बचपन से ही तीरंदाजी, तलवारबाजी का बहुत शौक था | इनकी रुचि विशेष रूप से शेर व चीते का शिकार करने में थी | इन्हे बंदूक का भी अच्छा खासा अभ्यास था | इन्हे वीरतापूर्ण और साहस से भरी कहानी सुनने और पढ़ने का भी बहुत शौक था | रानी ने बचपन में घुड़सवारी भी सीखी थी | रानी अपने पिता के साथ ज़्यादा वक्त गुजारती थी , उनके साथ वे शिकार में भी जाती और साथ ही उन्होंने अपने पिता से राज्य के कार्य भी सीख लिए थे, और बाद में वे अपने पिता का उनके काम में हाथ भी बँटाती थी | उनके पिता को भी अपनी पुत्री पर गर्व था क्योंकि रानी सर्वगुण सम्पन्न थी | इस तरह उनका शुरुआती जीवन बहुत ही अच्छा बीता |

रानी दुर्गावती के विवाह योग्य होने के बाद उनके पिता ने उनके विवाह के लिए राजपूत राजाओं के राजकुमारों में से अपनी पुत्री के लिए योग्य राजकुमार की तलाश शुरू कर दी | दूसरी ओर दुर्गावती दलपत शाह की वीरता और साहस से बहुत प्रभावित थी और उन्ही से शादी करना चाहती थी | किन्तु उनके राजपूत न होकर गोंड जाति के होने के कारण रानी के गीता को गह स्नीकार नहीं था | दलपत शाह के पिता संग्राम शाह थे जो कि गढ़ा मंडला के शासक थे | वर्तमान में यह मध्यप्रदेश के जबलपुर , दमोह, नरसिंहपुर, मंडला और होशंगाबाद जिलों के रूप में सम्मिलित है | संग्राम शाह रानी दुर्गावती की प्रसिद्धी से प्रभावित होकर उन्हे अपनी बहू बनाना चाहते थे | इसके लिए उन्होंने कालिंजर में युद्ध कर रानी दुर्गावती के पिता को हरा दिया | इसके परिणामस्वरूप सन 1542 में राजा कीरत राय ने अपनी पुत्री रानी दुर्गावती का विवाह दलपत शाह से करा दिया |

रानी दुर्गावती और दलपत शाह की शादी के बाद गोंड राजा संग्राम शाह ने बुन्देलखंड के चंदेल राज्य के साथ गठबंधन कर लिया, तब शेर शाह सूरी के लिए यह करारा जवाब था,जब उसने सन 1545 को कालिंजर पर हमला किया था | शेरशाह बहुत ताकतवर था| मध्य भारत के राज्यों के गठबंधन होने के बावजूद भी वह अपने प्रयासों में बहुत सफल रहा, किन्तु एक आकस्मिक बारूद विस्फोट में उसकी मृत्यु हो गई | उसी साल रानी दुर्गावती ने अपने पुत्र को जन्म दिया जिसका नाम वीरनारायण रखा गया | इसके बाद सन 1550 में राजा दलपत शाह की मृत्यु हो गई | तब वीरनारायण सिर्फ 5 साल के थे | रानी दुर्गावती ने अपने पति की मृत्यु के बाद अपने पुत्र वीर नारायण को राजगद्दी पर बैठा कर खुद राज्य की शासक बन गई |

रानी दुर्गावती के गोंडवाना राज्य का शासक बनने के बाद उन्होंने अपनी राजधानी सिंगौरगढ़ किला जो कि वर्तमान में दमोह जिले के पास स्थित सिंगरामपुर में है, को कौरागढ़ किला जो कि वर्तमान में नरसिंहपुर जिले के पास स्थित गाडरवारा में है, में स्थानांतरित कर दिया | उन्होंने अपने राज्य को पहाड़ियों जंगलों और नालों के बीच स्थित कर इसे एक सुरक्षित जगह बना ली और एक बड़ी एवं अच्छी तरह से सुसज्जित सेना को बनाने में कामयाब रहीं | उनके शासन में राज्य की मानो शक्ल ही बदल गई | उन्होंने अपने राज्य में कई मंदिरों , भवनों और धर्मशालाओं का निर्माण किया | उनका राज्य बहुत ही समृद्ध और सम्पन्न हो गया था |

शेरशाह सूरी की मृत्यु के बाद सन 1556 में सुजात खां ने मालवा को अपने आधीन कर लिया क्योंकि शेरशाह सूरी का बेटा बाज बहादुर कला का एक महान संरक्षक था और उसने अपने राज्य पर ज्यादा ध्यान नहीं दिया | उसके बाद सुजान खां ने रानी दुर्गावती के राज्य पर हमला किया यह सोच कर कि वह एक महिला है, उसका राज्य आसानी से छीना जा सकता है | किन्तु उसका उल्टा हुआ | रानी दुर्गावती युद्ध जीत गई और युद्ध जीतने के बाद उन्हे देशवासियों द्वारा सम्मानित किया गया और उनकी लोकप्रियता में वृद्धि होती गई | रानी दुर्गावती का राज्य बहुत ही सम्पन्न था | यहाँ तक कि उनके राज्य की प्रजा लगान की पूर्ती स्वर्ण

मुद्राओं द्वारा करने लगी | इस तरह शासनकाल बहुत ही अच्छी तरह से चल रहा था |

अकबर के एक सूबेदार ख्वाजा अब्दुल मजीद खां जो आसफ खां के नाम से जाना जाता था, उसकी नजर रानी दुर्गावती के राज्य में थी | उस समय रानी दुर्गावती का राज्य रीवा और मालवा की सीमा को छूने लगा था | रीवा, आसफ खान के आधीन था और मालवा, अधम खान के आधीन था | आसफ खां ने रानी दुर्गावती के खिलाफ अकबर को बहुत उकसाया और अकबर भी उसकी बातों मे आ कर रानी दुर्गावती के राज्य को हड़प कर रानी को अपने रनिवास की शोभा बनाना चाहता था |अकबर ने लड़ाई शुरू करने के लिए रानी को एक पत्र लिखा, उसमें उसने रानी के प्रिय हाथी सरमन और उनके विश्वासपात्र वजीर आधारसिंह को अपने पास भेजने के लिए कहा | इस पर रानी ने यह मांग अस्वीकार कर दी , तब अकबर ने आसफ खां को मंडला में हमला करने का आदेश दे दिया |

सन 1562 में रानी दुर्गावती के राज्य मंडला में आसफ खां ने हमला करने का निर्णय किया | लेकिन जब रानी दुर्गावती ने उसकी योजनाओं के बारे में सुना तब उन्होंने अपने राज्य की रक्षा के लिए निर्णय लेकर योजना बनाई | उनके एक दीवान ने बताया कि मुगल सेना की ताकत के मुकाबले हम कुछ नहीं है | लेकिन रानी ने कहा कि शर्मनाक जीवन जीने की तुलना में सम्मान से मरना बेहतर है | फिर उन्होंने युद्ध करने का फ़ैसला किया और उनके बीच युद्ध छिड़ गया |

एक रक्षात्मक लड़ाई लड़ने के लिए रानी दुर्गावती जबलपुर जिले के नारी नाले के पास पहुंची , जो कि एक ओर से पहाड़ों की श्रंखलाओं से और दूसरी ओर से नर्मदा एवं गौर नदियों के बीच स्थित था | यह एक असमान लड़ाई थी क्योंकि, एक ओर प्रशिक्षित सैनिकों की आधुनिक हथियारों के साथ सेना थी और दूसरी ओर पुराने हथियारों के साथ कुछ अप्रशिक्षित सैनिक थे | रानी दुर्गावती के एक फौजदार अर्जुन दास की लड़ाई में मृत्यु हो गई, फिर रानी ने सेना की रक्षा के लिए खुद का नेतृत्व करने का फैसला किया | जब दुश्मनों ने घाटी में प्रवेश किया तब रानी के सैनिकों ने उन पर हमला कर दिया | दोनों तरफ के बहुत से सैनिक मारे

गए किन्तु रानी दुर्गावती इस लड़ाई में विजयी रहीं |

2 साल बाद सन 1564 मेंआसफ खां ने फिर से रानी दुर्गावती के राज्य पर हमला कने का निर्णय लिया | रानी ने भी अपने सलाहकारों के साथ रणनीति बनाना शुरू कर दिया | रानी दुश्मनों पर रात में हमला करना चाहती थी क्योंकि उस समय सैनिक सोये रहते हैं |लेकिन उनके एक सहयोगी ने उनका यह प्रस्ताव स्वीकार नहीं किया | सुबह आसफ खां ने बड़ी बड़ी तोपों को तैनात किया था | रानी दुर्गावती अपने हाथी सरमन पर सवार हो कर लड़ाई में शामिल हुई | रानी ने मुगल सेना को तीन बार वापस लौटने पर मजबूर किया किन्तु इस बार वे घायल हो चुकी थीं और एक सुरक्षित जगह पर जा पहुंची | इस लड़ाई मे उनके बेटे वीरनारायाण गंभीर रूप से घायल हो चुके थे , तब रानी ने विचलित न होते हुए अपने सैनिकों से वीरनारायण को सुरक्षित स्थान पँहुचाने को कहा, और वे फिर से युद्ध करने लगी |

रानी दुर्गावती मुगल सेना से युद्ध करते करते हुए बहुत ही बुरी तरह से घायल हो चुकी थी | 24 जून सन 1524 को लड़ाई के दौरान एक तीर उनके कान के पास से होते हुए निकला और एक तीर ने उनकी गरदन को छेद दिया और वे होश खोने लगी, | उस समय उनको लगने लगा की अब वे ये लड़ाई नहीं जीत सकेंगी | उनके एक सलाहकार ने उन्हे युद्ध छोड़ कर सुरक्षित स्थान पर जाने की सलाह दी, किन्तु उन्होंने जाने से मना कर दिया और उससे कहा दुश्मनो के हाथों मरने से अच्छा है कि अपने आप को ही समाप्त कर लो | रानी ने अपने ही एक सैनिक से कहा कि तुम मुझे मार दो किन्तु उस सैनिक ने अपने मालिक को मारना सही नहीं समझा इसलिए उसने रानी को मारने से मना कर दिया | तब रानी ने अपनी ही तलवार अपने सीने में मार ली और उनकी मृत्यु हो गई | इस दिन को वर्तमान में बलिदान दिवस के नाम से जाना जाता है | इस प्रकार एक बहादुर रानी मुगलों की ताकत को जानते हुए एक बार भी युद्ध करने से पीछे नहीं हटी और अंतिम सांस तक दुश्मनों के खिलाफ लड़ाई लड़ती रही | अपनी मृत्यु के पहले रानी दुर्गावती ने लगभग 15 वर्षों तक शासन किया |

भारतीय इतिहास की वीर महिलाओं में गिनी जाने वाली रानी दुर्गावती एक वीर, निडर और बहुत ही साहसी योद्धा थी | रानी दुर्गावती ने अपने अंतिम सांस तक मुगलों के साथ आजादी की लड़ाई लड़ी |

17

वीरांगना महारानी लक्ष्मी बाई

"खुशी का राज आजादी है और आजादी का राज बहादुरी है |"
   -कैरी जोन्स

महारानी लक्ष्मी बाई का नाम भारतीय इतिहास में एक ऐसी वीरांगना के रूप में जाना जाता है जिन्होंने भारत की आजादी के लिए अंग्रेजी साम्राज्य की जड़ें हिला दी और 23 वर्ष की उम्र में वीरगति को प्राप्त हुईं| वो नारी शक्ति की प्रतीक थीं | आइए जानते हैं इस वीरांगना की गौरव गाथा |

ऐसे वक्त में जब एक एक कर भारतीय राजा अंग्रेजों के सामने घुटने टेक रहे थे तब ये रानी लक्ष्मीबाई ही थी जिन्होंने अंग्रेजों का डटकर मुकाबला किया था | भारतीय वसुंधरा को गौरवान्वित करने वाली झांसी की रानी वीरांगना लक्ष्मीबाई वास्तविक अर्थ में आदर्श वीरांगना थीं | सच्चा वीर कभी आपत्तियों से नहीं घबराता है | प्रलोभन उसे कर्तव्य पालन से विमुख नहीं कर सकते | उसका लक्ष्य उदार और उच्च होता है | उसका चरित्र अनुकरणीय होता है | अपने पवित्र उद्देश्य की प्राप्ति के लिए वह सदैव आत्मविश्वासी, कर्तव्य पारायण, स्वाभिमानी और धर्मनिष्ठ होता है | ऐसी ही थी वीरांगना लक्ष्मीबाई |

महारानी लक्ष्मीबाई का जन्म 19 नवंबर 1835 को काशी (वाराणसी) में महाराष्ट्रीयन कराडे ब्राह्मण परिवार में हुआ था | इनके पिता का नाम मोरोपंत तांबे और माता का नाम भागीरथी बाई था | माता-पिता ने उनका नाम मणिकर्णिका रखा | लक्ष्मीबाई के पितामह बलवंत राव ,बाजीराव पेशवा की सेना में सेना नायक थे वह अपने पिता और पितामह के साथ झांसी के दरबार में जाया करती थी और बचपन से ही उस वातावरण में रहते हुए उनमे वीरता की भावना जाग उठी थी |

सभी प्यार से उन्हे 'मनु' कहकर पुकारते थे | मनु जब मात्र 4 वर्ष की थीं, तभी उनकी माता की मृत्यु हो गई |मनु से बचपन में ही शस्त्र और शास्त्र, दोनों की ही शिक्षा ली | इस दौरान लोग उन्हे प्यार से 'छबीली' के नाम से भी पुकारने लगे | सन 1850 में उनका विवाह झांसी के महाराजा गंगाधर राव के साथ हो गया और वे झांसी की रानी बन गई | विवाह पश्चात उनका नाम लक्ष्मी बाई रखा गया | सन 1851 में उनको पुत्र रत्न की प्राप्ति हुई | पर 4 माह पश्चात ही उसकी मृत्यु हो गई |

सारी झांसी शोक सागर में निमग्न हो गई | राजा गंगाधर राव को तो इतना गहरा धक्का लगा कि वे फिर स्वस्थ न हो सके और 20 नवंबर 1853 को मृत्यु से एक दिन पूर्व एक बालक को गोद लिया | इस दत्तक पुत्र का नाम दामोदर राव रखा गया | परंतु 21 नवंबर 1853 को राजा गंगाधर राव का निधन हो गया | यद्यपि महाराजा का निधन महारानी के लिए असहनीय था, लेकिन फिर भी वे घबराई नहीं, उन्होंने विवेक नहीं खोया | राजा गंगाधर राव ने अपने जीवनकाल में ही अपने परिवार के बालक दामोदर राव को दत्तक पुत्र मानकर अंग्रेजी सरकार को सूचना दे दी थी | परंतु ईस्ट इंडिया कंपनी की सरकार ने दत्तक पुत्र को राजा का वारीस मानने से इनकार कर दिया और झांसी को अंग्रेजी राज्य में मिलाने की घोषणा कर दी |

यह सूचना पाते ही रानी के मुख से यह वाक्य प्रस्फुटित हो गया, 'मैं अपनी झांसी नहीं दूँगी' |झांसी को शोक में डूबा देखकर अंग्रेजों ने कुटिल चाल चली और झांसी पर चढ़ाई कर दी | रानी ने भी ईंट का जवाब पत्थर से दिया और उन्हे वर्ष 1854 में अंग्रेजों से साफ कह दिया | 'मैं अपनी झांसी नहीं दूँगी' | झांसी के सदर बाजार स्थित स्टार फोर्ट पर 5 जून

1857 को विद्रोहियों ने कब्जा कर लिया, जिसके चलते झांसी में मौजूद सभी अंग्रेजों ने किले में शरण ली |

यह संघर्ष 6 जून से 8 जून 1857 तक चला, जिसमें, कैप्टन डनलप, लेफ्टिनेंट टेलर और कैप्टन गॉर्डन मारे गए | कैप्टन सकीन ने बचे हुए अंग्रेज सैनिकों सहित विद्रोही सैनिकों के समक्ष आत्मसमर्पण कर दिया | इसी दिन विद्रोही सैनिकों ने झोंकनबाग में 61 अंग्रेजों को मौत के घाट उतार दिया |

12 जून 1857 में महारानी ने एक बार फिर झांसी राज्य का प्रशासन संभाला, जो उनके पास 4 जून 1858 तक रहा |

यहीं से भारत की प्रथम स्वाधीनता क्रांति का बीज प्रस्फुटित हुआ | अंग्रेजों की राज्य लिप्सा की नीति से उत्तरी भारत के नवाब और राजे-महाराजे असन्तुष्ट हो गए और सभी में विद्रोह की आग भड़क उठी | रानी लक्ष्मी बाई ने इसको स्वर्णावसर माना और क्रांति की ज्वाला को अधिक सुलगाया तथा अंग्रेजों के विरुद्ध विद्रोह करने की योजना बनाई |

नवाब वाजिद अली शाह की बेगम हजरत महल, अंतिम मुगल सम्राट की बेगम जीनत महल, स्वयं मुगल सम्राट बहादुर शाह, नाना साहब के वकील अजीमूला, शाहगढ़ के राजा, वानपुर के राजा मर्दनसिंह और तात्या टोपे आदि सभी महारानी के इस कार्य में सहयोग देने का प्रयत्न करने लगे |

भारत की जनता में विद्रोह की ज्वाला भड़क गई | समस्त देश में सुसंगठित और सुदृढ़ रूप से क्रांति को कार्यान्वित करने की तिथि 31 मई 1857 निश्चित की गई, लेकिन इससे पूर्व ही क्रांति की ज्वाला प्रज्ज्वलित हो गई और 7 मई 1857 को मेरठ में तथा 4 जून 1857 को कानपुर में, भीषण विप्लव हो गए | कानपुर तो 28 जून 1857 को पूर्ण स्वतंत्र हो गया | अंग्रेजों के कमांडर सर हयुरोज ने अपनी सेना को सुसंगठित कर विद्रोह दबाने का प्रयत्न किया |

उन्होंने सागर, गढ़कोटा, शाहगढ़, मदनपुर, मदखेड़ा, वानपुर,तालबेहट पर अधिकार किया और नृशंसतापूर्ण अत्याचार किए | फिर झांसी की ओर अपना कदम बढ़ाया और अपना मोर्चा कैमासन

पहाड़ी के मैदान में पूर्व और दक्षिण के मध्य लगा लिया |

लक्ष्मीबाई पहले से ही सतर्क थी और वानपुर के राजा मर्दनसिंह से भी इस युद्ध की सूचना तथा उनके आगमन की सूचना प्राप्त हो चुकी थी | 23 मार्च 1858 को झांसी का ऐतिहासिक युद्ध आरंभ हुआ | युद्ध जब चरम पर पँहुचा तब रानी दत्तक पुत्र को पीठ पर बांधे और घोड़े की लगाम मुंह में दबाए किले के ऊपर से कूद कर दुश्मनों से निर्भीकता पूर्वक युद्ध करने लगी | रानी लक्ष्मी बाई ने सात दिन तक वीरतापूर्वक झांसी की सुरक्षा की और अपनी छोटी सी सशस्त्र सेना से अंग्रेजों का बड़ी बहादुरी से मुकाबला किया | रानी ने खुले रूप से शत्रु का सामना किया और युद्ध में अपनी वीरता का परिचय दिया | अपने सलाहकारों की सलाह से 3 अप्रैल 1858 को रानी आधी रात के समय 4-5 घुड़सवारों के साथ काल्पी की ओर रवाना हुई | अंग्रेज सैनिकों ने उनका पीछा किया, पर वे हाथ नहीं आयीं |

काल्पी पहुंचकर उन्होंने नाना साहब और उनके योग्य सेनापति तात्या टोपे से संपर्क स्थापित किया और विचार-विमर्श किया | काल्पी में महारानी और तात्या टोपे ने योजना बनाई और अंत में नाना साहब, शाहगढ़ के राजा, वानपूर के राजा मर्दनसिंह आदि सभी ने रानी का साथ दिया | रानी ने ग्वालियर पर आक्रमण किया और वहाँ के किले पर अधिकार कर लिया | विजयोल्लास का उत्सव कई दिनों तक चलता रहा लेकिन रानी इसके विरुद्ध थीं | यह समय विजय का नहीं था, अपनी शक्ति को सुसंगठित कर अगला कदम बढ़ाने का था |

18 जून 1858 को सेनापति हयुरोज अपनी सेना के साथ ग्वालियर के किले में हमला कर दिया | यह रानी का अंतिग युद्ध साबित हुआ और रानी ने अपनी सेना का कुशल नेतृत्व किया | अब रानी ने अपने दत्तक पुत्र दामोदर राव को रामचन्द्र देशमुख को सौंपकर अंग्रेजों से युद्ध करते हए सोनरेखा नाले की ओर बढ़ चलीं, किन्तु दुर्भाग्यवश रानी का घोड़ा घायल होने की वजह से इस नाले को पार नहीं कर सका | उसी समय पीछे से एक अंग्रेज सैनिक ने रानी पर तलवार से हमला कर दिया, जिससे उन्हे काफी चोट आई | और अंततः 23 वर्ष की अल्पायु में 18 जून 1858 को उन्होंने वीरगति प्राप्त की | रानी लक्ष्मी बाई ने स्वातंत्र्य

युद्ध में अपने जीवन की अंतिम आहूति देकर जनता जनार्दन को चेतना प्रदान की और स्वतंत्रता के लिए बलिदान का संदेश दिया | महारानी लक्ष्मीबाई का बलिदान हर भारतीय के लिए गौरव और प्रेरणा का स्रोत है |

18

वीरांगना भीमा बाई

"बहादुर वह नहीं है जिसको भय होता है, बल्कि बहादुर वो है जो भय को मात दे दे |"

- नेल्सन मंडेला

भीमाबाई महान देशभक्त और वीरहृदया थी | सन 1857 के लगभग उन्होंने अंग्रेजों से युद्ध करके अद्भुत वीरता और साहस का प्रदर्शन किया था | उनकी देशभक्ति और वीरता ने उन्हे अमर बना दिया | भीमाबाई दूसरी लक्ष्मीबाई थी | यद्यपि उनकी वीरता की कहानी बहुत लंबी नहीं है | पर जो भी है उसमें वीरता और साहस की अद्भुत गाथा है | जिसने उन्हे लक्ष्मीबाई जैसी भारतीय वीरांगनाओं की पंक्ति में बिठा दिया |

भीमाबाई का जन्म सन 1835 के लगभग होल्कर राज्य में हुआ था | वह होल्कर राज्य राजा की पुत्री थी | उनके पिता का नाम जसवंत और माता का नाम केसरी बाई था | भीमा बाई के माता पिता दोनों सूरवीर थे | उन्हे वीरता अपने पूर्वजों से ही प्राप्त हुई थी |

भीमा बाई बचपन से ही वीरता के चित्र बनाया करती थी | उन्हे गुड़िया गुड्डो के साथ खेलने की अपेक्षा शस्त्रों से खेलना बहुत पसंद था | बचपन से ही वह धनुष पर बाण रखकर निशाना लगाया करती थी |यह बच्ची जैसे जैसे उम्र की सीढ़ियों पर चढ़ने लगी वैसे वैसे उसकी वीरता का भी विकास होने लगा | बड़ी होने पर वह सैनिकों के वेश में घोड़ों की

सवारी करती थी | उसने नियमानुसार तलवार चलाने की शिक्षा प्राप्त की थी | वह जब सैनिक के वेश में घोड़े पर सवार होती थी तो बिल्कुल चंडी के समान लगती थी|

भीमा बाई का मन पढ़ने लिखने में बिल्कुल भी नहीं लगता था | फिर भी उन्हे मराठी भाषा का अच्छा ज्ञान था | वह मराठी में रामायण और महाभारत जैसे ग्रंथ पढ़ा करती थी | उन्हे "गीता" सर्वाधिक प्रिय थी | वे कहा करती थी – " गीता के अनुसार मनुष्य की आत्मा अमर है | अतः मनुष्य को भयभीत न होकर निरंतर अपने कर्तव्यों का पालन करते रहना चाहिए |"

भीमाबाई की शादी के कुछ वर्ष पश्चात ही उसके पति का देहांत हो गया और वह अपने मायके आकर रहने लगी |भीमाबाई अपने भाई मल्हार राव को उसके राज-काज में मदद करने लगी |

उन दिनों अंग्रेज सारे देश पर अपना पंजा जमाने में लगे हुए थे | वे देशी रियासतों को धीरे धीरे हड़पते जा रहे थे | वो देशी राजाओं को आपस में लड़ा देते थे | एक की सहायता करते तथा दूसरे के साथ युद्ध करके उसे हरा देते थे | तथा दोनों राज्यों को अपनी हुकूमत में मिला लेते थे | इस तरह अंग्रेज बड़ी चालाकी से अपने साम्राज्य का विस्तार करते जा रहे थे |

सारे देश की तरह मध्य भारत की रियासतों को भी अंग्रेज हड़पते जा रहे थे | वे शीघ्र ही होल्कर राज्य को भी हड़पना चाहते थे | क्योंकि मध्य भारत के राज्यों में होल्कर राज्य का काफी महत्वपूर्ण स्थान था |

परंतु भीमाबाई के पिता वीर जसवंत के सामने अंग्रेजों की एक नहीं चल पाती थी | जब तक राजा जसवंत जीवित रहे होल्कर राज्य की ओर देखने का अंग्रेजों ने साहस नहीं किया | लेकिन जब से राजा जसवंत की मृत्यु हो गई और होल्कर राज्य के शासन की बागडोर मल्हार राव ने अपने हाथ मे ली तो अंग्रेज धीरे धीरे होल्कर राज्य की ओर बढ़ने लगे | उन्होंने सोचा कि मल्हार राव अभी कच्ची उम्र का है और उसके पास अनुभव भी नहीं है | अतः आसानी से अपनी मुट्ठी में किया जा सकता है | अंग्रेज राज काज में बाधा डालने लगे | मल्हार राव भी यह समझ रहा था कि अंग्रेज उसके राज्य को हड़पना चाहते हैं |

मल्हार राव ने अपनी बड़ी बहन भीमाबाई से सलाह की | भीमाबाई भी अंग्रेजों के षड्यन्त्र को देख रही थी | उसने कहा,

"अंग्रेजों की गति को रोकने के लिए उनके साथ युद्ध करना ही होगा | उन्हे हमारे राज काज में बाधा डालने का कोई अधिकार नहीं|"

भाई बहन दोनों ने आपस में सलाह करके युद्ध का निश्चय कर लिया | दोनों बड़े उत्साह के साथ युद्ध की तैयारियां करने लगे | भीमा बाई प्रतिदिन घोड़े पर सवार होकर गाँव में निकल जाती थी | और अपनी ओजस्वी वाणी से जनता को जागृत करती थी | जिसके परिणाम स्वरूप हजारों युवक होल्कर की सेना में भर्ती हो गए | देखते ही देखते होल्कर राज्य की एक बहुत बड़ी और संगठित सेना तैयार हो गई | मल्हार राव ने युद्ध की घोषणा कर दी | मल्हार राव अपनी बड़ी बहन भीमा बाई के साथ सेना लेकर मुहीदपुर जा पहुंचा | उसकी सेना में दस हजार पैदल सैनिक, पंद्रह हजार घुड़सवार और आग उगलने वाली सौ तोपें थी | घुड़सवारों की कमान भीमा बाई के हाथों में थी |

उधर अंग्रेज सेनापति हिसलिप पहले से ही युद्ध के लिय तैयार था | जब उसके कानों में मल्हार राव के युद्ध की घोषणा पड़ी तो वह भी अपनी सेना लाकर मुहीदपुर जा पहुंचा | हिसलिप बहुत ही शूरवीर और अनुभवी सेनापति था | उसकी सेना में हिन्दुस्तानी और गोरे दोनों थे |

कितने दुर्भाग्य की बात है कि भारतीय सिपाही ही चंद रुपयों की खातिर भारत माँ के पैरों में गुलामी की जंजीरें डाल रहे थे | मुसलमान शासकों और अंग्रेजों ने भारत में शासन अपने बल पर नहीं, बल्कि उन हिंदुस्तानियों के बल पर किया था जिन्होंने चंद रुपयों और पद के मोह में फँसकर अपने प्राणों को भी विदेशियों के हाथों बेच दिया था |

अंग्रेज फौज के घुड़सवारों की कमान हंट के हाथों में थी | हंट अंग्रेज सेना का एक साहसी कैप्टन था | वह औसत दर्जे के कद का दुबला पतला आदमी था | उसकी वीरता के किस्से दूर दूर तक फैले हुए थे | उस अपनी रणविद्या पर बड़ा गर्व था | वह भीमाबाई से युद्ध करना नहीं चाहता था | उसे एक स्त्री के साथ युद्ध करना अपनी वीरता का अपमान लगता था | पर वह उसे देखना चाहता था | हंट अपने घुड़सवारों की फौज लेकर युद्ध के मैदान में आ पहुंचा |

हंट रण के मैदान में भीमा बाई की प्रतीक्षा करने लगा | वह अपनी ओर से सजग नहीं था, क्योंकि उसे अपनी युद्ध कला पर पूरा भरोसा था वह गर्व के साथ सोचता था कि एक नारी जो अपनी कोमल कलाइयों में कांच की चूड़ियाँ पहनती है वह क्या युद्ध करेगी ?

तभी हंट को आकाश पर उड़ती हुई धूल दिखाई पड़ी | धीरे धीरे धूल घनी हो गई और करीब आती गई | हंट समझ गया यह धूल भीमाबाई के घोड़ों की टापों से उठी हुई धूल है | वह उत्कंठित होकर उसी ओर देखने लगा | जिस प्रकार बादलों में बिजली चमकती है | उसी प्रकार उस धूल के बीच से निकलती हुई भीमाबाई दिखाई पड़ी | वह घोड़े पर सवार नीचे से लेकर ऊपर तक सैनिक वेश में थी |

हंट ने अपने जीवन में ऐसी नारी कभी नही देखी थी | वह विस्मित होकर भीमाबाई की ओर देखने लगा | पर भीमा बाई ने उसके पास पहुंचकर बिजली की तरह कड़कते हुए कहा,

"ये फिरंगी क्या देख रहे हो ? युद्ध करो |"

भीमा बाई ने कथन समाप्त करते करते तलवार हंट के ऊपर चला दी | हंट ने पैतरा बदलकर अपने को बचा लिया |हंट ने जब भीमा बाई के रौद्र रूप को देखा तो उनसे अपनी फौज को लड़ने का आदेश दिया |

युद्ध भूमि पर घोड़े हिनहिना उठे और घुड़सवारों का रोमांचकारी युद्ध होने लगा | हंट और भीमा बाई एक दूसरे पर वार करने लगे | हंट भीमा बाई के हाथों से तलवार गिरा देना चाहता था | पर भीमा बाई ने उसके कंधे पर ऐसा वार किया की खून की धारा निकल पड़ी | हंट गिरते गिरते बचा वह काफी घायल हो गया था |भीमा बाई गंभीर वाणी में बोल उठी,

"ये फिरंगी, हम घायल शत्रु पर वार नहीं करते | जाओ अपनी चिकित्सा कराओ |"

तभी हिसलिप भी हंट की मदद के लिए सेना लेकर पहुँच गया | दोनों सेनाओं के बीच घनघोर युद्ध होने लगा |परंतु मल्हार राव का हाथी उसे लेकर युद्ध के मैदान से भाग खड़ा हुआ |भीमा बाई ने अंग्रेजी सेना का डट कर मुकाबला कियां पर मल्हार राव के सैनिक पीछे हटने लगे | भीमाबाई के जीवन को खतरे में देखते हुए उसके सैनिकों ने उसे एक

सुरक्षित जगह पर ले गए | युद्ध में हार निश्चित जानकर अंततः मल्हार राव अंग्रेजों के साथ संधि करने को विवश हो गया | मंदसौर में अंग्रेजों और मल्हार राव के बीच संधि हुई |

इस युद्ध में ब्रिटिश सेना की जीत अवश्य हुई पर उनके बहुत से सैनिक हताहत हुए | भीमाबाई ने अभूतपूर्व वीरता का परिचय दिया था | एक नारी होकर भी युद्ध के मैदान में अंग्रेजी सेना का डट कर मुकाबला किया था | भीमाबाई की वीरता की कहानी इतिहास के पन्नों में दर्ज है |

19

वीरांगना रानी चेन्नाम्मा

- विंस्टन चर्चिल

भारत में अंग्रेजी राज्य के विरुद्ध पहला बड़ा विस्फोट 1857 में हुआ
| अंग्रेज लोग उसे केवल सिपाही विद्रोह मानते थे | लेकिन भारत के लोग
1857 के विस्फोट को प्रथम स्वतंत्रता संग्राम के रूप में ही याद करते
हैं | 1857 की क्रांति के नेताओं में झांसी की रानी लक्ष्मीबाई का नाम
सबसे पहले लिया जाता है | वास्तव में अंग्रेजों के छक्के छुड़ाकर रानी
लक्ष्मीबाई ने भारत की वीर नारियों की परंपरा निभाई थी | परंतु रानी
लक्ष्मीबाई से भी पूर्व हमारे स्वतंत्रता संग्राम का एक रोमांचक अध्याय
लिखा था, कित्तूर की वीर रानी चेन्नम्मा ने |

उन्नीसवीं शताब्दी में ही सत्तालोलुप अंग्रेजों से लोहा लेने वाली
सर्वप्रथम भारतीय वीरांगना चेनम्मा ही थी | भारत की वह सबसे पहली
रानी थी, जिसने फिरंगियों को मार भगाने के लिए कमर कसी और
अंग्रेजों के हमले से कित्तूर की रक्षा के लिए देशभक्तों की सुदृढ़ सेना खड़ी
की |

रानी चेन्नम्मा का जन्म 23 अक्टूबर 1778 में काकतीय राजवंश में हुआ | उसके पिता धूलप्पा देसाई और माता पद्मावावती ऐसी सुंदर कन्या को पाकर हर्ष से फूले न समाए | चेनम्मा शब्द का अर्थ ही है सुंदर कन्या |

चेन्नम्मा की शिक्षा-दीक्षा भी राजकुल के अनुरूप ही हुई घुड़सवारी , शास्त्रों का अभ्यास, आखेट आदि युद्ध कलाएं उसे अपने वीर पिता से उत्तराधिकार में मिली थीं |कन्नड, उर्दू, मराठी और संस्कृत भाषाओं का चेन्नम्मा को अच्छा ज्ञान था |

चेन्नम्मा का विवाह कित्तूर के राजा मल्लसर्ज से हुआ था, कित्तूर कर्नाटक यानी मैसूर राज्य के उत्तरी बेलगाम जिले में है | पूना से बंगलौर जाने वाली सड़क पर कित्तूर बेलगाम से 5 मील की दूरी पर स्थित है | वहाँ पर 72 दुर्गों और 358 गाँव से संयुक्त कित्तूर का सुंदर राज्य था | उन दिनों कित्तूर का यह राज्य व्यापार का प्रसिद्ध केंद्र भी था | यहाँ हीरे, जवाहरात के बाजार लगते थे और दूर -दूर से व्यापारी आते थे | कित्तूर में उन दिनों सुख-समृद्धि और शांति थी |राजा प्रजावत्सल और न्यायपरायण था और प्रजा आज्ञाकारिणी तथा राजा कित्तूर राज्य के ग्यारहवें शासक थे | वह धीर, गंभीर, साहसी, स्वाभिमानी और कला प्रेमी थे | उनकी महत्त्वाकांक्षा कित्तूर को अति सम्पन्न राज्य बनाने की थी, किन्तु पूना के पटवर्धन ने चालाकी और मक्कारी से उनको बंदी बना लिया | अंत में बंदी के रूप में ही उनकी मृत्यु हो गई | राजा की बड़ी रानी थी –रुद्रम्मा और छोटी थी चेन्नम्मा|

चेन्नमा अत्यंत रूपवती और गुणवती थी | उसने एक पुत्र को जन्म दिया लेकिन बच्चे की अकाल मृत्यु हो गई | राजा मल्लसर्ज की मृत्यु के बाद उनके पुत्र रुद्रसर्ज ने गद्दी सम्भाली | चेन्नम्मा ने रुद्रम्मा के पुत्र शिवलिंग रुद्रसर्ज को राजकाज में अपना भरपूर सहयोग प्रदान किया |

उस समय तक भारत में अंग्रेजी राज्य की जड़ें दूर-दूर तक फैल चुकी थीं | दक्षिण में धारवाड़ ईस्ट इंडिया कंपनी का एक प्रमुख केंद्र बना हुआ था | कंपनी सरकार के अंग्रेज कर्मचारी भारत में सब जगह अपने राज्य का विस्तार करने की ताक में रहते थे | अत: धारवाड़ के समीपवर्ती क्षेत्र में कित्तूर के छोटे राज्य का स्वतंत्र रहना उन्हे पसंद नहीं आया | वह

उनकी आँख में कांटे की तरह खटकने लगा | अंग्रेजों की लालची निगाहें कित्तूर के राजकोष और राज्य की अतुल धनराशि पर लगी हुई थी | उस समय कित्तूर का शासक राजा शिवलिंग रुद्रसर्ज ही था, वह अंग्रेजों का मित्र था और उसने समय समय पर अंग्रेजों की सहायता की थी | लेकिन छल-बल से अपने राज्य का विस्तार करने की इच्छा रखने वाले अंग्रेजों ने उसकी मित्रता शीघ्र ही भुला दी और 11 दिसंबर 1824 को उसकी मृत्यु होने पर उन्होंने कित्तूर राज्य को हड़पने की योजना बनाई | उनको एक बहुत अच्छा बहाना भी मिल गया, क्योंकि राजा निःसंतान मरा था | वैसे मृत्यु से पूर्व राजा ने अपने एक संबंधी गुरुलिङ्ग मल्लसर्ज को गोद ले लिया था और वसीयत की थी कि राज्य का भार राजमाता चेन्नम्मा संभाले |

अंग्रेज उन दिओं ऐसी रियासतों को हथिया लेने की ताक में रहते थे, जिनके राजा निःसंतान मरते थे | गोद लिए हुए पुत्र को वह उत्तराधिकारी नहीं मानते थे | उस समय गवर्नर डलहौजी की यह नीति थी | अतः राजा शिवलिंग रुद्रसर्ज की मृत्यु होते ही धारवाड़ के कलेक्टर और राजनीतिक प्रतिनिधि थैकरे ने गोद लिए हुए पुत्र गुरुलिङ्ग मल्लसर्ज को कित्तूर राज्य का उत्तराधिकारी मानने से इनकार कर दिया और कित्तूर को अंग्रेजी राज्य में मिलाने की भरसक कोशिश करने लगा |

थैकरे ने रानी चेन्नम्मा को भांति-भांति के संदेश भेजे और प्रलोभन दिये | मगर रानी अपनी स्वाधीनता का सौदा करने पर राजी न हुई | किन्तु शीघ्र ही थैकरे को अपना इरादा पूरा करने के लिए कित्तूर राज्य यल्लप्प शेट्टी और वेंकटराव नामक दो देशद्रोही मिल गए | थैकरे ने उन्हे कित्तूर का आधा-आधा राज्य सौंप देने का लालच दिया | बदले में वे कित्तूर के सभी भेद खोलने और सहायता देने को तैयार हो गए | यल्लप्प ने थैकरे को बताया कि जब तक रानी चेन्नम्मा मौजूद है, कंपनी सरकार की दाल नहीं गल सकती |

उधर रानी चेन्नम्मा अंग्रेजों के दांव-पेंच और कूटनीति का सामना करने के उपाय सोचने लगी | उसे निराशा का कोई कारण दिखाई नहीं देता था, क्योंकि यदि कित्तूर में यलप्प शेट्टी और वेंकटराव जैसे देशद्रोही थे तो वहाँ सिद्दप्पा जैसे कुशल दीवान और बालनर्या रायनर्या , गजवीर

और चेन्नवासप्पा जैसे वीर योद्धा भी थे , जिनके रहते कित्तूर के लिए तुरंत कोई खतरा न था |

रानी ने अपने विश्वासी दीवान से राय लेकर थैकरे को यह संदेश दिया कि कित्तूर राज्य के उत्तराधिकारी का प्रश्न राज्य का निजी प्रश्न है, जिसमें कंपनी सरकार को हस्तक्षेप करने का कोई अधिकार नहीं है |कित्तूर स्वतंत्र राज्य है और स्वतंत्र ही रहेगा | इसके लिए आवश्यक हुआ तो हम युद्ध भी करेंगे, वरना हमें शांति पसंद है |

राज्य की जनता के नाम रानी चेनम्मा ने यह संदेश दिया कि,

“कंपनी सरकार हमसे कित्तूर लेना चाहती है लेकिन जब तक तुम्हारी रानी की नसों में रक्त की एक भी बूंद है, कित्तूर किसी के सामने सिर नहीं झुकाएगा | पराधीन होने से मर जाना अच्छा है, इसलिए राज्य को दासता की जंजीरों से बचाने के लिए मैं अंग्रेजों से सशस्त्र संग्राम करूंगी |”

कित्तूर की जनता अंग्रेजों की चाल से भली -भांति परिचित थी और तन -मन-धन से अपनी रानी चेन्नम्मा के साथ थी | अवसर देखकर अंग्रेजों ने कित्तूर राज्य के क्षेत्र में अपने सिपाही बैठा दिए | थैकरे स्वयं बड़ी सेना लेकर कित्तूर जा पहुंचा | रानी उसे हतोत्साहित नहीं हुई | उसके राज्य में पहले से ही सर्वत्र युद्ध की तैयारियां होने लगी थी, रानी ने बड़े रणकौशल के साथ अंग्रेजों से जूझने की योजना बना रखी थी |

23 सितंबर 1824 का दिन भारतीय स्वतंत्रता संग्राम के इतिहास में स्मरणीय रहेगा | उस दिन कित्तूर के किले पर अंग्रेजों ने घेरा डाल दिया और उनके मदांध नेता थैकरे ने किले के बाहर से धमकी दी, तभी अचानक किले का फाटक खुला और मर्दाने वेश में रानी चेन्नम्मा शेरनी की भांति अंग्रेजों की सेना पर टूट पड़ी | उसके पीछे दो हजार देशभक्तों की जुझारू फौज थी | भयानक युद्ध हुआ | कित्तूर के सैनिक अपने प्राण हथेली पर रखकर आए थे | रानी की प्रेरणा ने उनमें बिजली की शक्ति भर दी | उनके प्रचंड वेग को अंग्रेज सेना सह न सकी | चेन्नम्मा की तलवार ने कहर मचा दिया , थैकरे मारा गया और अंग्रेज सेना भाग खड़ी हुई |

देशद्रोही यलप्पा शेट्टी और वेंकटराव की भी गरदन धड़ से अलग कर दी गई | बहुत से सैनिक और गोरे अफसर मारे गए और बंदी बना लिए गए | चेन्नम्मा ने अंग्रेज अफसरों के साथ उदारता का व्यवहार किया और उन्हे छोड़ दिया |रानी की यही उदारता उसके जीवन का काल बन गई |

थोड़े ही दिनों में स्वतंत्रता की यह लपट मालप्रभा और कित्तूर के निकटवर्ती सभी इलाकों में फैल गई और मद्रास और बंबई से अंग्रेजों को बहुत बड़ी सेना मंगानी पड़ी | कित्तूर के किले पर अंग्रेजों ने दूसरा बड़ा घेरा 3 दिसंबर 1824 को डाल दिया | इस बार अंग्रेजों की सेना की कमान डीकन के हाथ में थी | अंग्रेजों के पास सेना भी अधिक थी और हथियार भी अधिक थे | लेकिन कित्तूर के देशभक्तों की वीरता के सम्मुख दुबारा हार माननी पड़ी |

5 दिसंबर 1824 को अंग्रेजों ने पुन: सारी शक्ति लगाकर घेरा डाला | कित्तूर की बची-खुची शक्ति इकट्ठी करके रानी चेन्नम्मा ने एक बार फिर अंग्रेजों के आक्रमण का सामना किया और कित्तूर के रणबांकुरों ने अपनी जान की बाजी लगाकर किले की रक्षा की मगर अंग्रेजों की सुसज्जित सेना और भारी तोपखाने का मुट्ठी भर स्वाभिमानी देशभक्त भला कब तक सामना करते ? अंग्रेजों ने किले पर कब्जा कर लिया |

रानी चेन्नम्मा को बंदी बना लिया और कित्तूर को लूट लिया | तीन हजार घोड़े, सैकड़ों हाथी दो हजार ऊंट, 36 लोहे और कांसे की तोपें, 5600 बंदूकें , 14 लाख नकद रुपया, हीरा-मोती और स्वर्ण आभूषण उनके हाथ लगा | रानी चेन्नम्मा को बेलहोंगल के दुर्ग में कारागार में डाल दिया गया | उनके सेना नायकों को फांसी दे दी गई | रानी चेन्नम्मा ने जब यह समाचार सुना तो बंदीगृह में 21 फरवरी 1829 को उनकी जीवन ज्योति सदा के लिए बुझ गई |

इस प्रकार स्वतंत्रता संग्राम का एक रक्तरंजित अध्याय समाप्त हो गया | कर्नाटक में आज भी कित्तूर की रानी चेन्नम्मा की वीर गाथा घर-घर सुनाई देती है | धन्य है इस नारी शक्ति को !

20

वीरांगना हाड़ी रानी

"प्रेम के बिना त्याग नहीं होता और त्याग के बिना प्रेम असंभव है।"

\- रवीन्द्रनाथ टैगोर

राजस्थान के इतिहास की यह वो घटना है जब एक रानी ने विवाह के महज सात दिन बाद अपना शीश खुद अपने हाथों से काटकर पति को निशानी के तौर पर रणभूमि में भिजवा दिया था ताकि उसका पति उसके रूप-यौवन को भूल कर अपना कर्तव्य पूरी निष्ठा से कर पाए। यह आज तक के इतिहास में एक पत्नी के द्वारा अपने पति को उसका फर्ज याद दिलाने के लिए किया गया सबसे बड़ा बलिदान है।

यह रानी बूंदी के हाड़ा शासक की बेटी थी और उदयपुर (मेवाड़) के सलुम्बर ठिकाने के रावत चुण्डावत की रानी थी। इतिहास में यह हाड़ा रानी के नाम से प्रसिद्ध है।

शादी को महज एक सप्ताह हुआ था। न हाथों की मेहंदी छूटी थी और न ही पैरों का आलता। सुबह का समय था। हाड़ा सरदार नींद में थे। रानी सज धजकर राजा को जगाने आई। उनकी आँखों में नींद की खुमारी साफ झलक रही थी। रानी ने हंसी ठिठोली से उन्हे जगाना चाहा।

इस बीच दरबान संदेश लेकर आ गया। रानी ने राजा को जगाते हुए यह संदेश देते हुए कहा कि महाराणा का दूत काफी देर से खड़ा है। आपके लिए कोई आवश्यक पत्र लाया है। असमय में दूत के आगमन का

समाचार सुनकर राजा को आश्चर्य हुआ | वो सोचने लगे कि अवश्य कोई विशेष बात होगी | राजा ने हाड़ी रानी को अपने कक्ष में जाने को कहा, और दूत को इंतजार करने का संदेश भिजवाया |

जब वे बैठक में आए तो उनकी निगाह राणा के दूत पर पड़ी | औपचारिकता के बाद राजा ने दूत से कहा,

"अरे शार्दूल तुम इतनी सुबह कैसे आए?, राणा ने मुझे क्यों याद किया है ?"

शार्दूल और राजा में गहरी दोस्ती थे | सामान्य दिन होते तो शार्दूल भी राजा के साथ हंसी मजाक करता | वह भी काफी हंसोड़ था | हंसी मजाक के बिना नहीं रह सकता था | लेकिन वह गंभीर बना रहा और राणा राजसिंह का पत्र राजा को दे दिया | पत्र में राजा के लिए तुरंत युद्ध के लिए प्रस्थान करने का निर्देश लिखा था | पत्र में लिखा था –

"वीरवर, अविलंब अपनी सैन्य डुकड़ी को लेकर औरंगजेब की सेना को रोको | मुसलमान सेना औरंगजेब की सहायता के लिए आगे बढ़ रही है | मैं इस समय औरंगजेब को घेरे हुए हूँ | उसकी साहायता को बढ़ रही सेना को कुछ समय के लिए रास्ते में ही उलझाकर रखों ताकि वह शीघ्र ही आगे न बढ़ सके | तब तक मैं पूरा काम निपटा लेता हूँ | तुम इस कार्य को बड़ी कुशलता से कर सकते हो | यद्यपि यह बड़ा खतरनाक कार्य है | जान की बाजी भी लगानी पड़ सकती है |पर मुझे तुम पर भरोसा है |"

हाड़ा सरदार के लिए यह परीक्षा की घड़ी थी | एक ओर मुगलों की विशाल सेना आ रही थी जबकि उसका मुकाबला करने के लिए हाड़ा सरदार की छोटी सी सैन्य टुकड़ी थी |

राणा राजसिंह ने मेवाड़ के छीने हुए क्षेत्रों को मुगलों के चंगुल से मुक्त करा लिया था | औरंगजेब के पिता शाहजहाँ ने अपनी एडी चोटी की ताकत लगा दी थी और वह शांत होकर बैठ गया था | अब शासन की बागडोर औरंगजेब के हाथों में आई थी |

राणा राजसिंह से चारुमती के विवाह ने औरंगजेब की द्वेष भावना को और भी भड़का दिया था |इसी बीच में एक बात और हो गई थी जिसने राणा राजसिंह और औरंगजेब को आमने सामने लाकर खड़ा कर दिया था | औरंगजेब का फरमान था कि इस्लाम कुबूल करो या हिन्दू बने

रहने का दंड भरो | उसने इस फरमान के द्वारा हिंदुओं पर जजिया कर लगाया था | यह सम्पूर्ण हिन्दू जाति का अपमान था जो राणा राजसिंह को स्वीकार नहीं था |

राणा राजसिंह ने इसका विरोध किया था | परिणाम यह हुआ की कई अन्य हिन्दू राजाओं ने जजिया कर देने से मना कर दिया था | गुलामी की जंजीरों को तोड़ फेंकने की अग्नि जो मंद पड़ गई थी वह फिर से प्रवज्जलित हो गई थी | दक्षिण में शिवाजी, बुन्देलखंड में छत्रसाल, पंजाब में गुरु गोविंद सिंह , मारवाड़ में राठौड़ वीर दुर्गादास मुगल सल्तनत के विरुद्ध उठ खड़े हुए थे | यहाँ तक कि आमेर के मिर्जा राजा जयसिंह और मारवाड़ के राजा जसवंत सिंह जो मुगल सल्तनत के दो प्रमुख स्तम्भ थे उनमें भी स्वतंत्रता प्रेमियों के प्रति सहानुभूति उत्पन्न हो गई थी |

मुगल बादशाह ने मेवाड़ पर आक्रमण कर दिया था | राणा राजसिंह ने सेना के तीन भाग किए थे | मुगल सेना के अरावली में घुसने ना देने का दायित्व अपने बेटे जयसिंह को सौंपा था | अजमेर की ओर से औरंगजेब को मिलने वाली सहायता को रोकने का काम दूसरे बेटे भीम सिंह का था | वे स्वयं और दुर्गादास राठौड़ के साथ औरंगजेब की सेना पर टूट पड़े थे | बाकी मोर्चों पर उन्हे विजय प्राप्त हुई थी |बड़ी कठिनाई से किसी प्रकार औरंगजेब प्राण बचाकर निकल सका था | मेवाड़ के राणा की यह जीत ऐसे थी कि उनके जीवन काल में फिर कभी औरंगजेब उनके विरुद्ध सिर न उठा सका था |

मुगल बादशाह औरंगजेब जब चारों ओर राजपूतों से घिर गया | तब उसने दिल्ली से अपनी सहायता के लिए अतिरिक्त सेना बुलवाई थी | राणा को यह पहले ही ज्ञात हो चुका था | उन्होंने मुगल सेना के मार्ग में अवरोध उत्पन्न करने के लिए हाड़ा सरदार को पत्र लिखा था | वही संदेश लेकर शार्दूल सिंह मित्र के पास पहुंचा था|

एक क्षण का भी विलंब न करते हुए हाड़ा सरदार ने अपने सैनिकों को कूच करने का आदेश दे दिया था | अब वह पत्नी से अंतिम विदाई लेने के लिए उसके पास पहुंचा था | केसरिया बाना पहने युद्ध वेश में सजे पति को देखकर हाड़ी रानी चौंक पड़ी और पूछा,

कहाँ चले स्वामी ? इतनी जल्दी | अभी तो आप कह रहे थे कि चार छह महीनों के लिए युद्ध से फुरसत मिली है आराम से कटेगी यह क्या ?

"प्रिय ,पति के शौर्य और पराक्रम को परखने के लिए ही तो क्षत्राणियाँ इसी दिन की प्रतीक्षा करती हैं | वह शुभ घड़ी अभी आ गई है |देश में शत्रुओं से दो दो हाथ करने का अवसर मिला है | मुझे यहाँ से अविलंब निकलना है | हँसते हँसते विदा दो , पता नहीं फिर कभी भेंट हो या न हो ", हाड़ा सरदार ने पत्नी से मुस्कुराते हुए कहा |

हाड़ा सरदार का मन आशंकित था | सचमुच ही यदि मैं न लौटा तो मेरी इस अर्धांगिनी का क्या होगा ? एक ओर कर्तव्य था तो दूसरी ओर पत्नी का मोह | इसी अंतर्द्वंद में उसका मन फंसा था | उसने राणा के पत्र के बारे में पत्नी को विस्तार से बता दिया | विदाई मांगते समय पति का गला भर आया |यह हाड़ा रानी की आँखों से छिपा न रह सका |

हताश मन व्यक्ति को विजय से दूर ले जाता है | उस वीर बाला को यह समझते देर न लगी कि पति रणभूमि में तो जा रहा है पर मोहग्रस्त होकर | पति विजयश्री प्राप्त करे इसके लिए उनसे कर्तव्य की वेदी पर अपने मोह की बलि दे दी | वह पति से बोली,

"स्वामी जरा ठहरिए , मैं अभी अभी आई |"

वह दौड़ी दौड़ी अंदर गई , आरती का थाल सजाया, पति के मस्तक पर टीका लगाया, उसकी आरती उतारी और पति से बोली,

"मैं धन्य हो गई , ऐसा वीर पति पाकर | हमारा आपका तो जन्म जन्मांतर का साथ है | राजपूत स्त्रियाँ इसी दिन के लिए तो पुत्र को जन्म देती हैं , आप रण में जाएँ स्वामी | मैं विजय माला लिए द्वार पर आपकी प्रतीक्षा करूंगी |"

उसने उमड़ते हुए आंसुओं को पी लिया | पति को दुर्बल नहीं करना चाहती थी | चलते चलते पति उससे बोला,

"प्रिय, मैं तुमको कोई सुख न दे सका, बस इसका ही दुख है मुझे भूल तो न जाओगी | यदि मैं न रहा तो .....| उसके वाक्य पूरे भी न हो पाए थे कि हाड़ी रानी ने उसके मुख पर हथेली रख दी और कहा,

" न स्वामी न | ऐसी अशुभ बातें न बोलें| मैं वीर राजपूतनी हूँ, फिर वीर की पत्नी हूँ | अपना अंतिम धर्म अच्छी तरह जानती हूँ | आप निश्चिंत होकर प्रस्थान करें |देश के शत्रुओं के दांत खट्टे करें | यही मेरी प्रार्थना है |"

हाड़ा सरदार ने घोड़े को एड़ लगाई | रानी उसे एकटक निहारती रही जब तक वह आँखों से ओझल न हो गया | रानी के आँसू बह चले |

हाड़ा सरदार अपनी सेना के साथ हवा से बाते करता उड़ा जा रहा था किन्तु उसके मन में रह रह कर आ रहा था कि कहीं सचमुच मेरी पत्नी मुझे बिसरा न दे ? वह मन को समझाता रहा पर उसका ध्यान उधर ही चला जाता | अंत में उससे रहा न गया | उसने आधे मार्ग से अपने विश्वस्त सैनिकों को रानी के पास भेजा | उसको फिर से स्मरण कराया कि मुझे भूलना मत | मैं जरूर लौटूँगा |

संदेश वाहक को आश्वस्त कर रानी ने लौटाया | दूसरे दिन एक और वाहक आया | फिर वही बात | तीसरे दिन फिर एक आया | इस बार वह पत्नी के नाम सरदार का पत्र लाया था | उसमें लिखा था,

"प्रिय, मैं यहाँ शत्रुओं से लोहा ले रहा हूँ | मैंने शत्रु सेना को रोक दिया है | यह तो तुम्हारे रक्षा कवच का प्रताप है | पर तुम्हारी बड़ी याद आ रही है | पत्र वाहक द्वारा कोई अपनी प्रिय निशानी अवश्य भेज देना | उसे ही देखकर मेरा मन हल्का हो जाएगा |"

हाड़ी रानी पत्र पढ़कर सोच में पड़ गई | युद्धरत पति का मन यदि मेरी याद में ही रमा रहा तो वह शत्रुओं से कैसे लड़ेंगे ? उसके मन में विचार कौंधा | वह सैनिक से बोली,

" वीर ,मैं तुम्हें अपनी अंतिम निशानी दे रही हूँ | इसे ले जाकर उन्हे दे देना , थाल में सजाकर सुंदर वस्त्र से ढक कर अपने वीर सेनापति के पास पहुंचा देना | किन्तु ध्यान रहे इसे कोई और न देखे | वे ही खोल कर देखें | साथ में मेरा यह पत्र भी दे देना | "

हाड़ी रानी ने पत्र में लिखा,

"प्रिय, मैं तुम्हें अपनी अंतिम निशानी भेज रही हूँ | तुम्हारे मोह के सभी बंधनों को काट रहीं हूँ | अब बेफिक्र होकर अपने कर्तव्यों का पालन करें | मैं चली ....स्वर्ग में तुम्हारी बाट जोहूँगी |

ऐसा कहकर पलक झपकते ही हाड़ी रानी अपने कमर से तलवार निकाल, एक झटके में अपने सिर को उड़ा दिया | सिर धरती पर लुढ़क गया | सिपाही के नेत्रों से अश्रु धारा बह निकली | उसने कर्तव्य पालन करते हुए स्वर्ण थाल में हाड़ी रानी के कटे सिर को सजाया | सुहाग के चूनर से उसको ढका | और भारी मन से युद्ध भूमि की ओर निकल पड़ा |

सिपाही युद्ध भूमि में पहुंचा |उसकी आँखों में अश्रु धारा बह रही थी | उसे देखकर हाड़ा सरदार स्तब्ध रह गया | उनसे पूछा ,

"क्यों यदु सिंह रानी की निशानी ले आए ?"

यदु ने काँपते हाथो से थाल हाड़ा सरदार की ओर बढ़ा दिया | हाड़ा सरदार ने जब कपड़ा उठा कर देखा तो उसमें रानी का कटा सिर था |उसके मुख से सिर्फ इतना निकला , " ऊफ ! रानी तुमने यह क्या कर डाला!

हाड़ा सरदार के मोह के सारे बंधन टूट चुके थे | वह शत्रु पर टूट पड़ा | इतना अप्रतिम शौर्य दिखाया कि उसकी मिसाल मिलना बड़ा कठिन है | वह आखिरी सांस तक लड़ता रह | औरंगजेब की सहायक सेना को आगे नहीं बढ़ने दिया जब तक मुगल बादशाह मैदान छोड़कर भाग नहीं गया |

इस विजय का श्रेय किसको ? राणा राज सिंह को या हाड़ा सरदार को या हाड़ी रानी को जिसने अपने प्राणों को न्योछावर कर वीरांगना होने की अनोखी मिसाल पेश की | प्रणाम है नारी शक्ति को !

21

क्रांतिकारी दुर्गा देवी

"संसार में सबसे बड़े अधिकार सेवा और त्याग से मिलते हैं।"

-प्रेमचंद

भगत सिंह, सुखदेव,राजगुरु चंद्रशेखर आज़ाद जैसे कई क्रांतिकारियों की वीरता की कहानी आज भी इस वतन की हवाओं में मौजूद हैं जबकि इस देश की महिलाएं भी देश की आज़ादी के लिए अपना सर्वस्व न्यौछावर करने में पीछे नहीं थीं। अंग्रेज़ी हुकूमत के सामने उन्हें सिर कटाना मंज़ूर था, सर झुकाना नहीं। ऐसी कई महिलाओं के बारे हम थोड़ा-बहुत तो जानते हैं लेकिन बहुत सारी क्रांतिकारी महिलाओं की कहानियां इतिहास के पन्नों में कहीं गुम हो गईं। ऐसी ही एक वीरांगना थीं, भगत सिंह की भाभी दुर्गा देवी वोहरा।

कौन थीं दुर्गा देवी वोहरा ?

भगत सिंह पर बनी कई फ़िल्मों में दुर्गा देवी उर्फ़ दुर्गा भाभी का ज़िक्र किया गया है। दुर्गा देवी को उस महिला के रूप में दिखाया गया है जिसने जॉन सॉन्डर्स की हत्या के बाद, भगत सिंह को लाहौर से भागने में मदद की थी।

दुर्गा भाभी का जन्म 7 अक्टूबर 1907 को शहजादपुर ग्राम अब कौशांबी जिला में पंडित बाँके बिहारी के यहाँ हुआ। इनके पिता

इलाहाबाद कलेक्ट्रेट में नाजिर थे और इनके बाबा महेश प्रसाद भट्ट जालौन जिला में थानेदार के पद पर तैनात थे |इनके दादा पंडित शिवशंकर शहजादपुर में जमींदार थे |माता के देहांत के बाद उनके पिता ने सन्यास ले लिया और उनकी चाची ने ही उनका पालन किया | 11 साल की उम्र में दुर्गा देवी का विवाह, लाहौर में रहने वाले संपन्न गुजराती, भगवती चरण वोहरा के साथ कर दिया गया| भगवती चरण बोहरा राय साहब का पुत्र होने के बावजूद अंग्रेजों की दासता से देश को मुक्त कराना चाहते थे | वे क्रांतिकारी संगठन के प्रचार सचिव थे | वर्ष 1920 में पिता जी की मृत्यु के पश्चात भगवती चरण वोहरा खुलकर क्रांति में आ गए और उनकी पत्नी दुर्गा भाभी ने भी पूर्ण रूप से सहयोग किया |

सन 1923 में भगवती चरण वोहरा ने नेशनल कालेज से बी ए की परीक्षा उत्तीर्ण की और दुर्गा भाभी ने प्रभाकर की डिग्री हासिल की | दुर्गा भाभी का मायका व ससुराल दोनों पक्ष सम्पन्न था | ससुर शिवचरण जी ने दुर्गा भाभी को 40 हजार व पिता बाँके बिहारी ने पाँच हजार रुपये संकट के दिनों के लिए दिए थे लेकिन इस दंपती ने इन पैसों का उपयोग क्रांतिकारियों के साथ मिलकर देश को आजाद कराने में उपयोग किया | भगत सिंह व बटूकेश्वर दत्त जब केन्द्रीय असेंबली में बम फेंकने जाने लगे तो दुर्गा भाभी व सुशीला मोहन ने अपनी बाहें काट कर अपने रक्त से दोनों क्रांतिकारियों को रक्त से तिलक लगाकर विदा किया था | असेंबली में बम फेंकने के बाद इन लोगों को गिरफ्तार कर लिया गया तथा फांसी दे दी गई |

क्रांतिकारियों के संपर्क में कैसे आईं दुर्गा देवी ?

1920 के शुरुआत में ही भगवती चरण वोहरा ने सत्याग्रह में हिस्सा लेना शुरू कर दिया था | वे लाहौर के नेशनल कॉलेज के छात्र थे | इसी कॉलेज में भगत सिंह, सुखदेव, यशपाल भी पढ़ते थे | सभी दोस्तों ने मिलकर नौजवान भारत सभा की शुरुआत की | इस ग्रुप का मकसद था युवाओं को स्वतंत्रता संग्राम से जोड़ना और सांप्रदायिकता और अस्पृश्यता जैसी

सामाजिक बुराइयों को खत्म करना | लाहौर स्थित भगवती चरण वोहरा के घर पर क्रांतिकारी दोस्तों का आना-जाना लगा रहता था | इस तरह से दुर्गा देवी वोहरा भी क्रांतिकारियों के संपर्क में आईं और Hindustan Socialist Republican Association की सक्रीय सदस्य बन गईं |

'पत्नी' बनकर बचाई भगत सिंह की जान

19 दिसंबर, 1928 को भगत सिंह, सुखदेव और राजगुरु ने जॉन सॉन्डर्स की हत्या कर दी | जॉन सॉन्डर्स ही लाला लाजपत राय की मृत्यु का ज़िम्मेदार था | इस हत्या को अंजाम देने के बाद पुलिस से बचकर तीनों को लाहौर से निकलना था | भगवती चरण वोहरा इस दौरान कांग्रेस सेशन में हिस्सा लेने के लिए कोलकाता गए हुए थे | तीनों क्रांतिकारी मदद के लिए दुर्गा देवी वोहरा के पास पहुंचे | दुर्गा देवी के पास जो जमा पूंजी थी वो उन्होंने क्रांतिकारियों को दे दिए | दुर्गा देवी 'भगत सिंह की पत्नी' बनकर लाहौर से ट्रेन के ज़रिए निकलने को भी तैयार हो गईं | पुलिस से बचकर लाहौर से निकलने के लिए भगत सिंह ने अपने लंबे केश, दाढ़ी कटवा लिए थे |

वो ऐसा दौर था कि पुरुषों और महिलाओं का मिलना-जुलना, बात-चीत करना अशोभनीय समझा जाता था | समाज की परवाह किए बगैर दुर्गा भाभी ने पुरुष क्रांतिकारियों के साथ कंधे से कंधा मिलाकर काम किया | लोग क्या कहेंगे इसकी चिंता किए बगैर एक क्रांतिकारी की पत्नी बनने का नाटक तक किया | उनका साथ देने के लिए राजगुरु उनके नौकर बन गए |तीन साल के बच्चे को गोद में उठाकर भगत सिंह, दुर्गा देवी और राजगुरु के साथ लखनऊ के लिए फ़स्ट क्लास कोच में बै० गए | इस तरह लाहौर से भागने से सफल रहे |

क्रांतिकारियों के खत उनके घरों तक पहुंचाती थी

महिला क्रांतिकारियों को उस दौर में हथियार, असला-बारूद इधर से उधर पहुंचाने का काम दिया जाता था | वो संदेशवाहक का भी काम करती थीं

| पल-पल सिर पर मंडरा रहे मौत के खतरे के बावजूद वो निडर होकर क्रांतिकारियों के संदेश निहित ठिकानों तक ले जातीं | ग़ौरतलब है कि लाइव एक्शन, जैसे की बम फेंकना, किसी अंग्रेज़ की हत्या आदि करना जैसे काम पुरुष क्रांतिकारी ही करते थे | दुर्गा देवी ने संदेश वाहक का काम करने के साथ ही बम बनाने वाली फ़ैक्ट्री चलाने में भी सहायता की | जब लाहौर में भगतवी चरण की बम बनाने वाली फ़ैक्ट्री का पता अंग्रेज़ों को चला तब दुर्गा भाभी उनकी संदेश वाहक बन गईं | वो छिप कर क्रांतिकारियों के खत उनके घरों तक पहुंचाती थी | दुर्गा भाभी का काम साथी क्रांतिकारियों के लिए राजस्थान से पिस्तौल लाना व ले जाना भी था | चंद्रशेखर आजाद ने अंग्रेजों से लड़ते वक्त जिस पिस्तौल से खुद को गोली मारी थी उसे दुर्गा भाभी ने ही लाकर उनको दी थी | उस समय भी दुर्गा भाभी उनके साथ ही थी | उन्होंने पिस्तौल चलाने की ट्रेनिंग लाहौर व कानपुर में ली थी |

पति के देहांत के बाद शोक में नहीं, देशभक्ति में ही डूबी रहीं

भगवती चरण वोहरा, भगत सिंह को जेल से छुड़ाने की प्लानिंग कर रहे थे | 28 मई, 1930 में भगवती चरण वोहरा की बम की टेस्टिंग के दौरान मौत हो गई | दुर्गा देवी पति की मौत के बाद भी शोक में नहीं डूबी या खुद को घर की चाहरदिवारी में कैद नही किया बल्कि पहले की तरह ही क्रांतिकारी गतिविधियों में हिस्सा लेती रहीं | जुलाई 1929 में दुर्गा भाभी ने भगत सिंह की तस्वीर हाथ में लिए एक रैली निकाली और उनकी रिहाई की मांग की | कुछ हफ़्ते बाद 63 दिन तक भूख हड़ताल करने की वजह से क्रांतिकारी जतींद्र नाथ दास का निधन हो गया | दुर्गा भाभी ने जतींद्र नाथ के लिए लाहौर से कलकता तक पद यात्रा निकाली |

अंग्रेज़ों पर गोलियां चलाने वाली पहली महिला ?

भगत सिंह, सुखदेव, राजगुरु के लिए फांसी की सज़ा मुकर्र हो चुकी थी | इस निर्णय के विरोध में गदर पार्टी के पृथ्वी सिंह आज़ाद और एचएसआरए के सदस्य सुखदेव राज ने पंजाब के गवर्नर विलियम हैली को बंबई में मारने की योजना बनाई | कड़ी सुरक्षा की वजह से उन्हें योजना बदलनी पड़ी और 8 अक्टूबर 1930 की रात को तीन लोगों ने लैमिंग्टन रोड पुलिस स्टेशन पर खड़े एक ब्रिटिश जोड़े पर गोलीबारी की | सार्जेंट टेलर को हाथ में गोली लगी और उनकी पत्नी को पैर में | दुर्गा देवी ने 3-4 बार गोलियां दागी होंगी | पहली बार किसी महिला क्रांतिकारी को अंग्रेज़ी हुकूमत पर यूं गोलियां बरसाते देखा गया | बॉम्बे प्रेस के अनुसार "पहली बार किसी महिला को आतंकवादी गतिविधि का हिस्सा बनते देखा गया |" मुंबई के पुलिस कमिश्नर को भी दुर्गा भाभी ने गोली मारी थी जिसके परिणाम स्वरूप अंग्रेज पुलिस इनके पीछे पड़ गई | मुंबई के एक फ्लैट से दुर्गा भाभी व साथी यशपाल को गिरफ्तार कर लिया गया |

दुर्गा देवी 'भगत सिंह डिफ़ेंस कमिटी' की अहम सदस्य थीं | इस कमिटी ने कानूनी और आर्थिक सहायता की लॉबी बनाई, फांसी की सज़ा रद्द करवाने के लिए दस्तखत इकट्ठा किए और भगत सिंह और साथियों का केस प्रीवि काउंसिल तक ले गए | खास बात ये है कि इस कमिटी में कई महिलाएं थीं | भगत सिंह जब जेल में थे तब भी वो उनसे मिलने पहुंचती रहीं और जेलर से छिपाकर चिट्ठियां, किताबें, खाने-पीने की चीज़ें देती रहीं | कई अन्य महिलाएं और लड़कियां भी जेल में कैद क्रांतिकारियों की बहनें या रिश्तेदार बनकर जेल पहुंचती और क्रांतिकारियों को सांदेश देती |

कुछ रिपोर्ट्स के अनुसार, दुर्गा देवी ने 14 सितंबर, 1932 को आत्मसमर्पण कर दिया | उन्होंने खुद पुलिस को खत लिखकर अपना पता बताया | दुर्गा देवी के कई कॉमरेड्स शहीद हो चुके थे और वो अकेली हो गई थीं | कुछ रिपोर्ट्स कहते हैं कि जेल में वो किसी से ज़्यादा बात-चीत भी नहीं करती थीं | उन्हें 2 महीने तक जेल में रखा गया और 12 महीने तक लाहौर से बाहर जाने की अनुमति नहीं दी गई | साथी क्रांतिकारियों के शहीद हो जाने के बाद दुर्गा भाभी एकदम अकेली पड़ गई

| वह अपने पाँच वर्षीय पुत्र शचीन्द्र को शिक्षा दिलाने की व्यवस्था करने के उद्देश्य से वह साहस कर दिल्ली चली गई पर वहाँ पुलिस उन्हे बराबर परेशान करती रही |दुर्गा भाभी उसके बाद दिल्ली से लाहौर चली गई, जहां पर पुलिस ने उन्हे गिरफ्तार कर लिया और तीन वर्ष तक नजरबंद रखा | फ़रारी, गिरफ़्तारी व रिहाई का यह सिलसिला 1931 से 1935 तक चलता रहा |

अंत में लाहौर में जिला बदर किए जाने के बाद 1935 में गाजियाबाद में प्यारे लाल कन्या विद्यालय में अध्यापिका की नौकरी करने लगी और कुछ समय बाद पुन: दिल्ली चली गई और कांग्रेस में काम करने लगीं |कांग्रेस का जीवन रास न आने के कारण उन्होंने 1937 में कांग्रेस छोड़ दिया | 1939 में इन्होंने मद्रास जाकर मारिया मांटेसरी से मांटेसरी पद्धति का प्रशिक्षण लिया तथा 1940 में लखनऊ में कैंट रोड के नजीराबाद के एक निजी मकान में सिर्फ पाँच बच्चों के साथ मांटेसरी विद्यालय खोला |आज भी यह विद्यालय लखनऊ में मांटेसरी इंटर कालेज के नाम से जाना जाता है | दुर्गा भाभी एक महान क्रांतिकारी महिला थी जिनका योगदान भारत देश भुला नहीं सकता |देश की आज़ादी के बाद दुर्गा देवी को चुनाव लड़ने के लिए कहा गया लेकिन उन्होंने मना कर दिया | 15 अक्टूबर, 1999 में दुर्गा देवी का निधन हो गया| दुर्गा भाभी एक महान क्रांतिकारी महिला थी जिनका योगदान भारत देश भुला नहीं सकता |

22

कैप्टन लक्ष्मी सहगल

“आजादी दी नहीं जाती, हासिल करनी पड़ती है |”

\- सुभाष चंद्र बोस

लक्ष्मी सहगल नेताजी सुभाष चंद्र बोस की वो साथी जिसने आजादी के लिए डॉक्टर का कोट निकाल कर कैप्टन का कैप पहन लिया| 98 वर्ष की उम्र में भी जनता की सेवा का जुनून , बस यही लक्ष्मी के जीवन का सार बताने के लिए काफी है | उम्र के आखिरी पड़ाव तक वो लोगों की सेवा करती रहीं |

24 अक्टूबर 1914 को मद्रास में पैदा हुई लक्ष्मी | जन्म के बाद नाम पड़ा लक्ष्मी स्वामीनाथन , पिता डॉक्टर एस स्वामीनाथन चेन्नई के नामी वकील थे और माँ, अम्मू स्वामीनाथन एक सामाजिक कार्यकर्ता थी |

जात-पांत की सीमाओं को बचपन में ही लांघ चुकी थी लक्ष्मी | वो हर तरह के बच्चों के साथ मिलती , खेलती, दादी के गुस्से का शिकार होने के बावजूद लक्ष्मी ने कभी अपने उसूलों से समझौता नहीं किया | स्कूल की पढ़ाई पूरी करने के बाद लक्ष्मी ने मेडिकल की पढ़ाई शुरू की और 1938 में मद्रास मेडिकल कॉलेज से पास आउट होकर एक डॉक्टर बन गईं |

“My days in the Indian National Army” में लक्ष्मी सहगल ने लिखा कि द्विवतीय विश्व युद्ध के दौरान अंग्रेजी सेना में डॉक्टर्स की

भर्ती हो रही थी | लक्ष्मी अंग्रेजी सेना का हिस्सा नहीं बनना चाहती थी | सिंगापूर में उनके कुछ रिश्तेदार थे और लक्ष्मी ने वहीं जाकर प्राइवेट मेडिकल प्रैक्टिस शुरू की | सिंगापूर में बहुत से दक्षिण भारतीय मूल के लोग रहते थे | लक्ष्मी के मरीजों में चीनी और मलय समुदाय के लोग भी शामिल थे |

जापान ने सिंगापूर पर 8 दिसंबर , 1941 के दिन आक्रमण किया | रासबिहारी बोस भी जापानी फौज के साथ थे और उन्होंने इंडियन इंडिपेंडेंस लीग की शुरुआत की | सभी भारतीयों से लीग में शामिल होने की उम्मीद की जा रही थी लेकिन कोई जोर-जबरदस्ती नहीं थी | लक्ष्मी भी लीग में शामिल हो गईं |

लक्ष्मी के घर की हवा बदल रही थी | उनके घरवाले आजादी की लड़ाई में बढ़-चढ़ कर हिस्सा ले रहे थे | लक्ष्मी भी बदलाव का कारण बनना चाहती थीं और इस सिलसिले में वो सिंगापूर में नेताजी सुभाष चंद्र बोस से मिलीं |

नेताजी ने लक्ष्मी सहगल का लगभग 5 घंटे का इंटरव्यू लिया और आजाद हिन्द फ़ौज में सिर्फ महिलाओं की 'रानी झांसी रेजीमेंट' बनाने का निर्णय लिया | रेजीमेंट की कमान लक्ष्मी के हाथों में दी गई और वो डॉक्टर से कैप्टन बन गईं |

आजाद हिन्द फौज की रानी झांसी रेजीमेंट का हिस्सा बनने के लिए हजारों महिलाओं ने आवेदन भेजे | 8 जुलाई, 1943 को रानी झांसी रेजीमेंट में महिलाओं की भर्ती शुरू हुई | 1500 स्वतंत्रता सेनानी और 200 नर्सों को रेजीमेंट में शामिल किया गया | 23 अक्टूबर, 1943 को रेजीमेंट की ट्रेनिंग सिंगापूर और रंगून में शुरू हुई | 3 महीन की कड़ी ट्रेनिंग में लक्ष्मी समेत अन्य महिलाये खाकी पैंट, बुश शर्ट पहनतीं थीं | सभी ने अपने केश काटकर छोटे कर लिए थे | अन्य रंगरूटस की राजनीति की भी क्लास होती थी और कई बार नेताजी खुद क्लास लेते थे |

शुरुआत में जापानी सेना, महिलाओं को सेना का हिस्सा बनाए जाने के पक्ष में नहीं थी | रेजीमेंट का जोश और वीरता देखकर उन्हे भी अपना मत बदलना पड़ा |

रानी झांसी रेजीमेंट और जापानी सेना ने मिलकर बर्मा में अंग्रेजी सेना से मुकाबला किया और उन्हे मुंहतोड़ जवाब दिया | वर्मा के मध्य तक ही रानी झांसी रेजीमेंट बढ़ पाई | हालांकि रानी झांसी रेजीमेंट ने जापानी आर्मी के साथ मिलकर इम्फाल पर हमला किया पर उसे अंग्रेजों से हारकर वापस लौटना पड़ा | रंगून के पतन, और बर्मा से आजाद हिन्द सरकार और सुभाष चंद्र बोस की वापसी के बाद, रेजीमेंट की कुछ इकाइयों को भंग कर दिया गया, जबकि शेष इकाइयां वापस जा रही जापानी सेनाओं के साथ ही लौट गईं | कुछ समय बाद रानी झांसी रेजीमेंट को मई 1945 में पूरी तरह निरस्त कर दिया गया | पर कोई भी सिपाही घर जाने को तैयार नहीं था और सभी ने रेजीमेंट को बनाए रखने के लिए खून से दस्तखत की हुई चिट्ठी नेताजी को भेजी | पर हालात ऐसे थे कि रेजीमेंट को बनाए रखना नेताजी सुभाष चंद्र के लिए मुश्किल था |

इन हालतों के बीच लक्ष्मी ने आजाद हिन्द फौज के अस्पताल में अपनी सेवाएं देने का निर्णय लिया | नेताजी एक रोज अस्पताल पहुंचे और अगले ही दिन अस्पताल को दुश्मनों ने नष्ट कर दिया | जून 1945 में लक्ष्मी और आजाद हिन्द फौज के कई लोग गिरफ्तार कर लिए गए | लक्ष्मी को रंगून भेजा गया और नजरबंद रखा गया | मार्च 1946 में लक्ष्मी को वापस भारत भेज दिया गया |

देश की आजादी के बाद लक्ष्मी ने दोबारा डॉक्टर का कोट पहना और मरीजों की सेवा जारी राखी | लक्ष्मी ने किसी भी राजनैतिक पार्टी के साथ मिलने को तैयार नहीं थी |

सान 1971 युद्ध के दौरान लक्ष्मी ने भारत-बांग्ला देश की सीमा के आस-पास के क्षेत्रों में लोगों की मदद की | वापसी में वो कोलकाता गईं और CPI(M) के नेताओं से मिलीं | इसके बाद लक्ष्मी ने पार्टी जॉइन की और ताउम्र उनके साथ रहीं | 1981 में लक्ष्मी ने ऑल इंडिया डेमोक्रेटिक वुमन्स एसोसिएशन की स्थापना की | महिलाओं की दशा बदलने के लिए उन्होंने ताउम्र संघर्ष किया |

सन 1998 में कैप्टन लक्ष्मी सहगल को पद्म विभूषण से सम्मानित किया गया | 23 जुलाई, 2012 को लक्ष्मी ने 98 वर्ष की उम्र में इस

दुनिया को अलविदा कह दिया | वो हमेशा हमारी स्मृति में वीरता और समाज सेवा का प्रतीक बनकर विद्यमान रहेंगी |

दुनिया को अलविदा कह दिया | वो हमेशा हमारी स्मृति में वीरता और समाज सेवा का प्रतीक बनकर विद्यमान रहेंगी |

23

शिक्षिका सुधा मूर्ति

"शिक्षा सबसे शक्तिशाली हथियार है जिसका उपयोग आप दुनिया को बदलने के लिए कर सकते हैं।"

-नेल्सन मंडेला

सुधा मूर्ति एक प्रतिभाशाली , शिक्षिका, लेखिका और समाजसेवी महिला हैं | सुधा मूर्ति इन्फोसिस फाउंडेशन के संस्थापक एन. आर. नारायणमूर्ति की पत्नी एवं प्रसिद्ध सामाजिक कार्यकर्ता हैं। कुछ लोग महान लक्ष्यों को हासिल करने का मकसद लेकर जिंदगी जीते हैं |लेकिन सुधा मूर्ति एक ऐसी शख्सियत हैं जो जिंदगी को सादगी और दरियादिली के साथ जीने में यकीन रखती हैं और यही 'सादगी और मन की उदारता' उन्हें इस मुकाम पर ले आयी है जिसे पाने के लिए लोगों को भागीरथ प्रयास करना पड़ता है | उद्योग जगत में सफलता की नयी कहानी लिखने वाली आई टी कंपनी इन्फोसिस के इन्फोसिस फाउंडेशन की अध्यक्षा सुधा मूर्ति की जिंदगी मेहनत और मशक्कत की अद्भुत कहानी है।

सुधा मूर्ति का जन्म 19 अगस्त 1950 में उत्तरी कर्नाटक में शिगांव में हुआ था | विवाह से पहले उनका नाम सुधा कुलकर्णी था | उन्होंने बी.वी.बी.कालेज ऑफ इंजीनियरिंग एंड टेक्नोलॉजी', हुबली से इलेक्ट्रिकल इंजीनियरिंग में स्नातक की उपाधि ग्रहण की | वे राज्य में प्रथम आई, जिसके लिए उन्हें कर्नाटक के मुख्यमंत्री से एक स्वर्ण पदक

प्राप्त हुआ था |

सन 1974 में उन्होंने अध्ययन में और भी उन्नति की, जब उन्होंने 'इंडियन इंस्टीट्यूट ऑफ साइंस' से कंप्यूटर साइंस में मास्टर्स डिग्री ग्रहण की| उन्होंने अपने वर्ग में प्रथम स्थान प्राप्त किया और 'इंडियन इंस्टीट्यूट ऑफ इंजीनियर्स' से इस उपलब्धि के लिए उन्हें स्वर्ण पदक मिला|

वे एक सामाजिक कार्यकर्ता, इंजीनियर, एक संवेदनशील शिक्षक तथा एक अत्यंत कुशल लेखिका भी हैं | वे इन कार्यों के साथ-साथ कर्नाटक में सभी सरकारी स्कूलों में कंप्यूटर तथा पुस्तकालय सुविधाएँ मुहैया करने का भी कदम उठाया है| वे कंप्यूटर साइंस भी पढ़ाती हैं तथा कथा-साहित्य लेखन भी करती हैं| उन्होंने 'डालर बहू 'नाम से कन्नड़ भाषा में एक पुस्तक लिखी थी, कन्नड़ भाषा में जिसका अर्थ होता है 'डालर पुत्र-वधू' बाद में इसे अंग्रेजी में अनूदित किया गया और इसे 'डालर बहू' शीर्षक दिया गया | सन 2001 में इस पुस्तक पर आधारित एक टी.वी.धारावाहिक भी बना | सन 1974 से सन 1981 तक वे पुणे में रहीं और उसके बाद बंबई चली गई |

स्नातक की उपाधि प्राप्त करने के बाद उन्होंने जे.आर. डी.टाटा को पोस्टकार्ड लिखा था और उसमें यह शिकायत की थी कि 'टाटा मोटर्स' में लिंग पक्षपात किया जाता है, क्योंकि वहां केवल पुरूषों को ही नौकरी दी जाती है | इस शिकायत के कारण 'टाटा मोटर्स' के अधिकारीयों ने उन्हें इस विषय पर लंबी चर्चा के लिए बुलाया | सुधा ने 'टेल्को' में एक ग्रेजुएट ट्रेनी के रूप में अपना कैरियर आरंभ किया |

सुधाजी जब पुणे में जॉब कर रही थी तो उनकी मुलाकात नारायण मूर्ती से हुई और बाद मे उन दोनों ने शादी भी की । सुधाजी और नारायणजी मूर्ति के 2 बच्चे हैं , एक लड़का और एक लड़की । नारायण मूर्ति जी अपना खुद का कारोबार करना चाहते थे लेकिन पैसे उनके पास नहीं थे । तो उन्होंने उनकी यह सोच सुधा जी के सामने रखी तो सुधाजी ने उनकी इस सोच को बढ़ावा देते हुये बिज़नस शुरू करने को कहा और उनके पास जो आपतकाल के लिए बचाकर रखी गई 10000 रुपये की जमा पूंजी थी , वो नारायण मूर्ती को उन्होंने सौंप दिया । नारायण मूर्ति

ने उस छोटी सी राशि से ' इंफोसिस ' (Infosys) कंपनी की शुरूआत की | नारायण मूर्ति बड़े गर्व से बताते हैं कि यह सुधा की बचत की हुई धनराशी थी, जो बंगलोर में ' इंफोसिस ' स्थापित करने में सहायक बनी |

प्रत्येक कार्य में सफलता का राज एक ही है, सुधा कहती हैं – "आप जो भी काम करें, अच्छी तरह से करें | प्रत्येक कार्य में मेरा उद्देश्य एक ही रहा है – जब आप एक अधीनस्थ कर्मचारी हों, तो अपने व्यवसाय के प्रति ईमानदार और निष्ठावान रहें तथा व्यावसायिक बनें, लेकिन जब आप बॉस की हैसियत में हों, तो अपने अधीनस्थों का ध्यान ठीक उसी तरह रखें , जैसे घर में माँ बच्चों का ध्यान रखती है, क्योंकि उन्हें माँ की जरूरत होती है" |

शिक्षा समाप्ति के बाद सुधा मूर्ति ने सबसे पहले ग्रेजुएट प्रशिक्षु के तौर पर टाटा कंपनी और बाद में दी वालचंद ग्रुप आफ इंडस्ट्रीज में काम किया। कम्प्यूटर साइंस के क्षेत्र में उन्हें महिलाओं के लिए महारानी लक्ष्मी अम्मानी कालेज की स्थापना करने का श्रेय जाता है जो आज बेंगलूर यूनिवर्सिटी के कम्प्यूटर साइंस विभाग के तहत बेहद प्रतिष्ठित कालेज का दर्जा रखता है। महिला अधिकारों की समानता के लिए भी सुधा मूर्ति ने बेहद काम किया है| सुधा मूर्ती मराठी, कन्नड और अंग्रेजी भाषा में लिखती हैं |सुधा मूर्ति एक बेहद प्रभावशाली लेखिका भी हैं और उन्होंने आम आदमी की पीड़ाओं को अभिव्यक्ति देते हुए कई उपन्यास एवं कहानी संग्रह भी लिखे हैं |

उनके प्रकाशित साहित्य ;

अस्तित्व

आजीच्या पोतडीतील गोष्टी

आयुष्याचे धडे गिरवताना

द ओल्ड मॅन ऑन्ड हिज गॉड (अंग्रेजी)

बकुळ

गोष्टी माणसांच्ता

जेन्टली फॉल्स द बकुला (अंग्रेजी)

डॉलर बहू (इंग्रजी), (मराठी)

तीन हजार टाके (मूळ इंग्रजी, 'थ्री थाउजंड स्टिचेस'; मराठी अनुवाद लीना सोहोनी)

थैलीभर गोष्टी

परिधी (कन्नड)

परीघ (मराठी)

पितृऋण

पुण्यभूमी भारत

द मॅजिक ड्रम ॲन्ड द अदर फेव्हरिट स्टोरीज (अंग्रेजी)

महाश्वेता (कन्नड व अंग्रेजी)

वाइज ॲन्ड अदरवाइज (अंग्रेजी), (मराठी)

सामान्यांतले असामान्य

सुकेशिनी

हाउ आय टॉट माय ग्रंडमदर टु रीड ॲन्ड अदर स्टोरीज (अंग्रेजी)

सामाजिक योगदान : वो कुशल लेखिका के साथ साथ विख्यात सामाजिक कार्यकर्ता है | वो समाज के कल्याण के लिए कार्य करने वाली संस्था "इन्फोसिस फाउंडेशन" की सह –संस्थापिका है | इस संस्था के माध्यम से सुधा मूर्ती ने समाज के विविध क्षेत्रों के विकास के कार्य को प्रोत्साहन दिया है | कर्नाटक सरकार की सभी पाठशालाओं में उन्होंने कंप्यूटर और ग्रंथालय उपलब्ध करा दिए हैं | मूर्ती क्लासिकल लायब्रेरी ऑफ इंडिया नाम का ग्रंथालय उन्होंने हार्वर्ड विश्वविद्यालय में शुरू किया है | कर्नाटक के ग्रामीण भाग में और बैंगलोर शहर के आसपास उन्होंने 10000 शौचालय अपनी सामाजिक संस्था के माध्यम से बनवाए हैं | तमिलनाडू और अंडमान में सुनामी के समय उन्होंने विशेष राहत और सेवाकार्य किया | महाराष्ट्र में सूखे से ग्रस्त इलाकों के लोगों को भी संस्था ने मदद की है |

पुरस्कार और समान : सन 1995 में "उत्तम शिक्षक पुरस्कार",सन 2000 में साहित्य और समाज सेवा के लिये राज्यप्रष्टि सम्मान , सन 2001 में "ओजस्विनी पुरस्कार" , सन 2006 में भारत सरकार ने "पद्मश्री" पुरस्कार देकर गौरवान्वित किया | सन 2006 में साहित्य क्षेत्र में योगदान के लिए "आर के नारायण पुरस्कार" , सन 2004

में श्री रानी लक्ष्मी फाउंडेशन की ओर से "राजलक्ष्मी पुरस्कार", सन 2010 में एम आय टी कॉलेज की ओर से" भारत अस्मिता राष्ट्रीय पुरस्कार" , सत्यभामा विश्वविद्यालय की ओर से सामाजिक कार्य के लिए समाननीय डॉक्टरेट की पदवी दी गई |

सुधामूर्ति दुनिया भर की महिलाओं के लिए एक आदर्श और प्रेरणा स्रोत हैं | ऐसी नारी शक्ति को सत सत नमन |

24

गणितज्ञ शंकुन्तला देवी

" ज्ञान होना स्कूली शिक्षा का परिणाम नहीं है बल्कि इसे हासिल करने में आजीवन प्रयास का परिणाम है |"

-अल्बर्ट आइंस्टीन

'मानव कम्प्यूटर' के नाम से विख्यात गणितज्ञ एवं ज्योतिषी शकुंतला देवी को संख्यात्मक परिगणना में गजब की फुर्ती और सरलता से हल करने की क्षमता के कारण 'मानव कम्प्यूटर' कहा जाता था | इन्होंने अपने समय के सबसे तेज माने जाने वाले कंप्यूटरों को गणना में मात दी थी | शकुंतला देवी भारत की एक महान शख्सियत और बहुत ही जिंदादिल महिला थीं |

वर्ष 1980-90 के दशक में भारत के गांव और शहरों में यदि कोई बच्चा गणित में होशियार हो जाता था, तो उसके बारे में कहा जाता था कि वह शकुंतला देवी बन रहा है |

वे बचपन से ही अद्भुत प्रतिभा की धनी एवं मानसिक रूप से गणितज्ञ थीं | वे सभी गणितीय समस्याओं का उत्तर देने में सक्षम थीं और अपने गणितीय शक्ति से लोगों को इस विषय में रुचि पैदा करने के लिए प्रेरित करती रहती थीं | एक कुशल गणितज्ञ होने के साथ ही वो ज्योतिष शास्त्र की जानकार, सामाजिक कार्यकर्ता और लेखक भी

थीं | उनके कार्यों ने लाखों लोगों को जागरूक किया | उनके द्वारा किए गए बहुत ही अच्छे कार्यों को उनकी पुस्तकों 'फिगरिंग: द जॉय ऑफ नंबर्स', 'एस्ट्रोलॉजी फॉर यू', 'परफेक्ट मर्डर' और 'द वर्ल्ड ऑफ होमोसेक्सुअल्स' में देखा जा सकता है |

प्रारम्भिक जीवन: मानसिक गणनाएं पलक झपकते ही कर लेने में माहिर शकुंतला देवी का जन्म 4 नवम्बर, 1929 को बंगलौर के कन्नड रूढ़िवादी ब्राह्मण परिवार में हुआ था | शकुंतला देवी एक गरीब परिवार में जन्मीं थीं, जिस वजह से वह औपचारिक शिक्षा भी नहीं ग्रहण कर पाई थीं | शकुंतला ने 6 वर्ष की उम्र में मैसूर विश्वविद्यालय में एक बड़े कार्यक्रम में अपनी गणना क्षमता का प्रदर्शन किया। वर्ष 1977 में शकुंतला ने 201 अंकों की संख्या का 23वां वर्गमूल बिना कागज़ कलम के निकाल दिया। उन्होने 13 अंकों वाली 2 संख्याओं का गुणनफल 26 सेकंड बता दिया था।

आर्थिक तंगी के चलते उन्हें 10 साल का होने पर भी संत थेरेसा कॉनवेंट चमाराजपेट में कक्षा 1 में भर्ती किया जा सका। माँ बाप के पास स्कूल की फीस शुल्क मात्र दो रुपया प्रति माह देने के लिए भी पैसे नहीं थे लिहाजा तीन माह के बाद ही उन्हें स्कूल से निकाल दिया गया। गुट्टाहल्ली के झोपडपट्टी नुमा इलाके गाविपुरम में इनका लालन पालन हुआ था ।

युवा अवस्था में इनके पिता ने मंदिर का पुजारी बनने से इंकार कर दिया था, वे मदारी जैसे खेल दिखाने वाली तनी हुई रस्सी पर चलकर लोगों का मनोरंजन करना पसंद करते थे |वो सर्कस में एक कलाकार के रूप में कार्य परने लगे थे | जब शकुंतला देवी मात्र तीन वर्ष की थीं, तब ताश खेलते हुए इन्होंने कई बार अपने पिता को हराया | पिता को जब अपनी बेटी की इस क्षमता के बारे में पता चला तो उन्होंने सर्कस छोड़ शकुंतला देवी पर सार्वजनिक कार्यक्रम आयोजित करना शुरु कर दिया और इनकी क्षमता को भी पहले स्थानीय स्तर पर प्रदर्शित किया |

अपने पिता के माध्यम से रोड शो करने वाली शकुंतला देवी को अभी भी दुनिया में पहचान नहीं मिली थी | लेकिन जब वह 15 वर्षों की हुई तो राष्ट्रीय मीडिया सहित अंतर्राष्ट्रीय मीडिया में इन्हैं पहचान मिलने

लगी | शकुंतला देवी उस समय पहली बार खबरों की सुर्खियों में आईं जब बीबीसी रेडियो के एक कार्यक्रम के दौरान प्रस्तोता ने इनसे अंकगणित का एक जटिल सवाल पूछा और उसका उन्होंने तुरंत ही जवाब दे दिया | इस घटना का सबसे मजेदार पक्ष यह था कि शकुंतला देवी ने जो जवाब दिया था वह सही था जबकि रेडियो प्रस्तोता का जवाब गलत था |

व्यक्तिगत जीवन

शकुन्तला देवी का विवाह वर्ष 1960 में कोलकाता के एक बंगाली आई.ए.एस. अधिकारी परितोष बनर्जी के साथ हुआ | इनका वैवाहिक सम्बन्ध बहुत दिनों तक नहीं चल सका और किसी कारणवश वर्ष 1979 में ये अपने पति से अलग हो गईं | वर्ष 1980 में ये अपनी बेटी के साथ पुनः बेंगलोर लौट आईं | यहां वे सेलिब्रिटीज और राजनीतिज्ञों को ज्योतिष का परामर्श देने लगीं | अपने जिन्दगी के अंतिम दिनों में ये बहुत कमजोर हो गई थीं और अंततः वर्ष 2013 में इनकी मृत्यु हो गई |

मानव कंप्यूटर के रूप में इनकी पहचान और प्रसिद्धि

शकुन्तला देवी ने संसार के 50 से अधिक देशों की यात्रायें की और बहुत से शैक्षिक संस्थानों, थियेटर्स और यहां तक कि टेलीविज़न पर भी अपनी गणितीय क्षमता का प्रदर्शन किया | 27 सितम्बर, 1973 को विश्व भर में प्रसारित होने वाले रेडियो चैनेल 'बीबीसी' द्वारा आयोजित एक प्रोग्राम 'नेशनवाइड' में उस समय के चर्चित बॉब वेल्लिंग्स द्वारा गणित से सम्बंधित पूछे गए सभी जटिल प्रश्नों का सही उत्तर देने के कारण वे अचंभित हो गए थे | इनकी इस प्रतिभा से इनके प्रसंशकों की संख्या भारत सहित विश्व भर में क्रमशः बढ़ती ही गई |

इतनी कम उम्र में ही गणित के क्षेत्र में ऐसी अद्भुत क्षमता देखने को उस समय संसार में कहीं भी नहीं मिलती थी | विश्व में अपने गणितीय कौशल की धूम मचाने के बाद अपने देश भारत में पूर्णरूप से प्रसिद्ध हो गईं | इसके बाद इम्पीरियल कॉलेज, लन्दन, में इन्होंने 18 जून, 1980 को गणित के एक कठिन प्रश्न का सही उत्तर कुछ सेकंड में देकर वहां उपस्थित दर्शकों को आश्चर्य चकित कर दिया था |

16 वर्ष की अवस्था में इनको प्रसिद्धि तब मिली, जब इन्होंने दो 13 अंकों की संख्याओं का गुणनफल 28 सेकंड में निकाल कर उस समय के

संसार के सबसे तेज कंप्यूटर को 10 सेकंड के अंतर से हरा दिया |

उस समय इनकी इस अद्भुत क्षमता को देखकर हर कोई इन्हें समय-समय पर परखना चाहता था | वर्ष 1977 में शकुंतला देवी को अमेरिका जाने का मौका मिला | यहां डलास की एक युनिवर्सिटी में इनका मुकाबला आधुनिक तकनीकों से लैस एक कंप्यूटर 'यूनीवैक' से हुआ | इस मुकाबले में शकुंतला को मानसिक गणना से 201 अंकों की एक संख्या का 23वां मूल निकालना था | यह सवाल हल करने में उन्हें 50 सेकंड लगे, जबकि 'यूनीवैक' नामक कंप्यूटर ने इस काम के लिए 62 सेकंड का समय लिया था | इस घटना के तुरंत बाद ही दुनिया भर में शकुंतला देवी का नाम 'भारतीय मानव कंप्यूटर' के रूप में प्रख्यात हो गया |उनकी प्रतिभा को देखते हुए उनका नाम 1982 में 'गिनीज़ बुक ऑफ वर्ल्ड रिकॉर्ड्स' में भी शामिल किया गया।

एक गणित विश्वविद्यालय और शोध एवं विकास केंद्र खोलना इनका स्वप्न था जहां अभिनव तकनीकों के ज़रिये जनमानस को पेचीदा गणितीय सवालों के हल करने के शॉर्टकट्स और प्रभावशाली स्मार्ट तरीकों में प्रवीण बनाया जा सके। टाइम्स आफ इंडिया के साथ एक बात चीत में उन्होंने कहा था "मैं अपनी क्षमता तो लोगों को अंतरित नहीं कर सकती लेकिन एक संख्यात्मक रुझान तेज़ी से विकसित कर लेने में मैं जनसामान्य की मदद ज़रूर कर सकती हूँ। बड़ी संख्या है ऐसे लोगों की जिनकी तर्क शक्ति का दोहन नहीं किया जा सका है।" इन्होंने इस मिथक को तोड़ दिया कि लड़कियों का हाथ गणित में तंग होता है।

रोचक तथ्य:-

1. जिस समय उनके पिता ने शकुंतला देवी की मानसिक प्रतिभा की झलक देखी उस समय वह केवल 3 साल की ही थी | ताश के खेल में हर बार वह अपने पिता को हराती थी | उनके पिता अचंभित थे की कैसे कोई इतनी कम उम्र में ताश के क्रम को याद रखकर आगे की चाल समझ सकता है |

2. 6 साल की आयु में मैसूर विश्वविद्यालय में उन्होंने अपनी प्रतिभा का प्रदर्शन किया था | और बाद में 2 साल बाद अन्नामलाई विश्वविद्यालय में प्रदर्शन किया था | बाद में वे प्रदर्शन करने के लिए

ओस्मानिया विश्वविद्यालय और हैदराबाद और विशाखापट्टनम गयीं | बचपन में ही वह विश्व प्रसिद्ध बन चुकी थी |

3. सन 1944 में, शकुंतला अपने पिता के साथ लंदन चली गयी | बहुत सी संस्थाओं में इन्होंने अपनी कला का प्रदर्शन किया, ये सब वह तब तक करती रही जब तक की अंग्रेजी मीडिया उन्हें पहचान नहीं लिया |

4. सन 1977 में, दक्षिणी विश्वविद्यालय, डल्लास, USA ने शकुंतला को आमंत्रित किया | जहां उन्हें 201 (Digit Number) का 23 व रूट बताने के लिये कहा गया | जो उन्होंने सिर्फ 50 सेकंड में ही बता दिया. |उनका उत्तर UNIVAC 1101 कंप्यूटर में देखने के लिये US ब्यूरो ऑफ़ स्टैण्डर्ड को विशेष प्रोग्राम तैयार करना पड़ा था |

5. उन्होंने किताबों के साथ ही ज्योतिषशास्त्र के बारे में भी लिखा, वैज्ञानिक अंको, पहेलियों के बारे में भी लिखा | इस क्षेत्र में उनके महान कार्यों में ज्योतिषशास्त्र (2005) शामिल है |

6. बौद्धिक रूप से होशियार होने के साथ ही शकुंतला देवी एक लेखिका भी थी | उनकी किताब, दी वर्ल्ड ऑफ़ होमोसेक्सुअल (1977) समलैंगिक कामुकता पर लिखी गयी पहली किताब थी |

पुरस्कार एवं सम्मान

1. शकुंतला देवी को फिलिपिंस विश्वविद्यालय ने वर्ष 1969 में 'वर्ष की विशेष महिला' की उपाधि और गोल्ड मेडल प्रदान किया | उन्हे गणित ज्ञाता का भी पुरस्कार दिया गया |

2. वर्ष 1988 में इन्हें वाशिंगटन डी.सी. में 'रामानुजन मैथमेटिकल जीनियस अवार्ड' से सम्मानित किया गया|

3. इनकी प्रतिभा को देखते हुए इनका नाम वर्ष 1982 में 'गिनीज़ बुक ऑफ वर्ल्ड रिकॉर्ड्स' में भी शामिल किया गया |

4. मृत्यु से एक माह पूर्व वर्ष 2013 में इन्हें मुम्बई में 'लाइफ टाइम अचीवमेंट अवार्ड' से भी सम्मानित किया गया |

5. इनके 84वें जन्मदिन पर 4 नवम्बर, 2013 को गूगल ने इनके सम्मान स्वरूप इन्हें 'गूगल डूडल' समर्पित किया |

निधन

शकुंतला देवी का लंबी बीमारी के बाद हृदय गति रुक जाने और गुर्दे की समस्या के कारण 21 अप्रैल, 2013 को बंगलौर (कर्नाटक) में 83 वर्ष की अवस्था में निधन हो गया |

गणित के क्षेत्र में रामानुजन के बाद वो पहली भारतीय महिला थी जिन्होंने भारत देश का नाम पूरी दुनिया में चमकाया | ऐसी प्रतिभा की धनी नारी शक्ति को प्रणाम |

25

सावित्री बाई फुले

"आप एक आदमी को शिक्षित करते हैं, तो एक ही आदमी को शिक्षित करते हैं | आप एक महिला को शिक्षित करते हैं तो आप एक पीढ़ी को शिक्षित करते हैं |" – ब्रिघम यंग

सावित्रीबाई ज्योतिराव फुले एक प्रमुख भारतीय सामाजिक सुधारक, शिक्षाविद और कवियत्री थी जिन्होंने उन्नीसवीं शताब्दी के दौरान महिला शिक्षा और सशक्तिकरण में एक महत्वपूर्ण भूमिका निभाई थी | उन्हें उस समय की चंद साक्षर महिलाओं में गिना जाता है | सावित्रीबाई को पुणे में अपने पति ज्योतिराव फुले के साथ भिडवाडा में स्कूल स्थापित करने के लिए श्रेय दिया जाता है | उन्होंने बाल विवाह का उन्मूलन करने व बाल विवाह के दुष्परिणामों के प्रति जागरूकता पैदा करने , सती प्रथा के खिलाफ प्रचार करने और विधवा पुनर्विवाह के लिए वकालात करने के लिए अथक प्रयास किया |उन्हे महाराष्ट्र के सामाजिक सुधार आंदोलन का एक प्रमुख व्यक्तित्व माना जाता है और उन्हें बी आर अम्बेडकर, अन्नाभाऊ साठे जैसे महान समाज सुधारकों की श्रेणी में गिना जाता है | उन्होंने अस्पृश्यता (Untouchability) के खिलाफ अभियान चलाया और जाति व लिंग आधारित भेदभाव को समाप्त करने में सक्रिय रूप से काम किया |

सावित्रीबाई फुले का प्रारंभिक जीवन :सावित्रीबाई का जन्म 3 जनवरी, 1831 को नायगांव ,वर्तमान में सातारा जिला,महाराष्ट्र के एक

"

कृषक परिवार में हुआ था | इनके पिता का नाम खंडोजी नेवसे पाटील और माता का नाम लक्ष्मी था | वे परिवार की सबसे बड़ी बेटी थीं | उन दिनों लड़कियों का विवाह जल्दी ही कर दिया जाता था, इसलिए सन 1840 में प्रचलित रीति-रिवाजों के साथ 9 वर्षीय सावित्रीबाई का विवाह 12 वर्षीय ज्योतिराव फुले से साथ कर दिया गया |

एक बार की बात है जब वह अंग्रेजी की किताब के पन्ने पलट रही थीं कि तभी उनके पिता ने उनके हाथ से किताब छीनकर फेंक दी।साथ ही यह कहकर उन्हें शांत करा दिया कि हमारे समाज में पढ़ने का अधिकार सिर्फ ऊंची जाति के के पुरुषों को ही है | इस बात का सावित्री बाई के मन पर गहरा प्रभाव पड़ा | सावित्रीबाई फुले के मन में तभी से समाज के शोषित वर्ग को आगे ले जाने की चेतना जाग्रत हो गई। उन्होंने इसे चुनौती मानकर आगे पढ़ने का मन मनाया और इस कार्य में उनके पति ने उनका पूरा साथ दिया|

सावित्री बाई के पति ज्योतिराव एक विचारक, लेखक, सामाजिक कार्यकर्ता और जाति-विरोधी समाज सुधारक थे | उन्हें महाराष्ट्र के समाज सुधार आंदोलन के प्रमुख आंदोलनकारियों में गिना जाता है | सावित्रीबाई की शिक्षा उनकी शादी के बाद शुरू हुई | यह उनके पति ही थे जिन्होंने सावित्रीबाई को आगे पढ़ने के लिए प्रोत्साहित किया | उन्होंने एक सामान्य स्कूल से तीसरी और चौथी की परीक्षा पास की | जिसके बाद उन्होंने अहमदनगर में मिस फरार इंस्टीट्यूशन में प्रशिक्षण लिया | ज्योतिराव अपने सभी सामाजिक प्रयासों में सावित्रीबाई के पक्ष में दृढ़ता से खड़े रहते थे |

महिला शिक्षा और सशक्तिकरण में भूमिका : पूना में लड़कियों के लिए पहला स्वदेशी स्कूल 1848 में ज्योतिराव और सावित्रीबाई के द्वारा शुरू किया गया था | परन्तु उनके इस कार्य के लिए परिवार और समुदाय के लोगों द्वारा घोर विरोध किया गया और उन्हे समाज से बहिष्कृत कर दिया | लेकिन फुले दम्पति के एक दोस्त उस्मान शेख और उनकी बहन फातिमा शेख ने उन्हे आश्रय दिया और पूने में स्कूल शुरू करने के लिए अपने परिसर में स्थान भी दिया | सावित्रीबाई स्कूल की पहली शिक्षिका थी | इस प्रकार सावित्रीबाई फुले देश में पहले बालिका

विद्यालय की संचालिका और प्रधानाचार्या के तौर पर भी जानी जाती हैं। साथ ही उनके पति ज्योतिबा फुले को सामाजिक सुधार आंदोलन के एक प्रमुख व्यक्ति के तौर पर जाना जाता है । इन दोनों ने मिलकर समाज के शोषित वर्ग के लिए सदैव आवाज बुलंद की।

अपने पति ज्योतिबा फुले की मृत्यु के बाद उनके द्वारा साल 1873 में शुरू किए गए सत्यशोध समाज, जिसका एकमात्र उद्देशय सत्य की खोज में लगने वाला समाज था, का सारा कार्यभार संभाला। साथ ही जब ज्योतिबा फुले जीवित थे तब सावित्री बाई ने उनके साथ मिलकर साल 1854 और 1855 के बीच देश में महिलाओं और दलितों के लिए साक्षरता मिशन की शुरुआत की।

देश में सबसे पहले किसान स्कूल खोलने का श्रेय भी सावित्रीबाई फुले को दिया जाता है। इसके अलावा भ्रूण हत्या रोकने के लिए भी सावित्रीबाई फुले ने कई राष्ट्रव्यापी अभियानों की शुरुआत की थी। जिसके चलते ब्रिटिश सरकार से इन्हें सामाजिक सुधार और बदलाव कार्यों के लिए सम्मान भी मिला।

ज्योतिराव और सावित्रीबाई ने बाद में मंगल और महार जातियों के बच्चों के लिए स्कूल शुरू किए, जिन्हें अस्पृश्य व अछूत माना जाता था ।

वर्ष 1852 में तीन स्कूल सावित्री बाई फुले द्वारा चलाए जा रहे थे। उस वर्ष 16 नवंबर को, ब्रिटिश सरकार ने फुले परिवार को शिक्षा के क्षेत्र में उनके योगदान के लिए सम्मानित किया जबकि सावित्रीबाई को सर्वश्रेष्ठ शिक्षक का नाम दिया गया ।

सन 1852 में उन्होंने महिलाओं के बीच अपने अधिकार, गरिमा और अन्य सामाजिक मुद्दों के बारे में जागरूकता पैदा करने के उद्देश्य से "महिला सेवा मंडल" भी शुरू किया । वह विधवाओं के बाल मुंडवाने के मौजूदा परंपरा का विरोध करने के लिए मुंबई और पुणे में नाई की हड़ताल आयोजित करने में सफल रहीं ।

फुले द्वारा संचालित सभी तीन स्कूलों को 1858 तक बंद कर दिया गया । इसके कई कारण थे, जिसमें 1857 के भारतीय विद्रोह

के बाद, स्कूल प्रबंधन समिति से ज्योतिराव के इस्तीफा और समाज द्वारा पीड़ित समुदायों के लोगों को भी शिक्षित करने का आरोप फुले दम्पति पर लगा | एक वर्ष बाद सावित्रीबाई ने 18 स्कूल खोले और विभिन्न जातियों के बच्चों को पढ़ाया | सावित्रीबाई और फातिमा शेख ने महिलाओं और साथ ही कमजोर जातियों के बच्चों को पढ़ाना शुरू किया | ऊंची जाति के कई लोगों द्वारा इसका विरोध किया, विशेष रूप से पुणे की ऊंची जाति, जो दलित शिक्षा के खिलाफ थे | सावित्रीबाई और फातिमा शेख को स्थानीय लोगों ने धमकी दी और उन्हें सामाजिक रूप से परेशान और अपमानित करने लगे | जब वे स्कूल पढ़ाने जाती थीं तो सावित्रीबाई पर गाय का गोबर, विष्टा ,मिट्टी और पत्थर फेंके जाते थे | वो अपने बैग में हमेशा एक अतिरिक्त साड़ी रखती थीं | हालांकि इस तरह के अत्याचार अपने लक्ष्य पर समर्पित सावित्रीबाई को हतोत्साहित नहीं कर सके और सावित्रीबाई और फातिमा शेख बाद में सगुना बाई से जुड़ गईं जो अंततः शिक्षा आंदोलन में अग्रणी बनी | इस बीच, 1855 में फुले दंपति द्वारा कृषक और मजदूरों के लिए एक रात्रि विद्यालय भी खोला गया ताकि वे दिन में काम कर सकें और रात में स्कूल जा सकें|

विद्यार्थियों द्वारा स्कूल छोड़ कर जाने की प्रवृति को बदलने के लिए , सावित्रीबाई ने विद्यार्थियों के लिए छात्रवृति देने की प्रथा शुरू की | वह उन युवा लड़कियों के लिए एक प्रेरणा बनी रहीं, जिनकी वो शिक्षक थी | उन्हें लेखन और पेंटिंग जैसी गतिविधियों के लिए प्रोत्साहित किया | सावित्रीबाई की मुक्ता साल्वे नामक छात्रा द्वारा लिखा गया निबंध इस अवधि के दौरान दलित स्त्रीवाद और साहित्य का चेहरा बन गया | वो शिक्षा के महत्व पर माता-पिता के बीच जागरूकता पैदा करने के लिए नियमित अंतराल पर अभिभावक व शिक्षकों की बैठक आयोजित करती थीं ताकि वे अपने बच्चों को नियमित रूप से स्कूल भेजें |

वर्ष 1863 में, ज्योतिराव और सावित्रीबाई ने एक देखभाल केंद्र भी शुरू किया जिसे "बालहत्या प्रतिबंधक गृह" कहा जाता है, जो संभवतः भारत में स्थापित की गयी पहली ऐसी संस्था थी जो गर्भवती ब्राह्मण विधवाओं और बलात्कार पीड़ित महिलाओं के बच्चों को सुरक्षित आश्रय देती थी | ताकि ऐसी विधवाओं की हत्या को रोकने के साथ-साथ

शिशु हत्या की दर को कम किया जा सके | 1874 में, ज्योतिराव और सावित्रीबाई काशीबाई नामक एक ब्राह्मण विधवा से एक बच्चा गोद लिया और इस प्रकार समाज के प्रगतिशील लोगों के सामने गोद लेने का एक उदाहरण प्रस्तुत किया | यह दत्तक पुत्र यशवंतराव बड़े होकर डॉक्टर बने |

ज्योतिराव ने विधवा पुनर्विवाह की वकालत की | सावित्रीबाई ने बाल विवाह और सती प्रथा जैसी सामाजिक बुराइयों के खिलाफ अथक प्रयास किया | दो सबसे संवेदनशील सामाजिक मुद्दे थे जो धीरे-धीरे महिलाओं के अस्तित्व को कमजोर कर रहे थे | उन्होंने बाल विधवाओं को शिक्षित और सशक्त बनाकर मुख्यधारा में लाने का भी प्रयास किया और उनके पुनः विवाह का भी प्रयास किया| इस तरह के प्रयासों का रूढ़िवादी उच्च जाति के समाज के द्वारा सख्त विरोध किया गया |

सावित्रीबाई ने छुआछूत और जाति प्रथा के उन्मूलन में अपने पति के साथ मिलकर काम किया | उन्होंने निचली जाति के लोगों के लिए समान अधिकारों को हासिल करने और हिंदू पारिवारिक जीवन में सुधार के लिए अभूतपूर्व काम किया | इस दंपति ने अछूतों के लिए अपने घर में एक कुआँ खोदा जब एक अछूत की छाया को अशुद्ध माना जाता था और लोग प्यासे अछूतों को अपने कुओं से पानी भी नहीं लेने देते थे |

सावित्रीबाई फुले का एक खत : साल 1868 को समाज सेविका सावित्रीबाई फुले ने अपने पति ज्योतिबा फुले को एक खत लिखा था। जिसमें उन्होंने उस वक्त समाज में ऑनर किलिंग की एक घटना के बारे में जिक्र किया था। जिसमें लिखा था कि एक बहुत बड़ी अनहोनी हुई है। यहां गणेश नाम के एक पंडित लड़के को गांव की ही सारजा से प्रेम हो गया है। जिसके बाद अब सारजा गर्भवती हो गई।

अब गांव वाले इन दोनों की जान के दुश्मन बन गए हैं। इतना ही नहीं गांव वालों ने इन दोनों को पूरे गांव में घुमाया और उन्हें मार डालने के उदेश्य से गांव से बाहर ले जाया जा रहा था। तब मैंने उन्हें ब्रिटिश सरकार का भय दिखाकर रोक तो लिया। लेकिन गांव वालों का कहना है कि वह दोनों गांव छोड़ कर चले जाएं।

जिस पर उन दोनों को मैंने सही सलामत गांव से बाहर जाने में मदद की है।

इस खत से स्पष्ट होता है कि पहले की तरह आज भी समाज में ऑनर किलिंग की घटनाएं होती हैं और आज भी स्त्री पुरुष को प्रेम करने से पहले जाति और धर्म इत्यादि के बारे में निर्धारण करना पड़ता है। इतना ही नहीं समाज में पहले की तरह आज भी जाति और धर्म आधारित विवाहों की पेशकश करने वाली समितियां मौजूद है। जिनका उद्देशय प्रेम को सदैव बंधन युक्त रखना होता है।

सावित्रीबाई फुले की मृत्यु : सावित्रीबाई के दत्तक पुत्र यशवंतराव ने एक डॉक्टर के रूप में लोगों की सेवा करना शुरू किया | जब 1897 में बुलेसोनिक प्लेग महामारी ने नालसपोरा और महाराष्ट्र के आसपास के इलाके को बुरी तरह प्रभावित किया, तो साहसी सावित्रीबाई और यशवंतराव ने बीमारी से संक्रमित रोगियों का इलाज करने के लिए पुणे के बाहरी इलाके में एक क्लिनिक खोला | वह इस महामारी से पीड़ितो को क्लीनिक में ले आती जहाँ उनका बेटा यसवंतराव उन रोगियों का इलाज करता था | रोगियों की सेवा करते हुए वह खुद भी इस बीमारी की चपेट में आ गयीं और 10 मार्च 1897 को सावित्रीबाई ने इस दुनिया को अलविदा कह दिया |

सम्मान : सन 1983 में पुणे सिटी कॉर्पोरेशन द्वारा उनके सम्मान में एक स्मारक बनाया गया | भारतीय डाक विभाग ने 10 मार्च 1998 को उनके सम्मान में एक डाक टिकट जारी किया | सन 2015 में पुणे विश्वविद्यालय का नाम बदलकर उनके नाम पर सावित्रीबाई फुले पुणे विश्वविद्यालय कर दिया गया | सर्च इंजन गूगल ने 3 जनवरी 2017 को गूगल डूडल के साथ उनकी 186 वीं जयंती मनाई थी | उनक नाम पर सावित्रीबाई फुले पुरस्कार महाराष्ट्र में महिला समाज सुधारकों को प्रदान किया जाता है |

सावित्रीबाई फुले के महान विचार : सावित्रीबाई समाज सुधारक और शिक्षिका होने के अलावा एक कवियत्री भी थी। जिसके चलते उन्हें मराठी काव्य का विशेषज्ञ माना जाता है। साथ ही उन्होंने काव्य फुले और बावनकशी, सुबोध रत्नाकर नामक पुस्तकों की रचना की थी। इसके

अलावा सावित्रीबाई फुले सामाजिक चेतना से जुड़े महिलाओं के मुद्दों को शुरू से ही महत्व देती थीं।उनके विचार थे कि शिक्षा ही वह तरीका है जिससे महिलाओं और दलितों को सशक्त बनाया जा सकता है |समाज को अगर वास्तव में ऊंचाई पर ले जाना है तो महिलाओं का शिक्षित होना और समाज से छुआछूत मिटाना आवश्यक है | भारत तभी तरक्की कर सकता है जब यहाँ नवजात कन्याओं की हत्या को रोका जा सके| मानवता के नाम पर महिलाओं और शोषितों का दमन विनाशकारी साबित हो सकता है | जो पुरुष स्त्रियों को अपने से काम आँकते हैं उन्हे यह नहीं भूलना चाहिए कि वे स्वयं एक स्त्री के कोख से जन्मे हैं |

उनके जीवन से एक सीख मिलती है कि हमें सदैव अपने जीवन को एक उद्देश्य के लिए जीना चाहिए और यदि आपका जीवन मानवता की भलाई के काम आ सकें तो इसे धरती पर आपके जीवन का उद्येश्य सफल हो गया | सावित्रीबाई एक समाज सुधारक, कवियत्री और एक शिक्षिका के रूप में सदैव हम भारतीयों के दिल में रहेंगी | धन्य है इस नारी शक्ति को जिसने अपना सारा जीवन नारियों के उत्थान के लिए समर्पित कर दिया |

26

रानी अहिल्या बाई होल्कर

"उदारता धर्म की जननी है |" - चाणक्य

नारी शक्ति कितनी महान होती है, वह अपने जीवन में क्या कर सकती है इसका उदाहरण अहिल्या बाई होल्कर की जीवनी पढ़ने के बाद आपको मिल जाएगा| जीवन में परेशानियाँ कितनी भी हो, उनसे कैसे निपटना है यह हमें अहिल्या बाई के जीवन से सीखना चाहिए | अपने जीवन काल में अहिल्या बाई होल्कर ने बहुत परेशानियों का सामना किया है लेकिन उन्होंने कभी हार नहीं मानी |

अहिल्याबाई होल्कर का जन्म महाराष्ट्र के अहमदनगर जिले के जामखेड़ के निकट एक छोटे से गाँव चौंढी में 31 मई 1725 ई. में हुआ था | इनके पिता का नाम मान्कोजी शिंदे एंव माता का नाम सुशीला शिंदे था | मान्कोजी बहुत ही विद्वान पुरुष थे यही कारण है जी उन्होंने अहिल्याबाई को हमेशा आगे बढ़ने के लिए प्रेरणा दी | उन्होंने अहिल्याबाई को बचपन में ही शिक्षा देना शुरू कर दिया था |आपको जानकर हैरानी होगी की उस समय लड़कियों को शिक्षा नहीं दी जाती थी लेकिन मान्कोजी ने अपनी बेटी को शिक्षा भी दी और अच्छे संस्कार भी, घर में पली-बढ़ी अहिल्याबाई बचपन में ही दयाभाव वाली थी | उनकी दयाभाव और आकर्षक छवि ही उनके जीवन को इतनी आकर्षक बनाती

है |

अहिल्याबाई बचपन में बहुत चंचल और समझदार थी, ऐसे में उनकी शादी बचपन में ही खण्डेराव होलकर के साथ करवा दी गई | कहते है की एक बार राजा मल्हार राव होल्कर पुणे जा रहे थे और उन्होंने चौंढी गाँव में विश्राम किया, उस समय अहिल्याबाई गरीबों की मदद कर रही थी | उनका प्रेम और दयाभाव देखकर मल्हार राव होल्कर ने उनके पिता मान्कोजी से अपने बेटे खण्डेराव होलकर के लिए अहिल्याबाई का हाथ मांग लिया था |

उस समय अहिल्याबाई की उम्र महज 8 वर्ष थी | खण्डेराव होलकर उग्र स्वभाव के थे लेकिन, अहिल्याबाई ने उन्हें एक अच्छे योद्धा बनने के लिए प्रेरित किया | चूँकि खण्डेराव होलकर भी बहुत छोटे थे और उन्हें अपनी उम्र के अनुसार ज्ञान प्राप्त नहीं था तो उनके विकास में भी अहिल्याबाई का अहम योगदान रहा |

अहिल्याबाई की शादी के 10 साल बाद यानि 1745 में उन्होंने एक पुत्र को जन्म दिया जिसका नाम मालेराव रखा | पुत्र के जन्म के तीन साल बाद यानी 1748 में उन्होंने मुक्ताबाई नाम की पुत्री को जन्म दिया| अहिल्याबाई हमेशा अपने पति को राज कार्य में साथ दिया करती थी |

रानी अहिल्याबाई के जीवन में परेशानियां :

अहिल्याबाई होल्कर का जीवन काफी सुखमय व्यतीत हो रहा था लेकिन अहिल्याबाई के पति खांडेराव होलकर 1754 के कुम्भेर युद्ध में शहीद हो गए |पति खाण्डेराव होलकर का देहांत होने कारण वो टूट गई थी | उनके गुजर जाने के बाद अहिल्या बाई ने संत बनने का विचार किया, जैसे ही उनके इस फैसले का पता मल्हार राव यानि उनके ससुर को चला तो उन्होंने अहिल्याबाई को अपना फैसला बदलने और अपने राज्य की दुहाई देकर उन्हें संत बनने से रोका |ससुर की बात मानकर अहिल्याबाई ने फिर से अपने राज्य के प्रति सोचते हुए आगे बढ़ी, लेकिन उनकी परेशानियां और उनके दुःख कम होने वाले नहीं थे |सन 1766 में उनके ससुर और 1767 में उनके बेटे मालेराव की मृत्यु हो गई | अपने पति,बेटे और ससुर को खोने के बाद अब अहिल्याबाई अकेली रह गई थी

और राज्य का कार्यभार अब उनके उपर था | राज्य को एक विकसित राज्य बनाने के लिए उन्होंने अथक प्रयास किये | उनके जीवन में अनेक परेशानियाँ उस समय भी उनका इंतजार कर रही थी |

रानी अहिल्याबाई होलकर का भारत के लिए योगदान

वह हमेशा से ही अपने साम्राज्य को मुस्लिम आक्रमणकारियो से बचाने की कोशिश करती रही | बल्कि युद्ध के दौरान वह खुद अपनी सेना में शामिल होकर युद्ध करती थी | उन्होंने तुकोजीराव होलकर को अपनी सेना में सेनापति के रूप में नियुक्त किया था |

रानी अहिल्याबाई ने अपने साम्राज्य महेश्वर और इंदौर में काफी मंदिरो का निर्माण भी किया था| इसके साथ ही उन्होंने लोगो के रहने के लिए बहुत सी धर्मशालाए भी बनवायी | ये सभी धर्मशालाए उन्होंने मुख्य तीर्थस्थान जैसे गुजरात के द्वारका, काशी विश्वनाथ, वाराणसी का गंगा घाट, उज्जैन, नाशिक, विष्णुपद मंदिर और बैजनाथ के आस-पास ही बनवायी | मुस्लिम आक्रमणकारियो के द्वारा तोड़े हुए मंदिरो को देखकर ही उन्होंने सोमनाथ में शिवजी का मंदिर बनवाया जो आज भी हिन्दुओ द्वारा पूजा जाता है |

रानी अहिल्याबाई अपनी राजधानी महेश्वर ले गईं | वहां उन्होंने 18वीं सदी का बेहतरीन और आलीशान अहिल्या महल बनवाया। पवित्र नर्मदा नदी के किनारे बनाए गए इस महल के ईर्द-गिर्द बनी राजधानी की पहचान बनी टेक्सटाइल इंडस्ट्री। उस दौरान महेश्वर साहित्य, मूर्तिकला, संगीत और कला के क्षेत्र में एक गढ़ बन चुका था। मराठी कवि मोरोपंत, शाहिर ,अनंतफंडी और संस्कृत विद्वान खुलासी राम उनके कालखंड के महान व्यक्तित्व थे।

एक बुद्धिमान, तीक्ष्ण सोच और स्वस्फूर्त शासक के तौर पर अहिल्याबाई को याद किया जाता है। हर दिन वह अपनी प्रजा से बात करती थी। उनकी समस्याएं सुनती थी। उनके कालखंड (1767-1795) में रानी अहिल्याबाई ने ऐसे कई काम किए कि लोग आज भी उनका नाम लेते हैं। अपने साम्राज्य को उन्होंने समृद्ध बनाया। उन्होंने सरकारी

पैसे का बेहद बुद्धिमानी से खर्च किए | उन पैसों का कई किले, विश्राम गृह, कुएं और सड़कें बनवाने पर खर्च किया। वह लोगों के साथ त्यौहार मनाती थीं और हिंदू मंदिरों को दान देती थीं।

रानी अहिल्याबाई का मानना था कि धन, प्रजा व ईश्वर की दी हुई वह धरोहर स्वरूप निधि है, जिसकी मैं मालिक नहीं बल्कि उसके प्रजाहित में उपयोग की जिम्मेदार संरक्षक हूँ । उत्तराधिकारी न होने की स्थिति में रानी अहिल्याबाई ने प्रजा को दत्तक लेने का व स्वाभिमान पूर्वक जीने का अधिकार दिया। प्रजा के सुख दुख की जानकारी वे स्वयं प्रत्यक्ष रूप प्रजा से मिलकर लेतीं तथा न्याय-पूर्वक निर्णय देती थीं। उनके राज्य में जाति भेद को कोई मान्यता नहीं थी व सारी प्रजा समान रूप से आदर की हकदार थी।

इसका असर यह था कि अनेक बार लोग निजामशाही व पेशवाशाही शासन छोड़कर इनके राज्य में आकर बसने की इच्छा स्वयं इनसे व्यक्त किया करते थे । अहिल्याबाई के राज्य में प्रजा पूरी तरह सुखी व संतुष्ट थी क्योंकि उनके विचार में प्रजा का संतोष ही राज्य का मुख्य कार्य होता है। लोकमाता अहिल्या का मानना था कि प्रजा का पालन संतान की तरह करना ही राजधर्म है ।

रानी अहिल्याबाई किसी बड़े भारी राज्य की रानी नहीं थीं, बल्कि एक छोटे भू-भाग पर उनका राज्य कायम था और उनका कार्यक्षेत्र अपेक्षाकृत सीमित था, इसके बावजूद जनकल्याण के लिए उन्होंने जो कुछ किया, वह आश्चर्यचकित करने वाला है, वह चिरस्मरणीय है। राज्य की सत्ता पर बैठने के पूर्व ही उन्होंने अपने पति–पुत्र सहित अपने सभी परिजनों को खो दिया था इसके बाद भी प्रजा हितार्थ किये गए उनके जनकल्याण के कार्य प्रशंसनीय हैं।

उन्होंने सन 1777 में विश्व प्रसिद्ध काशी विश्वनाथ मंदिर का निर्माण कराया। शिव की भक्त रानी अहिल्याबाई का सारा जीवन वैराग्य, कर्तव्य-पालन और परमार्थ का साधना का बन गया। मुस्लिम

आक्रमणकारियों के द्वारा तोड़े हुए मंदिरों को देखकर ही उन्होंने सोमनाथ में शिव का मंदिर बनवाया जो शिवभक्तों के द्वारा आज भी पूजा जाता है। शिवपूजन के बिना मुंह में पानी की एक बूंद नहीं जाने देती थी। सारा राज्य उन्होंने शंकर को अर्पित कर रखा था और स्वयं उनकी सेविका बनकर शासन चलाती थी।

शिव के प्रति उनके समर्पण भाव का पता इस बात से चलता है कि अहिल्याबाई राजाज्ञाओं पर हस्ताक्षर करते समय अपना नाम नहीं लिखती थी, बल्कि पत्र के नीचे नीचे केवल श्री शंकर लिख देती थी। उनके रुपयों पर शिवलिंग और बिल्व पत्र का चित्र ओर पैसों पर नंदी का चित्र अंकित है। कहा जाता है कि तब से लेकर भारतीय स्वराज्य की प्राप्ति तक उनके बाद में जितने नरेश इंदौर के सिंहासन पर आये सबकी राजाज्ञाऐं श्रीशंकर के नाम से जारी होती थी |

उन्होंने स्त्रियों की सेना बनाई, लेकिन वे यह बात अच्छी तरह से जानती थीं कि पेशवा के आगे उनकी सेना कमजोर थी। इसलिए उन्होंने पेशवा को यह समाचार भेजा कि यदि वह स्त्री सेना से जीत हासिल भी कर लेंगे, तो उनकी कीर्ति और यश में कोई बढ़ोतरी नहीं होगी, दुनिया यही कहेगी कि स्त्रियों की सेना से ही तो जीते हैं और अगर आप स्त्रियों की सेना से हार गये, तो कितनी जग हंसाई होगी आप इसका अंदाजा भी नहीं लगा सकते।

अहिल्या बाई की यह बुद्धिमानी काम कर गई और पेशवा ने आक्रमण करने का विचार बदल दिया। इसके बाद महारानी पर दत्तक पुत्र लेने का भी दबाव बढ़ने लगा, लेकिन उन्होंने इसे स्वीकार नहीं किया क्योंकि वे प्रजा को ही अपना सब कुछ मानती थीं। उनके इस फैसले के बाद राजपूतों ने उनके खिलाफ विद्रोह छेड़ दिया, लेकिन रानी ने कुशलतापूर्वक उस विद्रोह का ही दमन कर दिया। अपनी कुशाग्र बुद्धि का प्रयोग करते हुए रानी अहिल्या बाई होल्कर ने मालवा के खजाने को फिर से भर दिया।

अहिल्याबाई होल्कर को आज देवी के रूप में पूजा जाता है, लोग उन्हें देवी का अवतार मानते है | उन्होंने अपने कार्यकाल में भारत के लिए अनेक ऐसे कार्य किये जिनके बारें में कोई राजा भी नहीं सोच सकता था | अहिल्याबाई ने अपने राज्य की सीमाओं के बाहर भारत-भर के प्रसिद्ध तीर्थों और स्थानों में मंदिर बनवाए, घाट बँधवाए, कुओं और बावड़ियों का निर्माण करवाए और मार्ग बनवाए | भूखों के लिए भोजनालय खोले, प्यासों के लिए प्याऊ बनवाईं | मंदिरों में शास्त्रों के मनन-चिंतन और प्रवचन हेतु विद्वानों को नियुक्त किया | कलकत्ता से बनारस तक की सड़क, बनारस में अन्नपूर्णा का मन्दिर ,और गया में विष्णु मन्दिर उनके ही बनवाये हुए हैं।

वो आत्म-प्रतिष्ठा के झूठे मोह का त्याग करके सदा न्याय करने का प्रयत्न करती रहीं । ये उसी परंपरा में थीं जिसमें उनके समकालीन पूना के न्यायाधीश रामशास्त्री थे और उनके पीछे झाँसी की रानी लक्ष्मीबाई हुई। उनके जीवनकाल में ही इन्हें जनता 'देवी' समझने और कहने लगी थी। इतना बड़ा व्यक्तित्व जनता ने अपनी आँखों से देखा ही कहाँ था जब देश के अन्य भागों में अव्यवस्था मची हुई थी। शासन और व्यवस्था के नाम पर घोर अत्याचार हो रहे थे। प्रजाजन-साधारण गृहस्थ, किसान मजदूर-अत्यंत हीन अवस्था में सिसक रहे थे। अंधविश्वासों, भय और रूढ़ियों से जकड़े हुए थे । आम जनता का न्याय से विश्वास उठ गया था । ऐसे काल की उन विकट परिस्थितियों में अहिल्याबाई ने जो कुछ किया वह चिरस्मरणीय है।

अहिल्याबाई जब शासन में आईं उस समय राजाओं द्वारा प्रजा पर अनेक अत्यचार हुआ करते थे, गरीबों को अन्न के लिए तरसाया जाता था और भूखे प्यासे रखकर उनसे काम करवाया जाता था | उस समय अहिल्याबाई ने गरीबों को अन्न देने की योजना बनाई और वह सफल भी हुई|

भारत के इंदौर शहर के लिए अहिल्याबाई का एक अलग ही लगाव था, उन्होंने इस शहर के विकास के लिए अपनी काफी पूंजी खर्च की थी | अपने जीवन काल में ही अहिल्याबाई ने इंदौर शहर को एक बहुत ही सुंदर शहर बना दिया था. यही वजह है की भाद्रपद कृष्णपक्ष की चतुर्दशी

को यहाँ पर अहिल्योउत्सव मनाया जाता है |

अहिल्याबाई होल्कर ने अपने जीवन में हिन्दू धर्म उस समय सनातन धर्म के लिए अनेक बड़े कार्य किये | यही वजह है की कुछ आलोचकों ने उनके लिए लिखा है की वह मंदिरों के लिए अंधाधुंध पैसा दान या खर्च करती रही, उन्होंने अपनी सेना को मजबूत नहीं किया | कुछ लोग उन्हें अंधविश्वास को बढ़ावा देने वाली भी कहते है | लेकिन सत्य यही है की उन्होंने अपने धर्म को अपने मान-सम्मान और राज्य से बड़ा समझा और अपने धर्म के विकास के लिए उन्होंने अपना अहम योगदान दिया |अहिल्याबाई होल्कर ने हमेशा अंधियारे को खत्म करने का प्रयास किया | उन्होंने अपने जीवन को दूसरों की भलाई के लिए समर्पित कर दिया था | एक समय था जब उन्होंने पति की मृत्यु के बाद सब कुछ त्यागने का मन बना लिया था | लेकिन उसके बाद उन्होंने अपने राज्य एंव धर्म के लिए सब कुछ न्यौछावर कर दिया |

अहिल्याबाई होल्कर जब 70 वर्ष की हुई तो उनकी अचानक तबियत बिगड़ गई और इंदौर में उनकी 13 अगस्त 1795 को उनकी मृत्यु हो गई | उनकी मृत्यु के बाद आज भी उन्हें अपने अच्छे कार्यों के कारण माता के रूप में पूजा जाता है | उन्हें देवी का अवतार कहा जाता है | उनकी मृत्यु के बाद उनके विश्वसनीय तुकोजीराव होल्कर ने शासन संभाला था.

सम्मान :माता अहिल्याबाई होल्कर को आज भी उनके अच्छे कार्यों की वजह से याद किया जाता है, आजादी के बाद 25 अगस्त 1996 को भारत सरकार ने अहिल्याबाई होल्कर को सम्मानित किया | उनके नाम पर डाक टिकट भी जारी किये और उनके नाम पर अवार्ड भी जारी किया गया है | भारत के अनेक राज्यों में अहिल्याबाई होल्कर की प्रतिमा आज भी मौजूद है और आज भी पाठ्यक्रम में उनके बारें में बताया जाता है |अहिल्याबाई के जन्म दिवस 31 मई के दिन उनकी जयंती हर वर्ष मनाई जाती है |

भारत के इतिहास में पहली बार अहिल्याबाई होल्कर पर एक टीवी सीरियल बना है, इस सीरियल का नाम 'पुण्यश्लोक अहिल्याबाई होल्कर' है | अहिल्याबाई होल्कर को पुण्यश्लोक नाम से भी संबोधित किया जाता है | इस सीरियल में अहिल्याबाई के जीवन की सभी बातों

को दिखाया गया है | यह सीरियल सोनी टीवी पर हर रोज सोमवार से शुक्रवार सांय 7 बजकर 30 मिनट से जनवरी 2021 से दिखाया गया |

रानी अहिल्या बाई होल्कर को एक उदार प्रजा पालक, कुशल प्रशासक , धार्मिक आस्थावान और जनकल्याण की भावना की प्रतिमूर्ति के रूप में हमेशा याद किया जाएगा | ऐसी नारी शक्ति को सत सत नमन !

27

किरण बेदी (भारतीय पुलिस सेवा)

"सब कुछ संभव है, कुछ भी असंभव नहीं है, किसी भी लक्ष्य को हासिल करने के लिए सिर्फ कोशिश करने की जरूरत है।" – किरण बेदी

शायद उनके इसी तरह के महान विचारों और जज्बा से ही उन्हें देश की पहली महिला आईपीएस होने का गौरव हासिल हुआ है। जिस वक्त पुलिस विभाग में पुरुषों का दबदबा होता था, उस दौरान उन्होंने आईपीएस बनकर समाज में बदलाव की तरफ इशारा किया था।

किरण बेदी ने न सिर्फ एक पुलिस अफसर के तौर पर कैदियों की दशा को सुधारने समेत महिला सशक्तिकरण का मुद्दा उठाया बल्कि उन्होंने खुद को एक सशक्त राजनेता और बेहतरीन समाजिक कार्यकर्ता के रुप में भी पेश किया है।

आइए जानते हैं अपने निडर और साहिसक कामों के लिए पहचानी जाने वाली देश की प्रथम महिला आईपीएस किरण बेदी के जीवन के बारे में :-

किरण बेदी का जन्म, परिवार एवं प्रारंभिक जीवन : देश की पहली महिला आईपीएएस का गौरव हासिल करने वाली किरण बेदी पंजाब के अमृतसर में 9 जून, 1949 को जन्मीं थी। उनके पिता प्रकाश लाल परेशावरिया एक कपड़ा व्यापारी के साथ-साथ एक टेनिस खिलाड़ी भी थे।किरण ने अपने पिता से ही प्रोत्साहित होकर कम उम्र से ही टेनिस खेलना शुरू कर दिया था। वहीं उनकी माता प्रेम लता एक हाउस वाइफ थीं। किरण की तीन बहनें भी हैं। उनकी बहनों में रीता टेनिस खिलाड़ी और अनु भी टेनिस खिलाड़ी है। वहीं किरण बेदी के माता-पिता ने पुरुष प्रधान देश में अपने बेटियों को पढ़ाने-लिखाने के लिए कई संघर्षों को झेला।हालांकि किरण बेदी अपने माता-पिता की उम्मीदों पर खरीं उतरी और न सिर्फ शिक्षा बल्कि खेल में भी उन्होंने अपनी प्रतिभा को साबित किया।

किरण बेदी की शिक्षा: किरण बेदी ने अपनी शुरुआती पढ़ाई अमृतसर के सेक्रेड हार्ट कॉन्वेंट स्कूल से की। वहीं स्कूल के दौरान ही किरण बेदी ने नेशनल कैडेट कॉर्प्स (NCC) ज्वॉइन कर लिया था।साल 1968 में किरण बेदी ने अमृतसर के गर्वनेंट कॉलेज फॉर वुमन से इंग्लिश में ग्रेजुएशन की डिग्री ली। साल 1970 में किरण बेदी ने पंजाब यूनिवर्सिटी से राजनीति विज्ञान में मास्टर की डिग्री हासिल की और इस दौरान वे टॉपर

रहीं।1988 में बेदी ने दिल्ली यूनिवर्सिटी से लॉ की पढ़ाई पूरी की। 1993 में किरण बेदी ने आई आईटी दिल्ली से सोशल साइंस में PHD की और ड्रग, एब्यूज एवं डोमेस्टिक वायलेंस पर थीसिस लिखी थी।

किरण बेदी की शादी एवं बच्चे : किरण बेदी ने 9 मार्च, 1972 में टेनिस प्लेयर बृज बेदी के साथ शादी कर ली थी। किरण बेदी की बृज बेदी से मुलाकात टेनिस कोर्ट पर ही हुई, दोस्ती हुई और फिर इसके बाद दोनों ने शादी कर ली। शादी के बाद 1975 में उन्हें सायना नाम की बेटी हुई। हालांकि, साल 2016 में कैंसर की वजह से उनकी पति की मृत्यु हो गई।

एक टेनिस प्लेयर के रुप में किरण बेदी: 9 साल की उम्र से ही किरण बेदी ने अपने पिता से प्रेरित होकर टेनिस खेलना शुरु कर दिया था। साल 1964 से किरण बेदी ने टेनिस प्लेयर के रुप में अपने करियर की शुरुआत की थी।सन 1966 में किरण बेदी जूनियर नेशनल लॉन टेनिस चैम्पियनशिप जीता था। साल 1968 में किरण बेदी ने ऑल इंडिया इंटर यूनिवर्सिटी टेनिस टाइटल का खिताब जीता।सन 1975 में किरण बेदी ने अखिल भारतीय अंतरराष्ट्रीय महिला लॉन टेनिस चैम्पियनशिप में जीत प्राप्त की। साल 1976 में किरण बेदी ने नेशनल विमेंस लॉन टेनिस चैम्पियनशिप में जीत दर्ज की।इसके अलावा किरण बेदी साल 1973 में श्रीलंका के खिलाफ भी भारत का प्रतिनिधित्व कर लियोनेल फोंसेका मेमोरियल ट्रॉफी जीत चुकी हैं।

किरण बेदी का सिविल सर्विसेज में करियर :

1. एक प्रोफेसर के तौर पर अपनी करियर की शुरुआत करने वाली किरण बेदी ने 1972 में इंडियन पुलिस सर्विसेज (IPS) में देश की पहली महिला आईपीएस बनकर इतिहास रचा।

2. IPS में सेलेक्शन के बाद किरण बेदी ने कई महीनों तक राजस्थान के माउंट आबू में ट्रेनिंग ली थी।अरुणाचल प्रदेश-गोवा-मिजोरम- संघ शासित प्रदेश (एजीएमयूटी) कैडर में वो 80 पुरुषों के बीच इकलौती महिला थीं। यह एक गौरवमयी क्षण था।

3. साल 1975 में किरण बेदी की पहली पोस्टिंग नई दिल्ली में चाणक्यपुरी पुलिस स्टेशन में उप-मंडल पुलिस अधिकारी के तौर पर हुई और इस साल स्वतंत्रता दिवस की परेड में उन्होंने पुरुषों का प्रतिनिधित्व किया था।

4. साल 1979 में किरण बेदी को पश्चिमी दिल्ली में डीसीपी के रुप में पोस्टिंग मिली। यहां पर क्राइम कंट्रोलिंग के लिए पर्याप्त ऑफिसर नहीं होने पर उन्होंने ग्रामीणों को स्वंयसेवी बना दिया था और पुलिस पेट्रोलिंग के साथ उनकी मदद के लिए काफी पुलिस फोर्स भी तैनात की थी।

5. साल 1981 में किरण बेदी ने दिल्ली में ट्रैफिक डीसीपी का पद संभाला। इस दौरान उन्होंने शहर की ट्रैफिक व्यवस्था को दुरस्त करने के लिए कई काम किए एवं अवैध पार्किंग के खिलाफ नियम बनाए। वहीं क्रेन की शुरुआत करने का क्रेडिट भी किरण बेदी को ही जाता है। इसी वजह से लोग उन्हें उस दौरान "क्रेन बेदी" भी कहते थे।

6. साल 1983 में किरण बेदी का ट्रांसफर गोवा में ट्रैफिक एसपी के रुप में कर दिया गया था। उन्होंने अपने इस ट्रांसफर के पीछे देश की पहली प्रधानमंत्री इंदिरा गांधी, आर. के.धवन समेत कुछ उच्च अधिकारियों को बताया था।

7. साल 1984 में किरण बेदी नई दिल्ली में रेलवे सुरक्षा बल में उप कमांडेंट के रुप में नियुक्त हुईं। इसी साल उन्होंने औद्योगिक विकास विभाग में उप निदेशक के तौर पर काम किया था।

8. साल 1985 में किरण बेदी ने नई दिल्ली में पुलिस मुख्यालय का कार्यभार बखूबी संभाला।

9. इसके बाद साल 1986 में किरण बेदी ने उत्तरी दिल्ली में डीसीपी के तौर पर अपनी सेवाएं दीं।

10. साल 1988 में किरण बेदी ने दिल्ली में उप निदेशक और नारकोटिक्स कंट्रोल ब्यूरो (एनसीबी) में काम किया।

11. साल 1990 में किरण बेदी ने मिजोरम में डिप्टी इंस्पेक्टर जनरल (रेंज) के तौर पर अपनी सेवाएं प्रदान कीं।

12. साल 1993 में दिल्ली की आईजी बनीं।इसके बाद लगातार वे कई पदों पर तैनात रहीं।

13. उनकी आखिरी पोस्टिंग साल 2005 में डायरेक्टर जनरल ऑफ़ इंडिया ब्यूरो ऑफ़ पुलिस रिसर्च एंड डेवलपमेंट में हुई।साल 2007 में किरण बेदी ने व्यक्तिगत कारणों का हवाला देते पुलिस सेवा से इस्तीफा दे दिया।

राजनेता के रुप में किरण बेदी : किरण बेदी एक पुलिस अधिकारी और समाजसेवी के साथ-साथ एक सशक्त एवं निडर राजनेता भी हैं। उन्होंने साल 2015 में बीजेपी ज्वॉइन की थी और इसी साल उन्होंने दिल्ली विधानसभा चुनावों में बीजेपी की तरफ से सीएम उम्मीदवार के रूप में चुनाव लड़ा था। हालांकि, इस चुनाव में उन्हे कृष्णा नगर निर्वाचन क्षेत्र से आप पार्टी के उम्मीदवार एस. के. बग्गा से 2 हजार 277 वोटों से हार का सामना करना पड़ा था। फिर इसके बाद 22 मई, 2016 में किरण बेदी को केन्द्र शासित प्रदेश पुड्डूचेरी के लेफ्टिनेंट गवर्नर (उप-राज्यपाल) के पद पर नियुक्त किया गया ।

समाजिक कार्यकर्ता के रुप में किरण बेदी : किरण बेदी एक पुलिस ऑफिसर के तौर पर ही नहीं बल्कि एक समाजसेवी के रुप में भी काम करती रहती हैं। उनके कुछ सामाजिक काम इस प्रकार हैं-

1. साल 2001 में वे समाजिक कार्यकर्ता अन्ना हजारे के नेतृत्व में चलाए गए "इंडिया अगेंस्ट करप्शन" आंदोलन में शामिल हुईं।

2. किरण बेदी ने महिला सशक्तिकरण, अशिक्षा जैसे मुददों को उठाने समेत नशामुक्ति के उद्देश्य को लेकर नवज्योति इंडिया फाउंडेशन (NIF) नाम से एक NGO लॉन्च किया था।

3. किरण बेदी ने 1994 में कैदियों की स्थिति में सुधार कार्य, पुलिस सुधार, जेल सुधार, ग्रामीण और सामुदायिक विकास कार्य करने समेत महिला सशक्तिकरण को लेकर इंडिया विजन फाउंडेशन की भी स्थापना की थी।

4. किरण बेदी लोगों के पारिवारिक विवादों को सुलझाने के उद्देश्य से एक टीवी कार्यक्रम 'आप की कचहरी' को होस्ट भी करती थीं।

किरण बेदी से जुड़े चर्चित विवाद

1. साल 1982 में किरण बेदी उस समय विवादों से घिरीं रहीं जब उन्होंने दिल्ली ट्रैफिक पुलिस में ड्यूटी के दौरान अपने अवैध पार्किंग के अभियान के दौरान <u>देश की पहली महिला प्रधानमंत्री इंदिरा गांधी</u> की कार का चालान काट दिया था और बाद में जांच कमेटी के कहने के बाद भी बेदी ने सब इंस्पेक्टर का ट्रांसफर करने से मना कर दिया था।

2. साल 1983 में किरण बेदी उस दौरान काफी विवादों से घिरी रहीं जब उन्होंने अनौपचारिक रूप से <u>गोवा</u> की जनता के लिए "जोरी ब्रिज" का उद्घाटन किया था।

3. किरण बेदी उस दौरान विवादों से घिरी रहीं, जब उन्होंने अपनी बेटी की देखभाल के लिए छुट्टी एप्लाई की थी, और आईजीपी द्धारा इसे रिकमंड भी करवाया था, लेकिन उस दौरान गोवा सराकर ने अधिकारिक तौर पर लीव नहीं दी थी, और <u>गोवा</u> के सीएम प्रताप सिंह राने ने किरण को बिना अवकाश दिए छुट्टी पर होने की घोषणा की थी।

4. किरण बेदी को उस दौरान काफी आचोलनाओं हुई थी, जब उन्होंने दिल्ली के लाल किले पर बीजेपी कार्यकर्ताओं पर लाठी चार्ज का आदेश दिया था।

5. साल 1988 में किरण बेदी को उस दौरान वकीलों के विरोध का सामना, जब उन्होंने तीस हजारी कोर्ट में प्रैक्टिस करने वाले वकील राजेश अग्निहोत्री को हथकड़ी से बांधकर कोर्ट में पेश किया था।

6.साल 1992 में, उस दौरान किरण बेदी ने काफी सुर्खियां बटोरीं थी, जब उनकी बेटी सुकृति ने लेडी होर्डिंग मेडिकल कॉलेज (<u>दिल्ली</u>) में एडमिशन लेने के लिए मिजोरम निवासी कोटे से आवेदन किया था, जिसके चलते मिजोरम छात्रों ने उनके खिलाफ प्रदर्शन किया था और उनका गैर मिजो होने का दावा किया था, हालांकि बाद में बेदी को मिजोरम छोड़ना पड़ा था।

7. किरण बेदी उस दौरान भी काफी विवादों से घिरीं रहीं थी, जब वे तिहाड़ जेल में आईजी के पद पर तैनात थी, तब उन पर कैदियों की सुरक्षा को नजरअंदाज करने के आरोप लगाए गए थे।

8. साल 1993 में बेदी को उस दौरान लोगों की तीखी टिप्पणियों का शिकार होना पड़ा था, जब उन्हें सुप्रीम कोर्ट ने एक अंडर ट्रायल कैदी के मेडिकल जांच को अनदेखा करने पर अल्टीमेटम दे दिया था।

9. साल 1994 में, किरण बेदी उस समय काफी विवादों में रहीं जब उन्होंने न्यूयॉर्क टाइम्स में न्यूज लेटर पब्लिश कर दिल्ली सरकार की काफी आलोचना की थी। दरअसल, उन्हें <u>अमेरिका</u> के पूर्व राष्ट्रपति बिल क्लिंटन द्धारा द्धारा नेशनल प्रेयर ब्रेकफास्ट के लिए दो बार न्योता दिया गया था, लेकिन दोनों बार ही दिल्ली सरकार ने इसे अस्वीकार कर दिया था।

10. अपने तेज-तर्रार स्वभाव के लिए मशहूर किरण बेदी को उस समय काफी आलोचनाएं सहनी पड़ी थीं, जब उन्होंने जेल के नियमों के खिलाफ जाकर तिहाड़ जेल के एक भयंकर अपराधी चार्ल्स सोभराज को टाइपराइटर उपलब्ध करवाया था।

11. 26 नवंबर 2011 में, किरण बेदी उस समय काफी विवादों से घिरीं रहीं, जब उन पर NGO के फंड के गलत

इस्तेमाल के आरोप लगाए गए और दिल्ली पुलिस क्राइम बैंच में केस दर्ज किया गया। इसकी शिकायत दिल्ली के वकील देविंदर सिंह चौहान ने की थी।

किरण बेदी की प्रमुख उपलब्धियां एवं पुरस्कार

1. साल 1968 में किरण बेदी को एनसीसी कैडेट अधिकारी पुरस्कार से नवाजा गया।

2. साल 1972 में किरण बेदी को देश की पहली महिला IPS ऑफिसर बनने का गौरव हासिल हुआ।

3. साल 1976 मे किरण बेदी ने नेशनल वुमन लॉन टेनिस चैंपियनशिप का खिताब अपने नाम किया।

4. साल 1979 में किरण बेदी ने अकाली-निरंकार संघर्ष के दौरान प्रमुख भूमिका निभाई थी, इसके लिए उन्हें राष्ट्रपति वीरता पुरस्कार से सम्मानित किया गया था।

5. साल 1980 में किरण बेदी को वुमन ऑफ द ईयर पुरस्कार से नवाजा गया।

6. साल 1992 में किरण बेदी को इंटरनेशनल वुमन अवॉर्ड से नवाजा गया था।

7. साल 1994 में किरण बेदी को उत्कृष्ट सरकारी सेवा के लिए रामन मैगसेसे पुरस्कार से सम्मानित किया गया।

8. साल 1995 में किरण बेदी को समुदाय सेवा के लिए लायंस क्लब द्वारा लायंस ऑफ़ द ईयर पुरस्कार दिया गया।

9. साल 2004 में किरण बेदी को बेहतरीन सेवा के लिए यूनाइटेड नेशन मैडल से पुरस्कृत किया गया।

10. साल 2005 में किरण बेदी को जेल और दंड प्रणाली में सुधार एवं सामाजिक न्याय के लिए अखिल भारतीय ईसाई परिषद द्वारा 'मदर टेरेसा मेमोरियल राष्ट्रीय पुरस्कार" से नवाजा गया।

11. साल 2006 में किरण बेदी को द वीक द्वारा देश की सबसे अधिक प्रशंसित महिला के रूप में नवाजा गया।

12. साल 2009 में किरण बेदी को आज तक टीवी चैनल द्दारा महिला उत्कृष्टता पुरस्कार से नवाजा गया।

13. साल 2013 में किरण बेदी को राय यूनिवर्सिटी द्वारा ऑनरी डिग्री ऑफ डॉक्टर ऑफ पब्लिक सर्विस पुरस्कार से सम्मानित किया गया।

14. साल 2014 में किरण बेदी को सामाजिक प्रभाव डालने के लिए "लो ओरियल पेरिस फेमिना महिला पुरस्कार" से सम्मानित किया गया।

किरण बेदी द्धारा लिखीं गईं किताबें : किरण बेदी ने आईपीएस, राजनेता और समाजसेवा के तौर पर ही खुद को साबित नहीं किया, बल्कि उनके अंदर लेखक के भी गुण है।उन्होंने आई डेयर, क्रिएटिंग लीडरशिप, इट्स ऑलवेज पॉसिबल, जैसी कई किताबें लिखी हैं। इसके अलावा वे मलेशिया में लीडरशिप ट्रेनिंग इंस्टिट्यूट आइक्लिफ में विजिटिंग फैकल्टी भी हैं।

किरण बेदी पर बनी बायोपिक :देश की पहली महिला ऑफिसर किरण बेदी के प्रभावशाली और प्रेरणात्मक जीवन से प्रभावित होकर एक ऑस्ट्रेलियन फिल्म मेकर ने उनकी लाइफ पर 'यस मैडम सर' नाम की बायोपिक भी बनाई है।इस फिल्म को दुनिया के कई फिल्म महोत्सवों में भी दिखाया जा चुका है। उनकी इस जीवनी को देखते हुए उनका एक सुविचार हमारे लिए

प्रेरणादायक साबित होता है।

"जो लोग समय रहते अपने जीवन का चार्ज नहीं ले लेते। वे बाद में समय द्वारा लाठी चार्ज किये जाते है।"

इस सुविचार से हमें यह सीख मिलती है की बाद में पछताने की बजाये समय रहते हमने अपने जीवन के अत्यावश्यक कामो को पूरा कर लेना चाहिये। और समय की कीमत करनी चाहिये न की उसे व्यर्थ करना चाहिये।

28

राजकुमारी अमृत कौर

"महिलायें दुनिया में प्रतिभा का सबसे बड़ा भंडार हैं जिसका इस्तेमाल नहीं हुआ।"

-हिलेरी क्लिन्टन

राजकुमारी अमृत कौर भारत की एक प्रख्यात गांधीवादी, स्वतंत्रता सेनानी और एक सामाजिक कार्यकर्ता थीं। अमृत कौर देश की स्वतंत्रता के बाद भारतीय मंत्रिमण्डल में दस साल तक स्वास्थ्य मंत्री रहीं। उन्होने देश की पहली महिला कैबिनेट मंत्री होने का सम्मान प्राप्त किया है। राजकुमारी अमृत कौर का जन्म 2 फ़रवरी, 1889 को लखनऊ, उत्तर प्रदेश में हुआ था। उनके पिता राजा हरनाम सिंह और माता का नाम रानी हरनाम सिंह थीं उनके पिता कपूरथला, पंजाब के राजा थे। राजा हरनाम सिंह की आठ संतानें थीं, जिनमें राजकुमारी अमृत कौर अपने सात भाईयों में अकेली बहिन थीं। राजकुमारी अमृत कौर की शुरू से लेकर आखिर तक की शिक्षा इंग्लैण्ड में हुई थी।अमृत कौर

के पिता ने ईसाई धर्म स्वीकार कर लिया था। सरकार ने उन्हें अवध की रियासतों का मैनेजर बनाकर अवध भेजा था।

राजनीतिक सफर : राजकुमारी अमृत कौर पहली भारतीय महिला थीं, जिन्हें केंद्रीय मंत्री बनने का मौका मिला था। पंडित जवाहरलाल नेहरू के नेतृत्व में गठित पहले मंत्रिमंडल में वे शामिल थीं। उन्होंने स्वास्थ्य मंत्री के पद का कार्यभार 1957 तक सँभाला। 'अखिल भारतीय आयुर्विज्ञान संस्थान' की स्थापना में उनकी मुख्य भूमिका रही थी।

• अपने राजनीतिक कैरियर के दौरान राजकुमारी अमृता कौर ने कई बड़े पदों पर काम किया। स्वास्थ्य के क्षेत्र में उनकी उपलब्धियाँ उल्लेखनीय रहीं।

• 1950 में उन्हें 'विश्व स्वास्थ्य संगठन' का अध्यक्ष बनाया गया। यह सम्मान हासिल करने वाली वह पहली महिला और एशियायी थीं। डब्ल्यूएचओ के पहले पच्चीस वर्षों में सिर्फ दो महिलाएँ इस पद पर नियुक्त की गई थीं।

• नई दिल्ली में 'अखिल भारतीय आयुर्विज्ञान संस्थान' की स्थापना में भी उनकी महत्त्वपूर्ण भूमिका रही। वह इसकी पहली अध्यक्ष भी बनायी

गयीं। इस संस्थान की स्थापना के लिए उन्होंने न्यूजीलैंड, ऑस्ट्रेलिया, पश्चिम जर्मनी, स्वीडन और अमरीका से भी मदद हासिल की थी। उन्होंने और उनके एक भाई ने शिमला में अपनी पैतृक सम्पत्ति और मकान को संस्थान के कर्मचारियों और नर्सों के लिए "होलिडे होम" के रूप में दान कर दिया था।

कल्याणकारी कार्य : राजकुमारी अमृत कौर ने महिलाओं और हरिजनों के उद्धार के लिए भी कई कल्याणकारी कार्य किए। वे बाल विवाह और पर्दा प्रथा के सख्त ख़िलाफ़ थीं और लड़कियों की शिक्षा में इन्हे बड़ी बाधा मानती थीं। उनका कहना था कि शिक्षा को नि:शुल्क और अनिवार्य बनाया जाना चाहिए |राजकुमारी अमृत कौर ने महिलाओं की दयनीय स्थिति को देखकर ही 1927 में 'अखिल भारतीय महिला सम्मेलन' की स्थापना की। वह 1930 में इसकी सचिव और 1933 में अध्यक्ष बनीं। उन्होंने 'ऑल इंडिया वूमेन्स एजुकेशन फंड एसोसिएशन' के अध्यक्ष के रूप में भी कार्य किया और नई दिल्ली के 'लेडी इर्विन कॉलेज' की कार्यकारी समिति की सदस्य भी रहीं। ब्रिटिश सरकार ने उन्हें 'शिक्षा सलाहकार बोर्ड' का सदस्य भी बनाया था, जिससे उन्होंने 'भारत छोड़ो आंदोलन' के दौरान इस्तीफा दे दिया था। उन्हें 1945 में लंदन और 1946 में पेरिस के यूनेस्को सम्मेलन में भारतीय सदस्य के रूप में भेजा गया था। वह 'अखिल भारतीय बुनकर संघ' के न्यासी बोर्ड की सदस्य भी रहीं।

योगदान : उनके पिता के गोपाल कृष्ण गोखले से बहुत ही अच्छे मैत्रीपूर्ण सम्बन्ध थे। इस परिचय का प्रभाव राजकुमारी अमृत कौर पर भी पड़ा था। वे देश के सामाजिक और राजनीतिक जीवन में सक्रिय रूप से भाग लेने लगी थीं। जल्द ही अमृत कौर का सम्पर्क राष्ट्रपिता महात्मा गाँधी से हुआ। यह सम्पर्क अंत तक बना रहा। उन्होंने 16 वर्षों तक गाँधीजी के सचिव के रूप में भी काम किया। गाँधीजी के नेतृत्व में 1930 में जब 'दांडी मार्च' की शुरुआत हुई, तब राजकुमारी अमृतकौर ने उनके साथ यात्रा की और जेल की सजा भी काटी। 1934 से वह गाँधीजी के आश्रम में ही रहने लगीं। और उन्हें 'भारत छोड़ो आन्दोलन' के दौरान भी जेल हुई।

अमृत कौर 'भारतीय राष्ट्रीय कांग्रेस' की प्रतिनिधि के तौर पर 1937 में पश्चिमोत्तर सीमांत प्रांत के बन्नू गई। ब्रिटिश सरकार को यह बात नागवार गुजरी और उसने राजद्रोह का आरोप लगाकर उन्हें जेल में बंद कर दिया। उन्होंने सभी को मताधिकार दिए जाने की भी वकालत की और भारतीय मताधिकार और संवैधानिक सुधार के लिए गठित 'लोथियन समिति' तथा ब्रिटिश पार्लियामेंट की संवैधानिक सुधारों के लिए बनी संयुक्त चयन समिति के सामने भी अपना पक्ष रखा था ।

निधन : राजकुमारी अमृत कौर का 2 अक्टूबर, 1964 को निधन हो गया |वो एक राजघराने से थी पर समाजसेवा की भावना हमेशा उनके दिल में रहती थी

| नई दिल्ली के एम्स अस्पताल के निर्माण में उनकी महत्वपूर्ण भूमिका और योगदान के लिए उन्हे हमेशा याद किया जाता है |

29

न्यायधीश फ़ातिमा बीवी

"न्याय में इतना विलंब नहीं होना चाहिए कि वह अन्याय लगने लगे |"

शुरुआती जीवन : फ़ातिमा बीवी का जन्म 30 अप्रैल 1927 को केरल के त्रावणकोर के पट्टनमथिट्टा में हुआ था | वो एनीवेटिल मीरा साहिब और खादिजा बीबी की बेटी थीं।

उन्होंने अपनी पढ़ाई कैथोलिक हाई स्कूल पट्टनम थिट्टा में की और उन्होंने बी.एससी यूनिवर्सिटी कॉलेज तिरुवनंतपुरम से किया। उन्होंने अपना बी.एल. गवर्नमेंट लॉ कॉलेज तिरुवनंतपुरम से किया।

न्यायधीश : 1950 में, बार काउंसिल ऑफ इंडिया की परीक्षा में टॉप करने वाली फातिमा पहली महिला बनीं। उसी वर्ष नवंबर में, उन्होंने एक वकील के रूप में दाखिला लिया और केरल की निचली न्यायपालिका में अपना करियर शुरू किया।

अगले तीन दशकों में, फातिमा बीवी ने केरल अधीनस्थ न्यायिक सेवाओं में मुंसिफ के रूप में कार्य किया, मुख्य न्यायिक मजिस्ट्रेट, जिला और सत्र न्यायाधीश और आयकर अपीलीय न्यायाधिकरण के एक न्यायिक सदस्य के रूप 1983 में केरल उच्च न्यायालय में एक न्यायाधीश के रूप में पदोन्नत किया।

सुप्रीम कोर्ट की पहली महिला न्यायधीश : वह 14 मई 1984 को उच्च न्यायालय की स्थायी न्यायाधीश बन गईं। वह 29 अप्रैल 1989 को उच्च न्यायालय की न्यायाधीश के रूप में सेवानिवृत्त हुईं, लेकिन 6 अक्टूबर 1989 को न्यायाधीश के रूप में उच्चतम न्यायालय में सर्वोच्च पद पर आसीन हुईं, जहां वह 29 अप्रैल 1992 तक सेवारत रहीं ।

फातिमा बीवी का सुप्रीम कोर्ट में न्यायधीश के रूप में नियुक्त किया जाना एक ऐसा गौरवपूर्ण कार्य था जिसने भारत में महिलाओं को उच्च न्यायपालिका में पदों पर कब्जा करने का मार्ग प्रशस्त किया।

राज्यपाल : वो सर्वोच्च न्यायालय में नियुक्त होने वाली पहली मुस्लिम महिला न्यायाधीश, थीं| एक एशियाई राष्ट्र के सर्वोच्च न्यायालय की पहली महिला न्यायाधीश होने का गौरव भी उन्हे प्राप्त हुआ ।

1992 में सेवानिवृत्त होने के बाद, फातिमा बीवी ने राष्ट्रीय मानवाधिकार आयोग के सदस्य के रूप में कार्य किया। 1997 में, उन्हें तमिलनाडु के राज्यपाल के रूप में भी नियुक्त किया गया था | वहाँ वो उस पद पर सन 2001 तक रहीं |

पुरस्कार : उन्हें 1990 में मानद लिट और महिला शिरोमणि पुरस्कार मिला। उन्हें भारत ज्योति पुरस्कार से भी सम्मानित किया गया।

30

कल्पना चावला

"मैं अंतरिक्ष के लिए ही बनी हूँ। प्रत्येक पल अंतरिक्ष के लिए ही बिताया है और इसी के लिए ही मरूँगी।" - कल्पना चावला

कल्पना चावला एक भारतीय अंतरिक्ष में जाने वाली पहली भारतीय महिला थी और वे अंतरिक्ष शटल मिशन विशेषज्ञभी थी। एक भारतीय अमेरिकी अंतरिक्ष यात्री थी।

जन्म : कल्पना चावला का जन्म 17 मार्च 1962 में करनाल, हरियाणा में हुआ था। वे भारत के एक हिंदू परिवार से थी। उनके पिता का नाम श्री बनारसी लाल चावला और उनके माता का नाम संजयोति था। वह अपने परिवार में 4 भाई बहनों में से सबसे छोटी थी। घर में सब उन्हें प्यार से मोंटू कह कर बुलाते थे। कल्पना के पिता उन्हें चिकित्सक या शिक्षक बनाना चाहते

थे लेकिन कल्पना एक इंजीनियर बनना चाहती थी। 1983 में वे एक उड़ान ट्रेनर और विमानन लेखक, जीन पियरे हैरीसन से मिलीं और शादी की और 1990 में (NRI) संयुक्त राज्य अमेरिका की नागरिक बनीं।

शिक्षा :कल्पना चावला के प्राथमिक शिक्षा टैगोर पब्लिक स्कूल,करनाल से हुई। आगे की पढ़ाई के लिए वैमानिक अभियान्त्रिकी में पंजाब इंजिनियरिंग कॉलेज, चंडीगढ़, भारत से करते हुए 1982 में अभियांत्रिकी स्नातक की उपाधि प्राप्त की। वे संयुक्त राज्य अमेरिका के लिए 1982 में चली गईं और 1984 वैमानिक अभियान्त्रिकी में विज्ञान विशेषज्ञ की उपाधि टेक्सास विश्वविद्यालय आर्लिंगटन से प्राप्त की। कल्पना ने 1986 में दूसरी विज्ञान विशेषज्ञ की उपाधि प्राप्त की और1988 में कोलोराडो विश्वविद्यालय बोल्डर से वैमानिक अभियंत्रिकी में पी एच डी की उपाधि ग्रहण की ।कल्पना को हवाई जहाज़ों, ग्लाइडरों व व्यावसायिक विमानचालन के लाइसेंसों के लिए प्रमाणित उड़ान प्रशिक्षक का दर्ज़ा हासिल था। उन्हें एकल व बहु इंजन वायुयानों के लिए व्यावसायिक विमानचालक के लाइसेंस भी प्राप्त थे।अन्तरिक्ष यात्रीबनने से पहले वे एक सुप्रसिद्ध नासा कि वैज्ञानिक थी।

करियर :1988 के आखिर में उन्होंने नासा के एम्स अनुसंधान केंद्र के लिए ओवेर्सेट मेथड्स इंक के उपाध्यक्ष के रूप में काम करना शुरू किया, उन्होंने वहाँ वी,एसटीओएल में सीएफ़डी पर अनुसंधान

किया।कल्पना चावला को मार्च 1995 में नासा के अंतरिक्ष यात्री कोर में शामिल किया गया और उन्हें 1998 में अपनी पहली उड़ान के लिए चुना गया था। उनका पहला अंतरिक्ष मिशन 19 नवम्बर 1997 को छह अंतरिक्ष यात्री दल के हिस्से के रूप में अंतरिक्ष शटल कोलंबिया की उड़ान एसटीएस-87 से शुरू किया गया । कल्पना अंतरिक्ष में उड़ने वाली पहली भारतीय महिला थीं और अंतरिक्ष में उड़ाने वाली भारतीय मूल की दूसरी व्यक्ति थीं। राकेश शर्मा ने 1984 में सोवियत अंतरिक्ष यान में एक उड़ान भरी थी। कल्पना जी अपने पहले मिशन में 1.04 करोड़ मील का सफ़र तय कर के पृथ्वी की 252 परिक्रमाएँ लगाई और अंतरिक्ष में 60 से ज्यादा घंटे बिताए। एसटीएस-87 के दौरान स्पार्टन उपग्रह को तैनात करने के लिए भी ज़िम्मेदार थीं, इस खराब हुए उपग्रह को पकड़ने के लिए विंस्टन स्कॉट और तकाओ दोई को अंतरिक्ष में चलना पड़ा था। पाँच महीने की जांच करने के बाद नासा ने कल्पना चावला को इस मामले में पूरी तरह दोषमुक्त पाया, पारगमन इंटरफेस व यान कर्मचारियों तथा ज़मीनी नियंत्रकों के लिए परिभाषित तरीको में भी खामिया मिली ।एसटीएस-87 की उड़ान के बाद की गतिविधियों के पूरा होने पर कल्पना जी ने अंतरिक्ष यात्री कार्यालय में, तकनीकी पदों पर काम किया, उनके यहाँ के कार्यकलाप को उनके साथियों ने विशेष पुरस्कार दे के सम्मानित किया।

भारत के लिए चावला की आखिरी यात्रा 1992 के नए साल की छुट्टी के दौरान थी जब वे और उनके पति और

परिवार के साथ समय बिताने आए थे। तो 2000 में उन्हें एसटीएस-107 में अपनी दूसरी उड़ान के कर्मचारी के तौर पर चुना गया। यह अभियान लगातार पीछे सरकता रहा, क्योंकि कई कार्यों के निर्धारित समय में टकराव होता रहा और कुछ तकनीकी समस्याएँ भी आईं, जैसे कि शटल इंजन बहाव अस्तरों में दरारें।

16 जनवरी 2003 को कल्पना ने आखिर में कोलंबिया पर चढ़ के एसटीएस- 107 मिशन का आरंभ किया। उनकी ज़िम्मेदारियों में शामिल थे स्पेसहैब, बल्ले-बल्ले, फ़्रीस्टार लघुगुरुत्व प्रयोग जिसके लिए कर्मचारी दल ने 80 प्रयोग किए| इसके जरिए पृथ्वी व अंतरिक्ष विज्ञान, उन्नत तकनीक विकास व अंतरिक्ष यात्री स्वास्थ्य व सुरक्षा का अध्ययन हुआ।

मृत्यु :अंतरिक्ष पर पहुंचने वाली प्रथम भारतीय महिला कल्पना चावला की दूसरी अंतरिक्ष यात्रा ही उनकी आखिरी यात्रा साबित हुई। सभी तरह के अनुसंधान तथा विचार – विमर्श के बाद वापिस पृथ्वी के वायुमंडल में अंतरिक्ष यान के प्रवेश के समय जिस तरह की भयंकर घटना घटी वह अब इतिहास की बात हो गई। नारा तथा विश्व के लिये यह एक दर्दनाक घटना थी। 1 फ़रवरी 2003 को कोलंबिया अंतरिक्षयान पृथ्वी की कक्षा में प्रवेश करते ही टूटकर बिखर गया। देखते ही देखते अंतरिक्ष यान और उसमें सवार सातो अंतरिक्ष यात्रियों के अवशेष टेक्सास नामक शहर पर बिखर गए |इस तरह कल्पना चावला के यह शब्द सत्य हो गए, "मैं अंतरिक्ष के लिए ही बनी हूँ। प्रत्येक पल अंतरिक्ष के

लिए ही बिताया है और इसी के लिए ही मरूँगी।“

पुरस्कार व सम्मान (मरणोपरांत) :काँग्रेसनल अंतरिक्ष पदक,नासा अंतरिक्ष उड़ान पदक,नासा विशिष्ट सेवा पदक मरणोपरांत दिया गया |

* टेक्सास विश्वविद्यालय एल पासो (यूटीईपी) में भारतीय छात्र संघ (आईएसए) द्वारा 2005 में प्रतिभाशाली छात्रों को स्नातक के लिए। “कल्पना चावला यादगार”छात्रवृत्तिकार्यक्रम स्थापित किया गया।

* 5 फ़रवरी 2003 को, भारत के प्रधानमंत्री ने घोषणा की कि उपग्रहों के मौसम श्रृंखला, “METSAT””कल्पना“ के नाम से होगा। श्रृंखला का पहला उपग्रह METSAT-1 “, भारत द्वारा 12 सितम्बर 2002 को “कल्पना-1” के रूप में शुरू किया गया |

* न्यूयॉर्क शहर में जैक्सन हाइट्स क्वींस के 74 स्ट्रीट के नाम को 74 स्ट्रीटकल्पना चावलानामकरण किया गया है।

*

टेक्सास विश्वविद्यालय जहाँ चावला ने 1984 में एयरोस्पेस इंजीनियरिंग में मास्टर विज्ञान की डिग्री प्राप्त की थी वहाँ के एकशयनागार (dormitory) को सन 2004 में " कल्पना चावला हॉल" नामकरण किया गया।

*   कर्नाटक सरकार द्वारा 2004 में युवा महिला वैज्ञानिकों के लिए "कल्पना चावला पुरस्कार" स्थापित किया गया।

*   पंजाब इंजीनियरिंग कॉलेज, में लड़कियों का छात्रावास कल्पना चावला के नाम पर है। इसके अतिरिक्त,INR (INR) के लिए पच्चीस हजार, एक पदक और एयरोनाटिकल इंजीनियरिंग विभाग के सर्वश्रेष्ठ छात्र के लिए प्रमाण पत्र और पुरस्कार को स्थापित किया गया है।

*   नासा ने कल्पना के नाम से एक सुपर कंप्यूटर समर्पित किया है।

*   फ्लोरिडा प्रौद्योगिकी संस्थान के कोलंबिया ग्राम सूट के एकविद्यार्थी अपार्टमेंट परिसर में चावला सहित प्रत्येक अंतरिक्ष यात्री के नाम पर हॉल है।

*

नासाके मार्स एक्सप्लोरेशन रोवर मिशन सात चोटियों की श्रृंखला की हिल्स के नाम से हैकोलंबिया हिल्स | उसे कल्पना चावला पहाड़ी नाम दिया गया है |

• स्टीव मोर्स ने कोलंबिया त्रासदी की याद मेंडीप पर्पल बैंड ने एक गाना बनाया |

• ज्योतिसर, कुरुक्षेत्र मेंहरियाणासरकार नेतारामंडल बनाया जिसका नाम कल्पना चावला के नाम पर रखा गया है।

कल्पना चावला भारत की प्रतिभाशाली बेटी थी जिसने अपनी प्रतिभा के बल पर अंतरिक्ष की ऊंचाइयों पर गई और अपने देश का नाम ऊंचा किया | धन्य है नारी शक्ति | सत सत नमन है !

31

नृत्यांगना सुधा चंद्रन

"उठो, जागो और तब तक मत रुको, जब तक लक्ष्य की प्राप्ति न हो |"
-स्वामी विवेकानंद

दुनिया में ऐसे बहुत से सफलतम लोग हैं जिनका बचपन बेहद कठिनाइयों और गरीबी में बीता ,लेकिन अपनी काबलियत और मेहनत के दम पर उन्होंने सफलता की नई ऊंचाइयों को छुआ | आपने बहुत से ऐसे लोगों की कहानियाँ पढ़ी होगी, जिनको दो वक्त के खाने के लिए भी बेहद संघर्ष करना पड़ता था | लेकिन आज वे दुनिया के सामने सफलता के बेहतरीन उदाहरण बने | ऐसे ही लोगों में से आज मैं आपके सामने एक ऐसी महिला की कहानी लेकर आया हूँ जो शारीरिक रूप से अक्षम होते हुए भी सफलता की ऊंचाइयों को छुआ, और लाखों लोगों के लिए एक प्रेरणा स्रोत बन गई| जी हाँ, वो है –मशहूर अभिनेत्री और नृत्यांगना सुधा चंद्रन |

16 साल की सुधा जब नृत्य करती थी तो लोग उनकी प्रशंसा करते नहीं थकते थे |लेकिन अचानक इस लड़की के जीवन में ऐसी घटना घटती है जिसने उसके पूरे जीवन की काया पलट कर दी | तो आइए जानते है सुधा चंद्रन के जीवन के बारे में |

मशहूर अभिनेत्री सुधा चंद्रन का जन्म 27 सितंबर 1964 को भारत के केरल राज्य के एक सामान्य परिवार में हुआ | वो अपने माता पिता की इकलौती संतान थीं| उनके माता -पिता बेहद सामान्य परिवार के

होते हुए भी मुंबई के मीठीबाई कॉलेज से इन्हे एम ए तक शिक्षा दिलाई | बचपन में ही सुधा की नृत्य के प्रति रुचि पैदा हो गई थी, और यही वजह है कि उन्होंने मात्र 3 वर्ष की आयु से ही भारतीय शास्त्रीय नृत्य का अभ्यास करना शुरू कर दिया था |सुधा को बहुत कम आयु से ही नृत्य कला और अभिनय में रुचि थी | वे पढ़ने में भी बहुत होशियार थीं | स्कूल में पढ़ाई के बाद नृत्य का अभ्यास करती थी| उनकी पहचान भारतनाट्यम की एक अच्छी कलाकार के रूप में होने लगी थी | वो मात्र 5 वर्ष की आयु तक एक निपुण नृत्यांगना बन चुकी थी और 16 वर्ष की आयु आते आते देश विदेश में स्टेज पर 75 शो कर चुकी थी | उन्हे अनेकों पुरस्कार से सम्मानित किया जा चुका था | तभी एक हादसा हो गया |

सुधा चंद्रन अपने माता-पिता के साथ तमिलनाडु के तिरुचिरापल्ली स्थित मंदिर से लौट रही थी, तभी उनकी बस अचानक सामने से आ रहे ट्रक से टकरा गई | इस दुर्घटना में बहुत से लोग घायल हुए जिसमें सुधा भी शामिल थी |

अस्पताल में डॉक्टरों ने सुधा के माता-पिता को बताया कि इनके एक पैर की हड्डी में गैंग्रीन हो गया है जो एक प्रकार का संक्रमण है| अगर समय रहते इनका पैर नहीं काटा गया तो सुधा की जान भी जा सकती है | परिस्थितियों के आगे माता-पिता ने डॉक्टरों को पैर काटने की अनुमति दे दी |

यह दौर सुधा चंद्रन के जीवन का सबसे खराब दौर था| जो लड़की नृत्य करते नहीं थकती थी , जिसके सपने थे नृत्य की कला में ही अपने जीवन को समर्पित कर देना वो सपने अब सपने ही रह गए थे | बिस्तर पर पड़े पड़े वो निराशा और हताशा से कुंठित होती जा रही थी | कई बार तो उनके मन में ये दुनिया छोड़ कर चले जाने का विचार आया | पर अपने माता-पिता की इकलौती संतान होने की वजह से उन्हे यह विचार त्यागना पड़ा | उनकी यह हालत देखकर उनके माता-पिता भी परेशान रहने लगे | उनकी दृष्टि में अपनी बेटी का अंधकारमय भविष्य साफ-साफ दिख रहा था | कहते हैं कि हालात यहाँ तक हो चुके थे कि उनके माता-पिता ने घर से निकलना ही बंद कर दिया था | जब भी कुछ घर का सामान लेने जाना होता था तो वे रात में ही बाहर निकलते थे ताकि लोग

उनसे सुधा के बारे में प्रश्न न पूछे | यह सब देख कर सुधा बेहद दुखी होती थी |

ऐसे हालातों में सुधा ने प्रण लिया कि अब चाहे कुछ भी हो जाए लेकिन जीवन में कुछ ऐसा करना है कि जिस पर माता-पिता को मुझे अपनी बेटी कहने पर गर्व महसूस हो | सुधा ने नृत्य को फिर से अपनाने का फैसला किया |

कहते हैं जहां चाह वहाँ राह | एक दिन अस्पताल में ही लेटे –लेटे सुधा ने अखबार में एक विज्ञापन देखा जिसमें "चमत्कार पूर्ण पैर" के बारे में लिखा था | डॉक्टर सेठी जो दुनिया में सबसे सस्ता कृत्रिम पैर बनाने के लिए लोकप्रिय थे , उनसे मिलने के लिए पत्र लिखा और सौभाग्य की बात यह है कि डॉक्टर सेठी उनसे मिलने के लिए तैयार हो गए |

जब पहली बार सुधा चंद्रन , डॉक्टर सेठी से मिलीं तो पहला सवाल यही किया कि "डॉक्टर, क्या मैं पहले की तरह नृत्य कर पाऊँगी ?" इस पर डॉक्टर सेठी ने यही कहा कि, "यह सब आप पर निर्भर करता है , आपकी इच्छा शक्ति पर निर्भर करता है | अगर आप पूरी इच्छा शक्ति से यह चाहती हैं तो ऐसा संभव है|बस तुम्हें अपनी अंतरात्मा को जगाना होगा "

डॉक्टर सेठी की बातों से सुधा के मन-मस्तिष्क पर गहरा प्रभाव पड़ा |सुधा के पैर का ऑपरेशन हुआ और उन्होंने नृत्य की जरूरत के हिसाब से "जयपुर फुट" बनवा कर उनको कृत्रिम पैर लगा दिया | धीरे-धीरे समय के साथ सुधा का हौसला बढ़ने लगा | अपने दुखद अतीत को भुलाकर सुधा अपने स्वर्णिम भविष्य के सपनों को सच करने के लिए जुट गई | वे नकली पैर की मदद से प्रतिदिन नृत्य का अभ्यास करने लगी | इस दौरान उन्हें बहुत दर्द भी होता था और कभी –कभी उनके पैर से खून भी निकलने लगता था, इन सब परेशनियों के बावजूद उन्होंने नृत्य का अभ्यास करना नहीं छोड़ा | बेहद कठिन अभ्यास और मेहनत के बल पर सुधा अच्छा नृत्य करने में सक्षम हो गई | अब प्रतीक्षा थी सही मौका मिलने की और दुनिया के सामने अपनी योग्यता को सिद्ध करने की |

लंबे इंतजार के बाद आखिर वो दिन आ ही गया जब सुधा को दुर्घटना के 7 साल बाद बाद पहले कार्यक्रम के लिए आमंत्रित किया गया | यह मौका था " सेंट जेवीयर्स कॉलेज मुंबई " में नृत्य का प्रदर्शन करने का | उस दिन के अखबार की हेडलाइन थी – "Looses a Foot, Walks a Mile" इस तरह की हैडलाइन ने सुधा के हौसले को और भी बढ़ा दिया | पूरा शो लोगों की भीड़ से खचाखच भरा हुआ था, इतने लंबे समय के बाद शो में परफ़ॉर्म करना सुधा चंद्रन के लिए यह पहला मौका था | इसलिए वे थोड़ी नर्वस भी थी लेकिन वे किसी भी हालत में ये मौका गंवाना नहीं चाहती थी | इस शो को देखने के लिए फिल्मी हस्तियाँ भी थी | सभी को उत्सुकता थी कि एक विकलांग नृत्यांगना स्टेज पर कैसे नृत्य करती है |

जब सुधा ने पहली बार नकली पैर के साथ नृत्य किया तो पूरा सभागार तालियों की गड़गड़ाहट से गूंज उठा, यह बहुत से लोगों के लिए प्रेरणादायी था | जब लोगों को पता चला कि सुधा एक विकलांग है तो दर्शकों ने सुधा के सम्मान में खड़े होकर तालियाँ बजाई |सुधा के बुलंद हौसले और नृत्य के प्रति दीवानगी से सभी लोग कायल हो गए | एक्सीडेंट के बाद अपनी पहली परफ़ोर्मेंस में सुधा चंद्रन के चाहने वालों की संख्या कई गुना बढ़ गई |

धीरे-धीरे सुधा चंद्रन की लोकप्रियता बढ़ने लगी | उनके पिता ने सुधा के पैर छूते हुए कहा कि वे माता सरस्वती के चरणों में वंदना कर रहे हैं | क्योंकि उनकी बेटी ने असंभव कार्य को संभव कर दिखाया है | सुधा चंद्रन रातों रात एक लोकप्रिय स्टार बन गई |

सुधा की लोकप्रियता बढ़ने के कारण उनके संघर्ष और सफलता की कहानियाँ देश विदेश की अनेकों पत्र-पत्रिकाओं में छपने लगी| इसी दौरान लोकप्रिय फिल्म निर्माता रामोजी राव ने सुधा के जीवन से प्रेरित होकर उनके जीवन पर एक फिल्म बनाने का निर्णय लिया |

सन 1984 में तेलुगु में सुधाजी के जीवन पर आधारित फिल्म "मयूरी" बनी, जिसमें मुख्य पात्र का रोल स्वयं सुधा चंद्रन ने निभाया था| इस फिल्म को दर्शकों ने ढेर सारा प्यार दिया और सराहा | तेलुगु फिल्म मयूरी के बाद हिन्दी वर्जन में " नाचे मयूरी" फिल्म बनी| इस

फिल्म को राष्ट्रीय फिल्म पुरस्कार से भी सम्मानित किया गया था | इसके बाद सुधा चंद्रन ने कई अन्य फिल्मों व टी वी सीरियल में भी काम किया जिनमें प्रमुख हैं – नागिन, नागिन 2, क्योंकि सास भी कभी बहू थी , यह है मोहब्बत, बेपनाह प्यार इत्यादि |

सुधा चन्द्रन की कहानी से हम सभी को प्रेरणा मिलती है, कि परिस्थितियाँ कितनी भी विपरीत हों परंतु यदि हमारे अंदर अपने लक्ष्य को पाने की उद्दाम इच्छा है तो शारीरिक अक्षमता के बावजूद भी अपने सपनों को पूरा किया जा सकता है | सुधा चंद्रन ने अपने टूटे हुए सपनों को कड़ी मेहनत और लगन से पूरा कर दिखाया |

32

बॉक्सर मेरी कोम

"कोई लक्ष्य मनुष्य के साहस से बड़ा नहीं, और हारा वही जो लड़ा नहीं|"

एक महिला खिलाड़ी जिन्होंने अपनी महान उपलब्धियों से भारत को गौरवान्वित किया है, ऐसी महान महिला का नाम है मेरी कोम, जो एक अकेली भारतीय महिला बॉक्सर है | मेरी ने 2012 में हुए ओलंपिक में क्वालीफाई किया था, और ब्रोंज मैंडल हासिल किया था| पहली बार कोई भारतीय बॉक्सर महिला यहाँ तक पहुंची थी | इसके अलावा वे 6 बार वर्ल्ड बॉक्सर चैम्पियनशीप जीत चुकी हैं| मेरी ने अपने बॉक्सिंग करियर की शुरुवात 18 साल की उम्र में ही कर दी थी| मेरी कोम समस्त भारत के लिए प्रेरणा स्रोत है, इनका जीवन कई उतार चढ़ाव से भरा हुआ रहा | बॉक्सिंग में करियर बनाने के लिए इन्होंने अथक परिश्रम किया है|

मेरी कोम का जीवन परिचय : मेरी कोम का पुरा नाम मांगते चुंगनेजंग मेरी कोम है | मेरी कोम का जन्म 1 मार्च 1983 में कन्गथेइ, मणिपुर, भारत में हुआ था | इनके पिता एक गरीब किसान थे | ये चार भाई बहनों में सबसे बड़ी थी, कम उम्र से ही मेरी बहुत मेहनती रही हैं , अपने माता पिता की मदद करने के लिए वे भी उनके साथ खेती में काम करती थी | साथ ही वे अपने भाई बहनों की देखभाल करती थी |

मेरी कॉम की शिक्षा : मेरी ने अपने पिता को खेती में मदद करने के साथ साथ पढाई की और इसकी शुरुवात 'लोकटक क्रिस्चियन मॉडल हाई स्कूल' से की, जहाँ वे छठवीं कक्षा तक पढ़ीं | इसके बाद संत ज़ेवियर कैथोलिक स्कूल चली गई, जहाँ से इन्होने कक्षा आठवीं की परीक्षा पास की | आगे की पढाई के लिए वे आदिमजाति हाई स्कूल चली गई, किन्तु वे परीक्षा में पास नहीं हो पाई | स्कूल की पढाई मेरी ने बीच में ही छोड़ दी और आगे उन्होंने NIOS की परीक्षा दी | इसके बाद इन्होंने अपना ग्रेजुएशन चुराचांदपुर कॉलेज, इम्फाल से किया |

मेरी कॉम का शुरुआती करियर : मेरी को बचपन से ही एथलीट बनने का शौक रहा, स्कूल के समय में वे फुटबॉल के खेल में हिस्सा लेती थी| लेकिन आश्चर्य की बात यह है कि उन्होंने बॉक्सिंग में कभी भाग नहीं लिया था | सन 1998 में मणिपुर के बॉक्सर 'डिंग्को सिंह' ने एशियन गेम्स में गोल्ड मैडल जीता | उनकी इस

जीत से उनकी पूरी मातृभूमि झूम उठी थी | यहाँ मेरी ने बॉक्सिंग करते हुए डिंगको को देखा, और बॉक्सिंग को अपना करियर बनाने की ठान ली | इसके बाद उनके सामने पहली चुनौती थी, अपने घर वालों को इसके लिए राजी करना | छोटी जगह के साधारण से ये लोग, बॉक्सिंग को पुरुषों का खेल समझते थे, और उन्हें लगता था इस तरह के गेम में बहुत ताकत और मेहनत लगती है, जो इस कम उम्र की लड़की के लिए ठीक नहीं है |

मेरी कॉम बॉक्सिंग ट्रेनिंग : मेरी ने मन में ठान लिया था कि वे अपने लक्ष्य तक जरुर पहुंचेंगी, चाहे इसके लिए उन्हें कुछ भी क्यों न करना पड़े | मेरी ने अपने माँ बाप को बिना बताये इसके लिए ट्रेनिंग शुरू कर दी | एक बार इन्होने 'खुमान लम्पक स्पोट्र्स कॉम्प्लेक्स' में लड़कियों को लड़कों से बॉक्सिंग करते देखा, जिसे देख वे स्तब्ध रह गईं | यहाँ से उन्होंने अपने सपनों को साकार करने के लिए दृढ़ निश्चय कर लिया | वे अपने गाँव से इम्फाल गईं और मणिपुर राज्य के बॉक्सिंग कोच एम नरजीत सिंह से मिली और उन्हें ट्रेनिंग देने के लिए निवेदन किया | वे इस खेल के प्रति बहुत भावुक थी, साथ ही वो एक जल्दी सीखने वाली विद्यार्थी थीं | ट्रेनिंग सेंटर से जब सब चले जाते थे, तब भी वे देर रात तक प्रैक्टिस करती रहती थी |

मेरी कॉम का करियर : बॉक्सिंग शुरू करने के बाद मेरी को पता था कि उनका परिवार उनके बॉक्सिंग में करियर बनाने के विचार को कभी नहीं मानेगा, जिस

वजह से उन्होंने इस बात को अपने परिवार से छुपा कर रखा था | सन 1998 से 2000 तक वे अपने घर में बिना बताये इसकी ट्रेनिंग लेती रही | सन 2000 में जब मेरी ने 'वीमेन बॉक्सिंग चैम्पियनशीप, मणिपुर' में जीत हासिल की, और इन्हैं बॉक्सर का अवार्ड मिला, तो वहां के हर एक समाचार पत्र में उनकी जीत की बात छपी, तब उनके परिवार को भी उनके बॉक्सर होने का पता चला | इस जीत के बाद उनके घर वालों ने भी उनकी इस जीत का उत्सव मनाया | इसके बाद मेरी ने पश्चिम बंगाल में आयोजित 'वीमेन बॉक्सिंग चैम्पियनशीप' में गोल्ड मैडल जीत कर अपने राज्य का नाम ऊँचा किया |

1. सन 2001 में मेरी ने अन्तराष्ट्रीय स्तर पर अपना करियर शुरू किया | इस समय इनकी उम्र मात्र 18 साल थी | सबसे पहले इन्होने अमेरिका में आयोजित AIBA वीमेन बॉक्सिंग चैम्पियनशीप, 48 kg वेट केटेगरी में हिस्सा लिया और यहाँ सिल्वर मैडल जीता | इसके बाद सन 2002 में तुर्की में आयोजित AIBA वीमेन बॉक्सिंग चैम्पियनशीप, 45 kg वेट केटेगरी में मेरी विजयी रहीं और इन्होने गोल्ड मैडल अपने नाम किया | इसी साल मेरी ने हंगरी में आयोजित 'विच कप' में 45 वेट केटेगरी में भी गोल्ड मैडल जीता |

2. सन 2003 में भारत में आयोजित 'एशियन वीमेन बॉक्सिंग चैम्पियनशीप' में 46 kg वेट केटेगरी में मेरी ने गोल्ड मैडल जीता | इसके बाद नॉर्वे में आयोजित 'वीमेन बॉक्सिंग वर्ल्ड कप' में एक बार फिर मेरी को

गोल्ड मैडल मिला |

3. सन 2005 में ताइवान में आयोजित 'एशियन वीमेन बॉक्सिंग चैम्पियनशीप' 46 kg वेट क्लास में मेरी को फिर से गोल्ड मैडल मिला. इसी साल रसिया में मेरी ने AIBA वीमेन बॉक्सिंग चैम्पियनशीप भी जीती|

4. सन 2006 में डेनमार्क में आयोजित 'वीनस वीमेन बॉक्स कप' एवं भारत में आयोजित AIBA वीमेन बॉक्सिंग चैम्पियनशीप में मेरी ने जीत हासिल कर, गोल्ड मैडल जीता |

5. एक साल का ब्रेक लेकर मेरी 2008 में फिर वापस आई और भारत में आयोजित 'एशियन वीमेन बॉक्सिंग चैम्पियनशीप' में सिल्वर मैडल जीता | इसके साथ ही AIBA वीमेन बॉक्सिंग चैम्पियनशीप चाइना में गोल्ड मैडल जीता |

6. सन 2009 में वियतनाम में आयोजित 'एशियन इंडोर गेम्स' में मेरी ने गोल्ड मैडल जीता |

7. सन 2010 कजाखस्तान में आयोजित 'एशियन वीमेन बॉक्सिंग चैम्पियनशीप' में मेरी ने गोल्ड मैडल जीता, इसके साथ ही मेरी ने लगातार पाचंवी बार AIBA वीमेन बॉक्सिंग चैम्पियनशीप में गोल्ड मैडल

जीता| इसी साल मेरी ने एशियन गेम्स में 51 kg वेट क्लास में हिस्सा लेकर ब्रोंज मैडल जीता था | 2010 में भारत में कॉमनवेल्थ गेम्स का भी आयोजन हुआ था, यहाँ ओपनिंग सेरेमनी में विजेंदर सिंह के साथ मेरी कोम भी उपस्थित थी | इस गेम्स में वीमेन बॉक्सिंग गेम का आयोजन नहीं था, जिस वजह से मेरी यहाँ अपनी प्रतिभा नहीं दिखा सकीं |

8. सन 2011 में चाइना में आयोजित 'एशियन वीमेन कप' 48 kg वेट क्लास में गोल्ड मैडल जीता |

9. सन 2012 में मोंगोलिया में आयोजित 'एशियन वीमेन बॉक्सिंग चैम्पियनशीप' 51 kg वेट क्लास में गोल्ड मैडल जीता | इस साल लन्दन में आयोजित ओलंपिक में मेरी को बहुत सम्मान मिला, वे पहली महिला बॉक्सर थी जो ओलंपिक के लिए क्वालिफाइड हुई थी | यहाँ मेरी को 51 kg वेट क्लास में ब्रोंज मैडल मिला था. इसके साथ मेरी तीसरी भारतीय महिला थी, जिन्हें ओलंपिक में मैडल मिला था |

10. सन 2014 में साउथ कोरिया मैं आयोजित एशियन गेम्स में वीमेन फ्लाईवेट (48-52kg) में मेरी गोल्ड मैडल जीता और इतिहास रच दिया |

मेरी कोम की व्यक्तिगत जिंदगी :मेरी की मुलाकात सन 2001 में ओन्लर से दिल्ली में हुई थी, जब वे पंजाब

में नेशनल गेम्स के लिए जा रही थी | उस समय ओन्लर दिल्ली यूनिवर्सिटी में लॉ पढ़ रहे थे | दोनों एक दुसरे से बहुत प्रभावित हुए, चार साल तक दोनों के बीच दोस्ती का रिश्ता रहा, जिसके बाद सन 2005 में दोनों ने शादी कर ली | दोनों के तीन लड़के है, जिसमें से 2 जुड़वाँ बेटों का जन्म 2007 में हुआ था, एवं एक और बेटे का जन्म 2013 में हुआ |

मेरी कॉम अवाइर्स एवं अचीवमेंट

1. सन 2003 में अर्जुन अवार्ड मिला |

2. सन 2006 पद्म श्री अवार्ड मिला |

3. सन 2007 में खेल के सबसे बड़े सम्मान ‘ राजीव गाँधी खेल रत्न’ के लिए नोमिनेट किया गया |

4. सन 2007 में लिम्का बुक रिकॉर्ड द्वारा पीपल ऑफ़ दी इयर का सम्मान मिला |

5. सन 2008 में CNN-IBN एवं रिलायंस इंडस्ट्री द्वारा ‘रियल हॉर्स अवार्ड’ से सम्मानित किया गया |

6. सन 2008 पेप्सी MTV यूथ आइकॉन |

7. सन 2008 में AIBA द्वारा 'मैग्निफिसेंट मैरी' अवार्ड |

8. 2009 में राजीव गाँधी खेल रत्न दिया गया |

9. सन 2010 में सहारा स्पोर्ट्स अवार्ड द्वारा स्पोर्ट्सवीमेन ऑफ़ दी इयर का अवार्ड दिया गया |

10. सन 2013 में देश के तीसरे बड़े सम्मान पद्म भूषण से सम्मानित किया गया |

मेरी कोम के जीवन पर फिल्म : मेरी कोम के जीवन पर आधारित फिल्म 'मेरी कोम' को ओमंग कुमार ने बनाया था, जिसे 5 सितम्बर 2014 में रिलीज़ किया गया था | फिल्म में मुख्य भूमिका में प्रियंका चोपड़ा थी, जिसमें उनकी अदाकारी देखने लायक थी |

इस तरह से मेरी कॉम जैसी भारत की बेटी ने भारत का नाम पूरे विश्व में रोशन किया है | मेरी भारतीय महिलाओं के लिए एक आदर्श हैं | वो सही मायने में नारी शक्ति का प्रतीक हैं | सत सत नमन है ऐसी नारी शक्ति को |

33

लोक गायिका तीजन बाई

"खुदी को कर बुलंद इतना के हर तकदीर से पहले खुदा बंदे से खुद पूछे के बता तेरी रजा क्या है।"

-अलामा इकबाल

लोक-कला 'पंडवानी' को विदेश तक पहुंचाने वाली छत्तीसगढ़ की बेटी पद्मश्री तीजन बाई को कौन नहीं जानता ? तीजन बाई का यहाँ तक पहुँचने तक का सफर संघर्षों से भरा था। फिर भी दृढ़ इच्छा शक्ति, सतत परिश्रम और लगन से तीजन बाई ने भारत का नाम पूरी दुनिया में रोशन किया।

समाज की रुढ़ियां कब महिलाओं के पैरों की बेड़ियां बन जाती है, यह पता ही नहीं चलता। महिलाओं को शुरु से ही केवल घर का काम करने के योग्य ही समझा गया है। हमेशा यही समझा जाता है कि महिलाओं का जन्म केवल पुरुषों की गुलामी करने के लिए ही हुआ है। मगर इस भ्रम को तोड़ने का काम किया है छत्तीसगढ़ की लोकगायिका तीजनबाई ने।

तीजनबाई ने महाभारत की कथा को पंडवानी गायन के जरिए देश और दुनिया के सामने प्रस्तुत किया है।

डॉक्टर की उपाधी और देश के दूसरे सबसे बड़े पुरस्कार पद्म विभूषण से सम्मानित छत्तीसगढ़ की पंडवानी गायिका डॉक्टर तीजनबाई को पद्मश्री पुरस्कार से भी नवाजा गया हैं। आज उनकी गायकी की गूंज देश से लेकर विदेशों तक हैं। लेकिन तीजनबाई के लिए समाज के तानों को सहते हुए पूरी दुनिया में अपनी पहचान बनाने का सफर तय करना इतना आसान नहीं था।

संघर्ष के बीच बीता बचपन :तीजनबाई पंडवानी की कापालिक शैली की गायिका हैं। इतनी प्रसिद्धि प्राप्त करने का उनका यह सफर काफी कठिनाइयों भरा था।छत्तीसगढ़ के भिलाई के गांव गनियारी में जन्मी तीजन बाई अपने नाना ब्रजलाल को महाभारत की कहानियां गाते सुनाते देखती थी।धीरे धीरे वो भी गाने लगीं | उनकी माँ को इस तरह गाना बिल्कुल पसंद नहीं था | जब तीजन बाई ने पंडवानी गाना शुरू किया तो उनके परिवार वालों ने बंदिशे लगा दी। समाज ताना मारने लगा। यही नहीं लड़की होने के नाते उस समाज में गाना गाने पर पाबंदी थी। इसलिए तीजनबाई को कमरे में बंद कर दिया जाता था। और खाने को भी नहीं दिया जाता था। वह कई दिनों तक कमरे में बंद रहती, लेकिन इन सब के बावजूद भी तीजनबाई ने हार नहीं मानी।

12 साल की उम्र में तीजनबाई की शादी उनके परिवार वालों ने कर दी। ससुराल वालों को यह कतई मंजूर न था कि वह पंडवानी गाएं। लेकिन वह रात में पंडवानी के कार्यक्रम में शामिल होने के लिए चुप-चाप घर से निकल जाती। जिसके बाद उनके पति ने उन्हें घर से निकाल दिया।

तीजनबाई के जीवन में रोचक मोड़ तब आया जब एक कार्यक्रम में मौजूद एक गीतकार उमेद सिंह देशमुख ने उनकी प्रतिभा को देखकर उन्हें अनौपचारिक प्रशिक्षण दिया। जिसके बाद मात्र 13 वर्ष की उम्र में उन्होंने अपनी पहली प्रस्तुति पेश की। उस समय महिलाएं बैठकर प्रस्तुति दिया करती थी। लेकिन रिवाज़ों को तोड़ते हुए उन्होंने पुरूषों की तरह पंडवानी का गायन किया।

तीजन बाई आज एक नाम नहीं बल्कि पहचान हैं। देश विदेश में प्रसिद्धि हासिल कर चुकी लोक गायिका ने पंडवानी लोक कला को विश्व में पहचान दिलाई। विश्व की प्राचीनतम चर्चित कथाओं में से एक महाभारत की कथा को पूरे वेग और सम्प्रेषणता के ज़रिये कपालिक शैली पर मंच पर उतारने वाली प्रथम महिला डा॰ तीजन बाई छत्तीसगढ़ की शान के रूप में पूरे विश्व में जानी जाती हैं। उनकी इस विलक्षण प्रतिभा को लोगों ने खूब सराहा और सम्मान दिया। भारत सरकार ने 1988 में पदमश्री सम्मान से नवाज़ा,1994 में श्रेष्ठ कला आचार्य, 1996 में संगीत नाट्य अकादमी सम्मान ,1998 में देवी अहिल्या सम्मान ,1999 में ईसुरी सम्मान ,2003 में भारत के राष्टपति द्वारा पदमभूषण सम्मान से नवाज़ा गया। तीजन बाई को दिए जाने वाले सम्मानों की लिस्ट जितनी लम्बी है उतनी ही लम्बी है उनकी संघर्ष यात्रा।

छत्तीसगढ़ राज्य के जिला दुर्ग के पाटन ग्राम में जन्मी तीजन बाई का पालन पोषण गनियारी ग्राम में अपने नाना के पास हुआ। लड़कों की तरह उछल कूद करने वाली बालिका तीजन छुप-छुप कर अपने नाना को पंडवानी गाते सुनती थीं। पंडवानी छत्तीसगढ़ की लोक कला है जिस पर केवल पुरुषों का ही वर्चस्व था। इसे केवल पुरुष गायक ही गाते थे। पंडवानी में द्वापर युग की महान गाथा महाभारत की कथा कविता और संवाद के रूप में पूरी भावनाओं के साथ सुनाई जाती है। तीजनबाई की इस प्रतिभा को उनके नाना श्री बृजलाल पारधी ने पहचाना और निखारने का फ़ैसला किया।

तीजन बाई को उनके नाना ने बाक़ायदा शिष्य बनाया और सिखाना शुरू किया। नाना जो सिखाते तीजन बाई रात में उसी से जुड़ी कविता मन में गढ़ लेतीं और दूसरे दिन नाना को सुनाती। उनकी लगन और मेहनत से खुश हो नाना ने अपना "एकतारा" वाद्य यंत्र तीजन बाई को सौंप दिया। आज भी तीजन बाई उसी मोरपंखी जड़े इकतारे के साथ अपना कार्यक्रम प्रस्तुत करती हैं। तीजन बाई ने अपने जीवन की पहली प्रस्तुति तेरह वर्ष की उम्र में दी और जिसके लिए उनको दस रूपये का इनाम भी मिला था।

तीजन बाई ने पुरुषों के वर्चस्व वाले क्षेत्र में सफलता का परचम लहराया। वह अपने अनोखे अंदाज़ में स्टेज को ऊर्जा से भर देती हैं। पारम्परिक आदिवासी गहने और लाल साड़ी में ऊर्जा का स्त्रोत बनी तीजन बाई जब महाभारत में वर्णित रणक्षेत्र और दुश्शासन वध की गाथा सुनती हैं तब श्रोताओं के रोंगटे खड़े हो जाते हैं। लगता है जैसे सब कुछ आँखों के सामने हो रहा है।

तीजन बाई अपनी कला को बहुत समर्पित रही है। इस कला को ज़िंदा रखने के लिए तीजन बाई ने बहुत कठिनाइयाँ झेलीं।बचपन में जिसके साथ उनका विवाह हुआ वह गौना कराने ही नहीं आए। समाज ने उन्हें बिरादरी से बाहर कर दिया।केवल इसलिए कि वह पुरुषों के साथ कंधे से कन्धा मिला कर चलना चाहती थीं। ऐसी ही ना जाने कितनी परेशानियाँ आईं पर उन्होंने अपनी कला को नहीं छोड़ा। आज देश विदेश में उनके दो सौ से अधिक शिष्य फैले हुए हैं। वह स्वयं साक्षर नहीं है पर रायपुर विश्वविद्यालय और जबलपुर विश्वविद्यालय ने उन्हें डी लिट की मानद उपाधि से नवाज़ा है। तीजन बाई एक प्रेरणा है उन महिलाओं के लिए जो अपने सपने पूरे करना चाहती हैं।

डा॰ कायनात क़ाज़ी से हुई बातचीत के कुछ अंश प्रस्तुत हैं :

आज लोक कलाएँ विलुप्त होती जा रही हैं। नई पीढ़ी इनमे अपना भविष्य नहीं देखती, एक कलाकार होने के नाते आप क्या सोचती हैं ?

नहीं, ऐसा नहीं हैं कि लोक कलाएँ बिलकुल ही विलुप्त हो रही हैं। मेरे 212 शिष्य हैं जो कि देश विदेश में जाकर अपनी कला का प्रदर्शन करते हैं। पर यह ज़रूर है कि लोक कलाओं के संरक्षण के लिए सरकार और कलाकार दोनों को ही अपने-अपने स्तर पर ठोस क़दम उठाने चाहिए। मैं समझती हूँ कि नौजवान पीढ़ी में लोक कलाओं के प्रति रुचि पैदा करने के लिए कलाकारों को उनके बीच जाना चाहिए। जैसे मैं कई संस्थाओं से जुड़ी हूँ और जिनके माध्यम से मुझे छात्रों के बीच जाने का अवसर मिलता है। आज विदेशों में हुए कई शोधों से पता चला है कि बच्चे पढ़े हुए से ज़्यादा सुना हुआ याद रखते हैं। हमारे देश में तो पौराणिक कथाओं को गा कर सुनाने की परम्परा बहुत पहले से चली आ रही है। हमारे गावों में आज भी लोक कलाओं को बहुत पसन्द किया जाता है।

आप पंडवानी गायन में महाभारत कथा का वर्णन करती हैं। इस कला के बारे में और विस्तार से बताएँ।

पंडवानी छत्तीसगढ़ की लोक कला है जिसे पहले केवल पुरुष ही गाया करते थे। पंडवानी का अर्थ है पांडववाणी – अर्थात पाण्डवों की कथा, महाभारत की कथा। ये कथा "परधान" तथा "देवार" जातियों की गायन परंपरा है। पंडवानी में महाभारत की घटनाओं को कविता और संवाद के साथ गाया जाता है। इसमें एक मुख्य गायक होता है जो खड़े होकर पूरे हावभाव के साथ पंडवानी गाता है। उसके साथ एक सह-गायक होता है जिसे 'रागी' कहते हैं जो हुंकारु भरते जाता है और साथ-साथ गाता है, वह रोचक प्रश्नों के द्वारा कथा को आगे बढ़ाने में मदद करता है। वह साजिंदों के साथ बैठ कर बीच बीच में चुटीले संवाद भी बोलता जाता है और कोरस में गाता है। पंडवानी गायिका या गायक तंबूरे को हाथ में लेकर स्टेज में घूमते हुए कहानी प्रस्तुत करते हैं। तंबूरे कभी भीम की गदा तो कभी अर्जुन का धनुष बन जाता है। संगत के कलाकार पीछे अर्धचन्द्राकर में बैठते हैं। जो तबला, हारमोनियम और मंजीरों के साथ पूरे कार्यक्रम को संगीतमय बना देते हैं।पूरा का पूरा गाँव मन्त्र मुग्ध हुए पूरी रात कार्यक्रम का मज़ा लेता है। इस कार्यक्रम में हम लोगों का मनोरंजन तो करते ही हैं साथ ही सामाजिक संदेश भी बीच बीच में देते जाते हैं। जैसे महाभारत का एक अंश है जिसमें पांडव कौरवों से द्रोपदी को जुए में हार गए थे। इस कथा के पीछे का मर्म है कि लोग समझें की जुआ खेलने से कितना नुकसान होता है।

लोककलाओंकेसंरक्षणकेलिएआपमोदीजीसेक्याउम्मीदकरतीहैं ?

मुझे मोदी जी से बहुत उम्मीद है। वह हमेशा स्वदेशी को बढ़ावा देने की बात करते हैं। मैं चाहूंगी कि जिस प्रकार हर शहर में संगीत विद्यालय होते हैं उसी तरह लोक कलाओं के लिए भी विद्यालय खोले जाएं। साथ ही कुछ ऐसा बन्दोबस्त किया जाए कि एक लोक कलाकार अपना पेट पालने के लिए विवश होकर मज़दूरी करने के लिए अपनी कला को न छोड़े। जिस तरह राजा महाराजाओं के समय में कलाकारों को राजाश्रय दिया जाता था जिससे कलाकार अपना सारा ध्यान कला को निखारने में समर्पित करता था। मोदी जी को ऐसी व्यवस्था बनानी

चाहिए जिससे कलाकार कला से पलायन न करें साथ ही अगली पीढ़ी भी उनकी विरासत को ज़िन्दा रखे।

आप का पूरा जीवन महिलाओं के लिए प्रेरणा स्त्रोत है महिलाओं के जीवन में एक समय ऐसा आता है जब उनको अपने शौक़ और परिवार की ज़िम्मेदारियों के बीच चुनना होता है, यह प्रश्न कभी आपके सामने भी आया होगा, आज आप महिलाओं को क्या सलाह देंगी ?

जीवन में ज़रूरी और गैर ज़रूरी के बीच चुनना आसान है पर दो समान रूप से ज़रूरी के बीच चुनना मुश्किल। महिलाओं को अक्सर ऐसे सवालों का सामना करना पड़ता है और ऐसी स्थिति में वह ज़्यादातर अपने शौक़ की तिलांजलि दे देती हैं। मेरे ख्याल से ऐसा नहीं करना चाहिए। कोशिश करनी चाहिए की आपका करियर और परिवार दोनों साथ चले जिसके लिए ज़रूरी है कि आपका जीवन साथी आपकी ज़िम्मेदारियाँ बांटे और आगे बढ़ने में आपकी मदद करे। जीवन में अपनी उपयोगिता और सार्थकता तलाशना जितना पुरुष के लिए आवश्यक है उतना ही ज़रूरी स्त्री के लिए भी है। इसलिए अपनी कला को कभी नहीं छोड़ना चाहिए।

लेखक की रचनाएं

1. BORDERMAN
2. सीमा प्रहरी
3. आवारा
4. कमीने दोस्त
5. संगिनी
6. काबिल
7. मुक्तिदाता
8. माया
9. चरित्रहीन
10. चक्रव्यूह
11. परिवार
12. प्रेम विवाह
13. वफ़ादार दोस्त
14. जीवन-संघर्ष
15. नारी-शक्ति

लेखक से पत्र व्यवहार का पता : rps1959@gmail.com , मोबाईल नंबर 7000153809 ये सभी उपन्यास Notionpress.com, Amazon.in and Flipcart पर उपलब्ध हैं |